建筑与土木工程博士文库

Doctoral Thesis Collection in
Architectural and Civil Engineering

U0676920

复杂地形地貌桥址区风特性现场实测与数值模拟

FUZA DIXING DIMAO QIAOZHIQU FENGTEXING XIANCHANG SHICE YU SHUZHI MONI

■ 张明金　殷殿国　著

重庆大学出版社

内容提要

本书以西部复杂山区两个典型的深切峡谷桥址区地形为工程背景,采用现场实测和数值模拟相结合的研究方法,对峡谷地形桥址区的风特性进行了深入、系统的分析,重点讨论了桥址区热力效应、局部地形、来流风向等对桥址区风特性的影响规律,其研究成果可供相关专业工程技术人员参考。

图书在版编目(CIP)数据

复杂地形地貌桥址区风特性现场实测与数值模拟/
张明金,殷殿国著. -- 重庆:重庆大学出版社,2021.7
ISBN 978-7-5689-2771-0

Ⅰ.①复… Ⅱ.①张… ②殷… Ⅲ.①峡谷—长跨桥
—桥址—风载荷—数值模拟 Ⅳ.①U448.431

中国版本图书馆 CIP 数据核字(2021)第 108801 号

复杂地形地貌桥址区风特性现场实测与数值模拟

张明金 殷殿国 著

策划编辑:林青山

责任编辑:李定群　　版式设计:林青山

责任校对:王倩　　责任印制:赵晟

*

重庆大学出版社出版发行

出版人:饶帮华

社址:重庆市沙坪坝区大学城西路 21 号

邮编:401331

电话:(023) 88617190　88617185(中小学)

传真:(023) 88617186　88617166

网址:http://www.cqup.com.cn

邮箱:fxk@ cqup.com.cn(营销中心)

全国新华书店经销

重庆新金雅迪艺术印刷有限公司印刷

*

开本:787mm×1092mm　1/16　印张:8.5　字数:205 千
2021 年 7 月第 1 版　　2021 年 7 月第 1 次印刷
ISBN 978-7-5689-2771-0　定价:79.00 元

前　言

山区峡谷地形较为常见,其地形复杂多变,现有相关规范和文献对山区风特性及其成因的研究较少。本书以两个典型的深切峡谷桥址区地形为工程背景,采用现场实测和数值模拟相结合的研究方法,对峡谷地形桥址区的风特性进行了深入、系统的研究。

首先,采用 MFAS 型相控阵声雷达(SODAR)风廓线仪和 CAWS600-RT 型四要素自动气象站对大桥桥址区风特性进行了现场实测,分析了桥位处的平均风速、阵风系数、风攻角、风剖面等风特性。研究结果表明,桥位处的阵风系数和地表粗糙度系数均比相关规范中常规平原地区的推荐值要大。桥面设计高度处的风攻角以负攻角为主,其数值也比相关规范中常规平原地区的要大,风攻角的散布范围和绝对值大小均随着高度的增加呈现减小的趋势。大桥位于高海拔高温差深切峡谷内,桥址区几乎每天下午起风,其平均风速往往达到 10.0 m/s。根据统计情况,桥位处的大风可分为两类:一类是受大尺度大气环流影响的大风降温过程;另一类是受小尺度范围内热力驱动而产生日常大风的过程。

其次,为探讨高海拔高温差深切峡谷桥址区日常大风的成因,采用四要素自动气象站、手持风速仪和便携式温度计对大桥桥址区风特性进行实测,分析了桥位处的平均风速与温度、日照及地形地貌等的相关性。结果表明,受热力驱动的小尺度局部大风基本上每天都存在,但风速不大,桥位处的设计风速仍受大范围的大气环流控制。小尺度的日常大风还受局部地形及随时间变化日照的影响,桥位处日常大风出现的概率较高,尽管不控制桥梁的设计基准风速,但影响桥梁的耐久性和行车舒适性。

再次,为研究高海拔高温差深切峡谷桥址区在热力效应作用下的风特性变化规律,在FLUENT 中通过添加动量源项的方式实现了自然对流的模拟,并对模拟结果的正确性进行了验证。以位于四川西部深切峡谷区的某大桥为工程背景,结合桥址区现场实测的温度变化规律,采用 FLUENT 对考虑热力效应的桥址区风特性进行了数值模拟研究,讨论了不同热力因素对桥址区地表风特性的影响,分析了不同来流风速和热力效应联合作用下桥址区的风特性。分析结果表明,当来流风速为 0.0 m/s 时,热力效应引起的桥址区竖向最大风速为 3.0 m/s,水平风速为 6.4 m/s;当来流风速大于 5.0 m/s 时,热力效应的影响已不明显,此时桥址区的风场主要受来流风速、来流风向和局部地形的影响。考虑热力效应后,桥址区的地表温度分布显著不均匀,与不考虑热力效应时的计算结果差异明显。

最后,以计算流体力学软件 FLEUNT 为平台,采用有限体积法对计算域进行离散,基于$k\text{-}\omega$ 湍流模型对桥塔附近的风特性进行研究,分析了不同来流风速及不同来流风向下桥塔附近风观测点的风速及风向变化规律,给出了相应的风速修正函数和风向角修正函数。研究结果表明,桥塔对测量结果的影响较大,塔上风传感器的安装位置应经过优化确定;风传感器位于迎风侧时风速比值在 0.45 ~ 1.30 波动,位于背风侧时风速比值在 0.05 ~ 1.25 波动;风速仪较优的安装位置为离塔 1.0 倍特征尺寸以上且与来流方向的夹角为 ±(45.0°~56.5°)的区间内。基于优化后的安装位置在塔上和猫道上分别安装了风传感器,以现场实测数据为基础,对 V 形峡谷桥址区的风特性进行了分析,分别给出了桥址区低空和高空风参数的取值。

本书综合应用现场实测与数值模拟的研究手段,详细研究了复杂地形地貌桥址区的风特性,研究成果可为大跨度桥梁结构的风荷载设计提供依据。

著　者

2021 年 2 月

目 录

第1章 绪论 ·· 1

1.1 研究背景 ··· 1

1.2 国内外研究现状 ··· 2

1.3 存在的问题 ··· 8

1.4 本书章节安排 ·· 9

第2章 桥址区平均风特性实测与分析 ···································· 11

2.1 实测概况 ··· 11

2.2 风速 ·· 18

2.3 风向 ·· 24

2.4 阵风系数 ··· 27

2.5 地表粗糙度系数 ··· 28

2.6 风攻角 ·· 32

2.7 紊流度 ·· 33

2.8 不同站点风速相关性 ·· 35

2.9 小结 ··· 37

第3章 日常大风成因分析 ··· 39

3.1 观测概况 ··· 39

3.2 温度影响 ··· 40

3.3 局部地形影响 ·· 45

3.4 日照影响 ··· 46

3.5 综合分析 ··· 47

3.6 小结 ··· 48

第4章 考虑热力效应的桥址区风特性数值模拟 ····················· 49

4.1 FLUENT中自然对流的实现 ·· 49

4.2 模拟方法验证 ·· 50

4.3 有限元模型 ··· 54

4.4 结果分析 ··· 60

4.5 小结 ··· 75

第 5 章　塔上风传感器安装位置选择 ································· 76

5.1　工程背景 ··· 76

5.2　计算概况 ··· 78

5.3　塔周流场分析 ··· 80

5.4　风速的影响 ··· 83

5.5　风向的影响 ··· 84

5.6　观测结果修正 ··· 84

5.7　小结 ··· 85

第 6 章　桥址区脉动风特性实测与分析 ······························· 87

6.1　观测概况 ··· 87

6.2　脉动风参数 ··· 89

6.3　风观测数据处理方法 ··· 93

6.4　脉动风特性分析 ·· 101

6.5　小结 ·· 115

第 7 章　结论与展望 ·· 117

7.1　结论 ·· 117

7.2　展望 ·· 118

参考文献 ·· 119

第1章

绪 论

1.1 研究背景

近年来,随着"一带一路"倡议的实施和西部大开发进程的不断推进,社会发展对我国西部交通能力的要求也不断提高。因此,在西部复杂地形地貌区将修建越来越多的高速铁路和高速公路,西部多山地区也将修建越来越多的跨峡谷大桥,而为了确保桥梁结构和车辆在风荷载作用下的安全性,就必须合理确定桥址区的风特性,以便为桥梁的抗风设计和车辆的安全运营提供保障。

现行的抗风设计规范中对山区风通常只做了简单修正,如英国建筑风荷载设计推荐峡谷风平均风速应增大 10%[1]。我国的《建筑结构荷载规范》[2](GB 50009—2012)规定,对山间盆地、谷地等闭塞地形,可取修正系数为 0.75 ~ 0.85;对与风向一致的谷口、山口,可取修正系数为 1.20 ~ 1.50。同时,山区峡谷地形的不同以及大桥所处的高度差异将会导致地形修正系数在数值上的变化。由于大部分桥梁的桥面高度低于周边地形高度,因此,峡谷风的地形修正系数并非如规范中所描述的大于 1.0,而是与峡谷两侧地形边界层的发展有关[2-8]。

一方面,已有的多数研究是针对沿海或内陆常规地区的风特性,部分文献研究是针对中低海拔山区桥梁风特性的现场实测,其河谷两岸山峰至谷底高差一般较有限(200 ~ 1 000 m)。目前,在建的位于西部峡谷区的大渡河大桥桥址区河谷两侧山峰海拔均超过 5 000 m,山峰至河谷底的海拔最大相差超过 3 500 m。大桥桥址区河谷两侧山顶均有终年不化的积雪,较为寒冷,而河谷内部(特别是底部)属于典型的干热河谷,温暖干燥。桥址区河谷下部与上部温差大,同时桥位处昼夜温差也较大。这些因素导致目前已有的研究成果很难直接应用到类似西部高海拔地区深切峡谷大桥的设计和施工中。

另一方面,山区风荷载对车辆的安全威胁也是巨大的,在国内有兰新铁路的"百里风区"[9],最高风速可达 64 m/s[10],每年八级以上的大风超过 100 d。自通车以来[11](统计至2002 年),兰新铁路因大风引起的列车脱轨、倾覆事故 30 起。2003 年,兰新铁路因大风封闭时间长达 50 h,造成直接经济损失 2 800 万元。2007 年我国新疆发生了 13 级大风,导致列车脱轨、倾覆,造成 4 人死亡,30 多人受伤的严重事故[12]。日本自 1872 年开始铁路运输到 1986年,共发生了 28 起由风引起的列车事故[13-14]。2005 年,东日本铁道公司的"稻穗 14 号"新干线列车 6 节车厢全部脱轨,造成 4 人死亡,33 人受伤[12]。调查表明,列车运行在桥梁上时横向风的作用是引起列车出轨并翻倒的主要原因,而山区中桥梁受地形等因素的影响会使桥梁上的风荷载出现较明显的突变现象,这种较为复杂的风荷载无论是对列车还是汽车的安全运营均是较大的威胁。因此,明确山区桥梁桥址区的风特性显得尤其重要,它是保证强风作用下桥梁上车辆安全性和舒适性的基本前提。

综上所述,一方面,国内外目前对复杂地形地貌桥址区风场时空特性的认识较为有限,山区桥梁风场的时空特性又非常复杂,复杂的风场导致目前已有的桥梁抗风成果很难直接应用;另一方面,明确山区桥梁的风环境对保证车辆在桥上的安全运营有重要的意义。因此,对复杂地形地貌桥址区风特性的研究显得非常迫切和必要。

1.2　国内外研究现状

1.2.1　地表风特性研究

1)现场实测

现场实测研究一般首先通过区域内已有的气象站台或临时架设的观测点获得一定观测期内的风特性,然后根据某些相关关系或守恒特性建立区域内其他位置与已有风速资料观测点之间的联系,从而推算得到其他位置处的局部风特性。

关于风特性的现场实测开展得较早,在很多国家的建筑标准中所采用的 Davenport 谱[15-16]就是 Davenport 在世界上不同地点、不同高度处进行风特性的观测,通过对 90 多次观测强风记录进行统计分析而得到的。Davenport 还提出了风剖面指数率模型和地面粗糙度等概念,描述了 3 种不同的地形类别,从而为风特性的研究奠定了基础。Duchene-Marullaz P.[17]在 Nantes 地区进行了一系列风观测,在 3 个相互独立桅杆的不同高度处放置了风速仪,统计了两次强风实测数据,得出阵风因子、紊流积分尺度、风速谱等参数,并得到了湍流强度随高度增加而减小的规律,所得的风速谱和 Davenport 谱的形式是相同的。为了弥补各国规范中不同地表类别抗风参数不明确的问题,加拿大、英国、挪威、美国、日本[18-22]等国家都开展了长期的风观测工作,按照风速、风向、地表类别等进行分类,建立了各自的基础资料数据库。对山区复杂地形的风环境观测,相关的学者也开展了大量的研究,如 Raupach 和 Finnigan[23]、Miller 和 Davenport[24]、Carpenter Paul 和 Locke Nicholas[25]分别针对山顶区的风速加速效应、山体背风区的脉动风特性以及多重山脉的风场等进行了研究,给出了相应地区的实测风特性。Dickerson 和 Mascon[26]、Sherman[27]、Ludwig[28]、Cheng 和 Shang[29]、Finardi 和 Tinarelli[30]基于质量守恒原理,根据已获得的观测资料,以地形特点和地表粗糙度为变量建立了复杂地形区内空气流动关系,得到研究区域内不同水平位置、不同高度处平均风的分布特点。其中,Finardi 和 Tinarelli 的分析结果与实测数据符合较好。

陈伏彬、李秋胜等[31-33]以广州国际会展中心为工程背景,测试了 2008 年台风"鹦鹉"登陆时风特性及风致振动响应,获得了有实际工程意义的大跨结构风效应的实测数据。采用功率谱峰值拾取法、频域分解法和随机减量法拾取其振动模态,将实测结果与有限元数值计算结果进行对比,评估了数值计算的有效性;同时,基于近海岸 100 m 高测风塔的现场实测数据,获得了台风登陆时平均风速剖面与湍流度剖面。在大气边界层风洞中,重现此台风风场与规范类风场条件,分别对某一体育场刚性模型开展了测压试验工作,详细分析与对比了两类风场条件下大跨屋面风荷载分布规律特征,评估了台风风场条件下风荷载取值。李秋胜、胡尚瑜等[34-36]基于近海岸台风观测系统,获取了登陆台风 10 m 高度处三维风速数据,对在近海岸地貌强风条件下,10 m 高度处的风特性和湍流特性进行了统计。对湍流强度的均值、阵风因子和湍流强度等风特性进行了分析,分析表明紊流积分尺度随湍流强度增加而相应减少。同时,基于双坡屋面试验房及台风观测系统,获取了近地台风风速实测数据,对近地边界层台风风特性进行了研究。近地边界层高度范围内的平均风速剖面符合对数律和指数律分布,平均湍流强度剖面符合指数律分布。与良态季风条件下相比,台风风剖面参数如摩擦速度值、地面粗糙度长度、风剖面幂指数值等相对变大,台风天气条件实测的平均湍流度相对季风实测值增大 20% 。Y. L. Xu 等[37]与我国香港特别行政区香港路政署合作,在青马大桥上建立了完善的风和结构健康监测系统,通过该系统对台风作用下桥梁的响应进行了实测,并将实测响应值与斜风作用的理论分析结果进行了对比。史文海[38]对台风作用下低矮房屋及大跨度结构的风荷载进行了大量的现场实测,分析了台风荷载作用下建筑物所受风荷载的分布情况。王桂玲和蒋维楣[39]、余琦和刘原中[40]应用不同的插值方式由观测数据得到了所关注位置的风特性。

在桥址区风特性现场实测方面,宋丽莉、秦鹏、黄林宏等[41-45]通过桥址区风速观测点的观测资料对考虑地形影响的桥址区风特性进行了分析,同时也对复杂山地近地层强风特性、广东沿海近地层大风特性以及新疆哈密地区的风特性进行了现场实测。庞加斌、林志兴、宋锦忠、李杏平等[4,46-47]对上海市周边地区、苏通长江大桥桥址区和四渡河大桥桥址区风特性进行较长期的现场观测,分析了沿海和山区的强风特性,对峡谷区桥梁抗风设计风速的确定方法进行了讨论。朱乐东等[48-50]对坝陵河大桥桥址区风特性进行了现场实测,分析了桥址区脉动风特性、风剖面形式以及设计基准风速等。武占科等[51]对上海环球金融中心工程场地良态风环境特性进行了观测分析。胡峰强、陈艾荣等[52]对四渡河大桥桥址区风特性进行了现场实测。刘健新、胡兆同、胡玥等[53-58]对禹门口黄河大桥的风特性进行了现场实测,对桥址区的谱特性进行了分析。陈政清、张志田、金磊等[59-61]采用悬索吊挂式系统对矮寨大桥的风特性进行了现场实测,分析了桥址区的风特性,确定了桥址区的设计基准风速。陈政清、柳成荫、倪一清[62]通过岳阳洞庭湖大桥上安装的超声风速仪,对桥位处的风特性进行了长时间实测,实测结果表明桥位处的湍流强度比规范值要低很多,这种较低的湍流度导致了洞庭湖大桥容易发生风雨振动。刘峰、许德德等[63]在北盘江大桥建立了风观测塔,对风速及风剖面短期风速测点与邻近气象站台进行同步观测,根据短期观测资料建立桥址区与气象站台间的相关关系,基于气象台站长期观测统计资料推算桥址区的设计风速,但其风速沿高度变化及脉动风特性分析中仍采用平坦开阔地区风特性规律,这种规律应用于复杂地形地貌桥址地区具有一定的局限性。大连理工大学欧进萍、胡俊等[64-65]在东海某大跨度悬索桥上安装了风监测系统,对桥址区的风特性进行了长时间的实测分析。廖海黎、刘明等[66]先后对苏通长江大桥和西堠门大桥风特性进行了现场实测,考察了桥址区的脉动风特性。李永乐等[67]针对风速观测记录的特点,证明了利用不同高度处月最大风速记录推算地表粗糙度系数的可行性,并对通过最小二乘拟合得到的地表粗糙度系数进行了统计分析,并根据原始风速观测记录和基本风压分布图推算了实桥的设计基准风速。李永乐等[6]基于深切峡谷桥址区现场实测风速记录,分析了其与周边气象台站观测记录的相关性,指出风速相关分析中采用比值法的合理性,并针对深切峡谷区大跨度桥梁的特点提出了"复合风速标准"的概念,该桥风特性现场实测研究仍在进行中。黄国庆、彭留留、苏延文等[68-69]开发了一套基于远程无线高效传输的风观测系统,该系统能在较恶劣的气候条件下工作,为山区峡谷地形中风参数的实测提供了便利。此外,气象部门也针对桥址区风特性开展了部分现场实测研究,如刘聪[70]、陈正洪等[71]。相关桥梁现场实测如图1.1所示。

(a) 坝陵河大桥现场实测　　　　　　　　　　(b) 矮寨大桥现场实测

图1.1　现场实测照片

2) 风洞试验

地形模型风洞试验中,在模拟大气边界层的基础上,以实际地形为参照,按照一定缩尺比制作反映实际地形特点的地形模型,通过合理布置测点或流迹显示方式,获取特定位置的风特性和整个复杂地形区域内的风场分布。

Cheung 等[72]对缩尺比分别为1:200,1:1 500的高334 m香港青衣山尾流区的风速、脉动特性及雷诺剪应力进行风洞试验测量。Rasouli 等[73](2001)应用粒子显示技术,对香港地区5.0 km×5.0 km范围(缩尺比1:3 000)空气流动的水平及垂向速度分布进行了试验。

Yamaguchi 和 Ishihara 等[74]对日本 Shakotan Peninsula 带悬崖地形特征的直径8.0 km地区(缩尺比1:2 000)进行了地形模型风洞试验,对不同风向作用下不同位置的风特性进行了测量,指出在复杂地形下,风剖面不再以指数规律随高度变化。Gong 和 Ibbetson[75]采用风洞试验的研究手段,对风场流经单个山体时的紊流特性进行了研究,给出了不同位置处的脉动风特性。Finnigan 和 Raupach[76]以两个连续起伏的简单山体为研究对象,在风洞试验室中实测了两个山体不同位置,不同高度处的风场变化规律,其研究结果对复杂地形区的风特性研究有指导意义。Ferreira 等[77]同样以两个连续起伏的简单山体为研究对象,给出了不同位置处的风场分布规律。Hyun Goo Kim 和 Choung Mook Lee 等[78]通过风洞试验和数值模拟相结合的研究手段,研究了两个理想山体的紊流度、风剖面等分布规律,并且对两种研究手段的研究结果进行了对比分析。

同济大学胡峰强、陈艾荣和王达磊[52]进行了桥址区半径2.4 km范围(缩尺比1:1 000)的地形模型风洞试验。同济大学庞加斌、宋锦忠和林志兴[4]建立了气象站台基本风速与海拔的拟合关系式,同时通过直径10 km范围(缩尺比1:1 500)地形模型风洞试验对设计风速进行地形修正。湖南大学陈政清、张志田和李春光等[59,79]通过桥址区直径 2 km 范围(缩尺比1:500)的地形模型风洞试验,确定了桥梁的设计风速标准及脉动风特性。长安大学刘健新、胡兆同、张玥、张高良等[54-58,80]对新疆、黄河等峡谷地区的风特性进行了风洞试验,并将试验结果和现场实测数据进行对比分析,研究了山区风特性参数风速剖面、湍流度、紊流积分尺度、风速功率谱等。重庆大学李正良、李鑫等[81]通过风洞试验和数值模拟相结合的手段,分别系统地研究了简单山地地形(单个山体)和复杂山地地形(多个连续山体)的近地风特性,通过刚性山体模型风洞试验,对典型的单个三维山体风场进行分析,系统地探讨了不同的山体坡度、山体高度以及来流风速等对山体表面平均风速特性和脉动风速均方根值特性的影响。浙江大学项贻强、叶征伟等[82]通过风洞试验和现场实测对山区高墩大跨连续刚构桥风环境及风荷载进行了研究。西南交通大学徐洪涛、王凯、廖海黎等[83-85]先后对具有复杂地形地貌的坝陵河大桥进行了桥址区地形模型风洞试验的专题研究,研究表明坝陵河特大桥在横桥向来流作用下,跨中桥面高度处风速受到"峡管效应"的增速作用。峡谷内平均风剖面的分布具有明显的不均匀性,桥面高度处平均攻角范围高于规范要求值。桥面高度处的水平和竖向脉动风速功率谱与规范谱在高频区吻合较好,在低频区有较大差别。胡朋、李永乐等[86-88]针对山区峡谷桥址区地形模型边界过渡段的合理形式,通过理想流体圆柱绕流推导出一种曲线过渡段,并与斜坡过渡段及不同长度的曲线过渡段的流动特性进行对比分析,提出了一种用于风洞地形模型试验的过渡段曲线形式,并将该过渡段应用到实际地形模型风洞试验中,取得了较好的效果。

上述地形模型风洞试验多数是面向工程应用的,在风场结构时空分布特性及空气流动机理等方面的基础性研究仍有较大的研究空间。桥址区地形对桥梁抗风性能的影响日益引起业界的重视,部分全桥气弹模型试验中已初步考虑了地形的影响,如日本多多罗大桥[89]除进行大比尺(1/70)全桥模型风洞试验外,还进行了考虑周边地形的小比尺(1/200)全桥模型试验,但由于桥址区海拔高差不大,风洞试验中缩尺后的局部地形范围也较为有限。Maysville Bridge[90]的 1/150 气弹模型在 RWDI 4.9 m×2.4 m 风洞中进行试验,试验中考虑了地形的影响,但其两岸地形均为理想化的模型。Skarnsund Bridge[91]施工阶段气弹模型风洞试验中考虑了西北部山体的影响,但其地形相对单一,此外风洞阻塞度超过了 5%。西南交通大学郑史雄、李永乐、廖海黎[92]在长沙浏阳河大桥气弹模型风洞试验中考虑了附近旧桥及周边地形的影响,分析了大桥在旧桥影响下的风荷载分布情况。需要指出的是,目前在气弹模型风洞试验中采用的地形模型多为抽象化的模型或相对简单的模型,考虑地形影响的气弹模型风洞试验研究尚处于探索阶段。国内几个大桥的地形模型风洞试验如图 1.2 所示。

3) 数值模拟

地形模型数值模拟通常以计算流体动力学(CFD)为基础,计算模拟复杂地形区域上方的空气流动情况,从而得到边界层内不同位置处风特性分布规律。

Nomura[93]在 1997 年应用有限元方法并考虑地球自转产生的科里奥利力(Coriolis force)对日本 8.0 km×8.0 km 复杂地形区的风特性进行数值模拟,讨论了计算区域内风场的分布规律。Yamaguchi 和 Ishihara 等[94]在 2003 年,以日本某海边山区地形为研究对象,在进行风洞试验的同时基于雷诺时均流动方程与标准 k-ε 湍流模型对该区域的风场进行了线性与非线性的数值模拟,通过数值模拟得到了计算区域中的风速及风向分布情况,通过与试验结果的对比发现,非线性数值模拟结果与试验结果较吻合。Uchida 和 Ohya[95] 在 2003 年,采用大涡模拟的方法对 9.5 km×5.0 km 范围内复杂地形区空气流动进行了数值模拟,在数值模拟中使用粗糙方块制造了脉动风场,最后获得了计算区域内平均风速与脉动风速情况,研究了地形因素对风场的影响规律。Y. Q. Xiao 等[96] 在 2007 年,针对 10.1 km×6.9 km 区域内小岛的风速和风向进行了研究,在研究中应用不同的湍流模型进行了区域风场的仿真模拟,并将数值结果与实测结果进行了对比。Mouzakis 和 Bergeles 等[97] 以二维山脊为研究对象,采用数值模拟的手段分析了气流通过该二维山脊时的流动规律。Coelho 和 Pereira[98] 以简单地形为研究对象,采用二维和三维非结构化网格,通过数值模拟的方式对气流通过山体的流动规律进行分析。Maurizi A. 等[99] 采用数值模拟的手段对葡萄牙北部一个山区的风环境进行了研究,给出了山区中风场变化规律。Kim H. G. 和 Patel V. C.[100] 模拟了流体绕过山谷形成的风环境,其数值模拟结果与现场风观测的结果取得了较好的一致性。

(a)四渡河大桥地形模型风洞试验

(b)北盘江大桥地形模型风洞试验

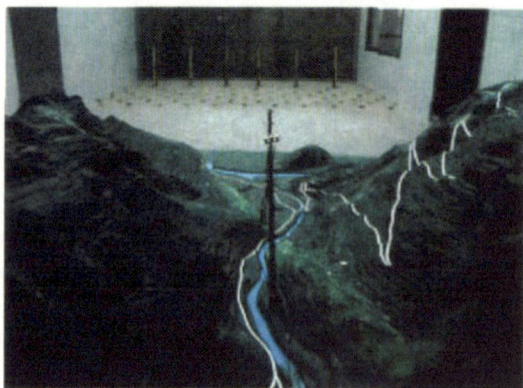

(c)矮寨大桥地形模型风洞试验

(d)龙江大桥地形模型风洞试验

图 1.2　地形模型风洞试验

同济大学的胡峰强、陈艾荣等[101] 以位于山区的贵州北盘江特大桥与湖北四渡河大桥所在周边地形为研究对象,开展了大型地形模拟风洞试验、桥位风观测和数值分析。采用FLUENT对桥位处的风特性进行了分析,探索了桥址区风场的分布规律,并在此基础上对山区桥梁的设计风速进行了合理推断。湖南大学陈政清、华旭刚等[79,102] 开展了矮寨大桥桥址区风特性的研究,并且利用数值模拟的手段对大跨桥梁的耦合颤振问题进行了深入研究,提出了一种在 ANSYS 中直接分析大跨桥梁三维全模态颤振的有限元模型和频域方法。哈尔滨工业大学肖仪清、李朝[103-105]用不同的湍流模型对某山区地形的三维风场进行了数值模拟，提出了新的三维稳态轴对称静止型下击暴流和壁面冲击射流风场中径向速度的竖向形状函数，并改进了现有径向速度的径向形状函数的可调节性和精度。基于流体力学质量守恒方程，提炼了由径向速度形状函数推导竖向速度的形状函数的通用方法。长安大学刘健新、胡兆同、张玥等[53-57]对峡谷河道变为宽浅河道的喇叭口地形风场进行了数值模拟。基于"数值风洞"模拟技术采用 k-ε 湍流模型按有实桥结构和无实桥结构两种情况建立数值计算模型，模拟了 7 种工况下桥位及其周边的风场，得到了桥位处风剖面、风场风速流线、压力流线、湍流等分布规律，并将计算结果和现场风观测数据进行了对比分析。西南交通大学祝兵等[106-107]通过足尺现场的数值模拟和气象学资料建立了高耸建筑结构周围行人高度风环境的数学模型，并将所建立数值模型应用于香港地区的建筑物周边风环境的评估。李永乐等[5]针对深切峡谷桥址区进行了 8.0 km × 8.0 km 区域地形风场数值模拟分析，对比分析了不同风向情况下桥址区风速沿高度的变化情况，根据不同高度空气流动特点，提出将深切峡谷桥址区风场分为峡谷层、峰峦层和中高空层，根据风速沿主梁方向的变化特点，得出了平均风速和风攻角的联合分布，在一定程度上揭示了深切峡谷桥址区空间风场的分布特征。胡朋、李永乐等[108]针对山区峡谷桥址区地形模型边界过渡段的合理形式，通过数值模拟的研究手段，找到一种较为合理的地形模型风洞试验过渡段曲线，并与斜坡过渡段及不同长度的曲线过渡段的流动特性进行对比分析。

　　近年来，数值模拟技术在风工程中的应用得到了较快的发展，CFD 方法能大大减少人力和资源的投入，且能定量地确定流场结构，有利于对空气流动机理的认识。但由于 CFD 方法在湍流与分离流模拟中的局限性，数值模拟计算结果的准确性有限，现阶段通常作为现场实测和风洞试验的补充研究手段。因此，在实际工程中应用的深度和广度仍有较大的空间。典型的数值计算网格和流线如图 1.3 所示。

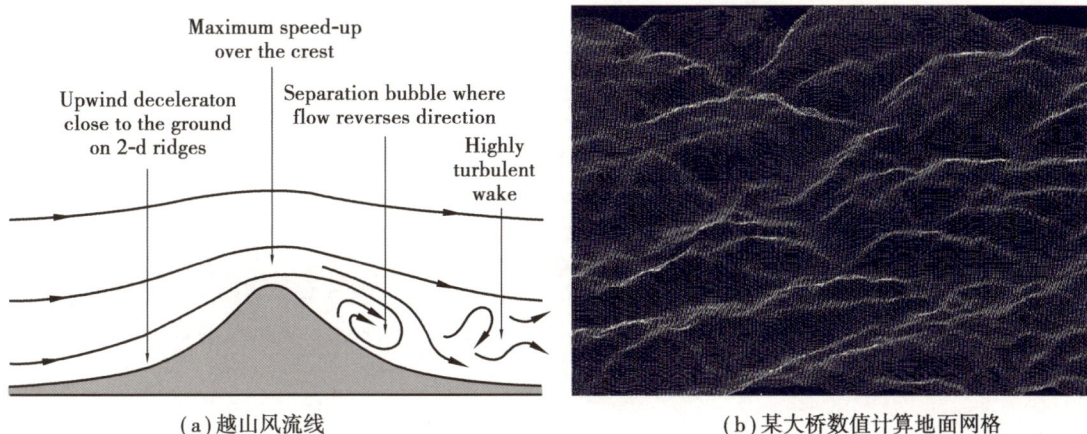

（a）越山风流线　　　　　　　　　　（b）某大桥数值计算地面网格

图 1.3　数值计算网格和流线

　　综上所述，风场时空分布特性的研究手段一般有现场实测、风洞试验和数值模拟 3 种。3 种研究手段中，现场实测是最为直接和有效的，但现场实测往往受到地形和科研经费的限制，现场实测的风观测站数量通常也较为有限。在风洞试验中，可方便地对关心位置处的风特性进行测量，但是地形模型风洞试验的缩尺比通常较小，在如此小的缩尺比下如何保证风洞试验的结果能代表实际地形的流动,这也是风洞试验的关键所在。同时,风洞试验中地形边界的处理也直接影响试验结果的准确度。数值模拟是几种研究手段中最为方便、投入最少的一种,但数值模拟的精度还有待进一步提高。因此,在地表风特性的研究中,通常采用几种研究手段相结合的方式进行。

1.2.2　热力效应对空气流动的影响

随着西部大开发的进一步实施,在川西高原地区将修建越来越多的大跨度桥梁。川西青藏高原过渡段常年少雨,山上植被较少,太阳照射较为强烈,同一地点的日温差波动通常为 10 ℃以上。同时,桥址区地形极其复杂,桥位处小区域范围内地面海拔高度变化通常为 3 000 m 以上,在桥位附近通常有终年不化的雪山存在,而峡谷内部通常为典型的干热河谷气候,温暖干燥,峡底和山峰顶部温差通常为 20 ℃以上。在类似地区的风速也较大,因此,热力效应引起的空气流动不能轻易忽略。

在考虑热力效应引起的空气流动方面,相关学者的研究成果主要集中在室内通风换热和城市热岛效应两大方面。P. L. Betts 在 2000 年进行了小尺度封闭空间中(尺寸为 2.100 m × 0.076 m)由热力效应引起的自然对流实测研究,实测了封闭空间中不同位置处的温度和风速分布情况[109]。2011 年,M. E. Poulad 等考虑时间效应后,对小尺度封闭空间中(尺寸为 0.970 m × 0.056 m)由热力引起的风特性进行了实测,实测了不同时刻下空腔中温度和风速的变化规律,同时也研究了温度在空腔内的传递过程[110]。María José Suárez 和 Dominic O'Connor 用数值模拟的方式研究了地下室通风口的设置方式对对流换热的影响情况,并根据相关研究成果对通风口的设置进行了优化[111-112]。Yuanshen Lu 通过试验分析了来流风和冷却塔之间的对流换热情况,通过研究以期提高冷却塔的效率[113]。S. Suard 等研究了发生火灾时屋内的空气流动情况,研究结果可为火灾时逃生方案的制订提供参考[114]。Kazuya Takahashi 等于 2004 年对东京市的商业区、大学校园和混凝土广场 3 个具有代表性的典型区域同时进行热量流动的观测,得到了不同区域的温度、湿度、风速以及显热、潜热等参量,分析了不同下垫面对热量流动的影响,然后利用计算流体动力学模型(CFD)模拟出气温、湿度、风速等参量,并与实测值进行比较,结果显示其计算模型能较好地预测城市热环境[115]。Kuo H. L. 对大气和地表温度的变化规律进行了研究,但未考虑相应温度变化对风特性的影响[116]。Ryozo Ooka 等在风洞中进行了考虑大气稳定程度的风洞模型试验,在试验中模拟了不同大气边界稳定程度下简单山体的风剖面特性[117],但风洞试验中由于风洞尺寸的限制,风洞试验中也不能较好地考虑真实情况下由热力效应引起的空气自然对流现象。在国内,王翠云、李鹍分别以兰州和武汉为研究对象,基于遥感技术采用 CFD 仿真对城市的热岛效应进行了研究,分析了城市的温度、风速分布情况,其研究成果可为城市规划提供参考[118-119]。

1.3　存在的问题

西部高海拔山区桥梁所处地理位置非常特殊,路线通过的绝大部分地区没有历史气象资料,缺乏沿线风特性相关的研究资料,同时国内外目前对高海拔高温差复杂地形地貌区风场时空特性的认识非常有限。此外,西部山区的大部分桥梁桥位较高,桥面距离谷底较高,桥位处的风速可能受到地形的影响而有所加速,国内外如何确定类似地区桥梁基准风速的研究还没有统一的认识。因此,提出以下 4 个存在的问题:

（1）复杂地形地貌区风参数实测研究

已有研究多数是针对沿海地区或丘陵地区的风特性,针对高海拔高温差复杂山区桥梁风特性的研究较为少见。在复杂地形地貌区,流场受到地形的影响较大,其风参数和常规平原地区有较大的区别,虽然目前已有相关学者进行了研究,但仍没达成统一的认识。不同地区所获得的风参数不能很好地应用到其他类似地区,如何通过多个桥位的现场实测得到具有代表性的风参数需要进一步研究。

（2）复杂地形地貌桥址区日常大风成因

刘蓉娜等[120]、廖晓春[121]等通过现场实测,发现了在西部山区每天下午均会出现规律性波动的大风,但是相关文献中没有对这种日常大风形成的原因进行进一步的讨论。作者已有的观测也表明,在四川西部高海拔高温差山区存在着这种规律性的大风,其风速为 10.0 m/s以上,几乎每天都会出现,出现的频率较高。同时,山区峡谷地形在我国中西部地区较为常见,其地形复杂多变,现有相关规范和文献中对这种日常大风的成因描述少有报道,分析这类日常大风的成因具有一定的挑战。

（3）考虑热力效应的风特性数值模拟

通过相关文献发现,热力效应可引起空气的自然对流[122-129]。以某大桥为例,大桥地处高山峡谷之间,桥位处峡谷接近南北方向,桥面设计高程为 1 608 m,桥轴线向康定侧延伸 10 km后,地面海拔高度由桥位处的 1 608 m 升高至 4 500 m 左右,桥轴线向雅安侧延伸 5 km 后,地面海拔高度由桥位处的 1 608 m 升高至 3 700 m,峡谷两侧 10 km 范围内均有终年不化的雪山存在,而峡谷内部属于典型的干热河谷气候,温暖干燥,峡底和山峰顶部温差为 20 ℃ 以上。因此,如何在数值计算中实现这种由局部温差引起的局部大风具有一定的难度。

（4）现场实测中构筑物对风观测数据的影响

现场实测是目前山区桥梁桥址区风特性研究的主要手段之一。现场实测中,风观测点的选择大都是通过现场考察,结合现场地形后凭借研究人员的研究经验进行确定的。另外,风观测仪器通常是放在新建或已有的构筑物上,有必要针对构筑物对风观测数据的影响进行研究,以便对风观测仪器的安装位置进行优化,尽可能地减小构筑物对观测结果的影响。

1.4　本书章节安排

本研究拟围绕上述亟待解决的带有基础性的问题,以现场实测和数值模拟为主要的研究手段,以西部山区中两座在建的大跨度桥梁为研究背景,对桥址区的风特性开展研究。

本书第 2 章、第 3 章和第 4 章以大渡河大桥为工程背景,进行了桥址区平均风特性的现场实测和数值模拟研究;第 5 章和第 6 章以龙江大桥为工程背景,进行了桥址区脉动风特性的现场实测和分析。

本书的研究工作具体分为以下 6 个部分:

第 1 章：回顾并分析国内外已有的研究成果，基于已有的研究成果，提出在复杂地形地貌桥址区风特性研究中存在的一些问题和研究难点。

第 2 章：以位于高海拔高温差峡谷区的大渡河大桥为工程背景，采用 CAWS600-RT 型四要素自动气象站和声雷达风廓线仪，对桥址区的风特性进行了长时间现场实测，分析了桥址区的风速、风向、风攻角、阵风系数、地表粗糙度系数等风参数，并讨论了两个观测站点之间风速的相关性。

第 3 章：大渡河大桥位于高海拔高温差深切峡谷内，桥址区几乎每天下午起风，其平均风速往往为 10.0 m/s 以上。为探讨这类日常大风的成因，采用 CAWS600-RT 型四要素自动气象站、手持风速仪和便携式温度计对桥址区的风特性和温差场进行实测，分析了桥址区日常大风的形成原因。

第 4 章：结合现场实测的气象参数，以 FLUENT 为计算平台，通过二次开发实现了桥址区大尺度空间中考虑热力效应的空气流动数值模拟。采用数值模拟的方法，进行了仅考虑来流风速，仅考虑热力效应，同时考虑热力效应与来流风速，来流风向的影响，以及考虑时间效应不同工况的分析，讨论了不同工况下热力效应对桥位处风场的影响情况。

第 5 章：采用数值模拟方法对安装在桥塔上的风传感器位置进行优化，分析了桥塔上风传感器安装位置对测量结果的影响。

第 6 章：以龙江大桥为工程背景，在保山岸桥塔上离地 54.0 m 高度处安装了一套超声风速仪，同时在猫道上跨中处也安装了超声风速仪（超声风速仪离谷底 295 m）。通过两个观测点分别对桥址区低空（桥塔上）和高空（猫道上）的风参数进行了现场实测，给出桥址区高空和低空的紊流度、紊流积分尺度、功率谱等相关风参数。

第 2 章
桥址区平均风特性实测与分析

峡谷区风特性较平原地区有较大不同,峡谷区地形的不同以及大桥所处的高度差异将导致相关风特性有较大改变,而现场实测是较有效的一种研究手段。S. Finardi 等基于质量守恒原理,根据已获得的观测资料,以地形特点和地表粗糙度为变量建立了复杂地形区空气流动关系,得到研究区域内不同水平位置、不同高度处平均风的分布特点[30]。国内一些学者分别对沿海平原地区的苏通大桥、西堠门大桥以及润扬大桥进行了桥址区风特性的实测[46-47],也有一些学者对位于中西部山区的坝陵河大桥、四渡河大桥以及矮寨大桥进行了桥址区的风特性实测[48-52]。但目前已有的多数研究是针对沿海或者是内陆丘陵地区的风特性,其河谷两岸山峰至谷底高差一般较有限。大渡河大桥桥址区为典型的 U 形深切峡谷,河谷两侧的山峰海拔均超过 5 000 m,山峰至河谷底的海拔相差超过 3 500 m。河谷两侧山顶均有终年不化的积雪,较为寒冷,而河谷底部温暖干燥,属于典型的干热河谷。本章以大渡河大桥为工程背景,针对这种高海拔高温差 U 形深切峡谷桥址区的平均风速、平均风向、风攻角、阵风系数及地表粗糙度系数等风特性进行实测与分析。

2.1　实测概况

2.1.1　观测站点设置

根据大桥所处的位置、走向、地区地形特点及已有气象站分布,经过多次现场勘察确定了观测点位置。2012 年 12 月 4 日在泸定县咱里村安装了 1 套 MFAS 型相控阵声雷达(SODAR)风廓线仪系统。该观测点位于大桥的下游(偏向泸定县城)约 500 m 处,向大桥跨中偏离康定侧桥塔约 250 m。测点精确位置采用专用手持 GPS 单点定位系统进行了定位测量,在有 5 颗卫星信号的情况下,声雷达风廓线仪观测站的经度为 E102°12′37″,纬度为 N29°57′45″,海拔 1 399 m,此时手持 GPS 测量精度为 6 m。

为考察桥址区典型位置 10 m 高度处的平均风特性,2012 年 12 月 23 日在桥位处风速较大的咱里村大风岗上安装了一座 CAWS600-RT 型四要素自动气象站。该位置处风速较大,四周开阔,没有树木和建筑物的遮挡,观测结果更具代表性。该观测站点位于大桥的轴线上,距离康定侧桥塔较近,向大桥跨中偏离康定侧桥塔约 100 m。自动气象站的位置也采用手持 GPS 定位系统进行测量,在有 7 颗卫星信号的情况下,自动气象站的经度为 E 102°12′36″,纬度为 N 29°58′03″,海拔高 1 530 m,此时手持 GPS 测量精度为 3 m。

两个风观测点位置布设如图 2.1 和图 2.2 所示。由图 2.1 可知,两个观测站点均位于较开阔地区。由图 2.2 可知,声雷达风廓线仪距离桥面 209 m,自动站距离桥面 78 m。两套观测仪器安装参数见表 2.1。

图 2.1 观测点布置——平面图

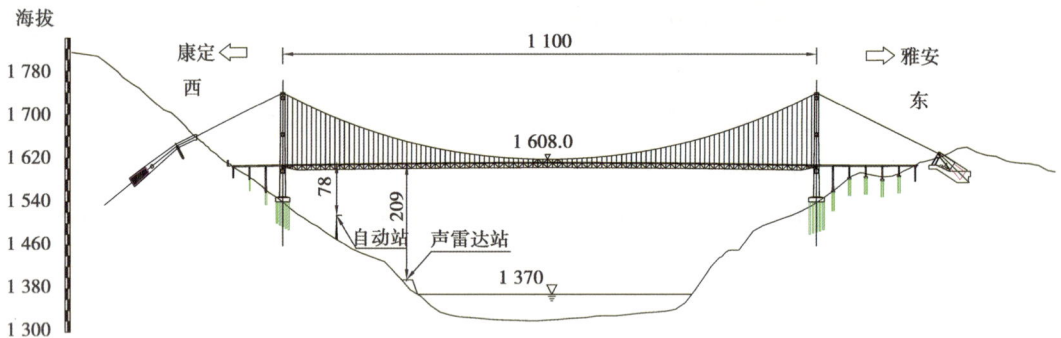

图 2.2 观测点布置——立面图

表 2.1 观察仪器安装参数

观测站	经度 海拔高度	纬 度	离桥面距离 /m	观测 要素	仪器离地高度 /m	传感器 型号
风廓线仪	N：29°57′45″	E：102°12′37″	209	风速	9.0	MFAS
			209	风向	9.0	MFAS
自动气象站	N：29°58′03″	E：102°12′36″	78	风速	10.0	EL15-1A
			78	风向	10.0	EL15-2D
			86.5	温度	1.5	HYA-T
			87.5	降雨	0.5	SL3-1

2.1.2　声雷达风廓线仪系统

桥址区风剖面测量采用了由德国 SCINTEC 公司生产的 MFAS 型相控阵声雷达(SODAR)风廓线仪系统进行风廓线的实测。该声雷达能测量三维风速和风向及湍流竖向剖面;仪器主要性能指标见表 2.2。测试系统主要附件有 MFASNS 标准声音屏蔽设备、MFAPAE 主设备供电单元、MFAHEA 天线加热设备及 MFAHE 天线加热设备供电单元。如图 2.3 所示为风廓线仪现场安装照片,如图 2.4 所示为风廓线仪数据采集系统。

表 2.2　MFAS 型声雷达风廓线仪主要性能指标

项目	性能指标
工作频率/Hz	1 650 ~ 2 750
最低探测高度/m	30
最高探测高度/m	1 000
垂直高度分辨率/m	10 ~ 250
水平风速测量精度/(m·s^{-1})	0.1 ~ 0.3
垂直风速测量精度/(m·s^{-1})	0.03 ~ 0.1
风向测量精度/(°)	2 ~ 3
水平风速量程/(m·s^{-1})	−50 ~ 50
垂直风速量程/(m·s^{-1})	−10 ~ 10
尺寸	74 cm × 72 cm × 20 cm
质量/kg	32

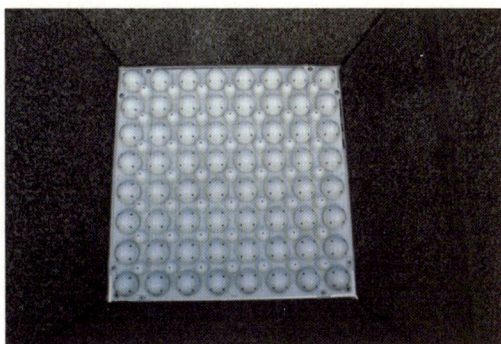

图 2.3　风廓线仪现场安装照片

声雷达风廓线仪系统的坐标定义如图 2.5 所示。图 2.5 中,U,V,W 分别表示坐标系的 3 个方向。其中,U 为东西方向;V 为南北方向,本观测中该方向与河道走向基本一致;W 为竖向。表 2.3 为风偏角与风向的对应关系。

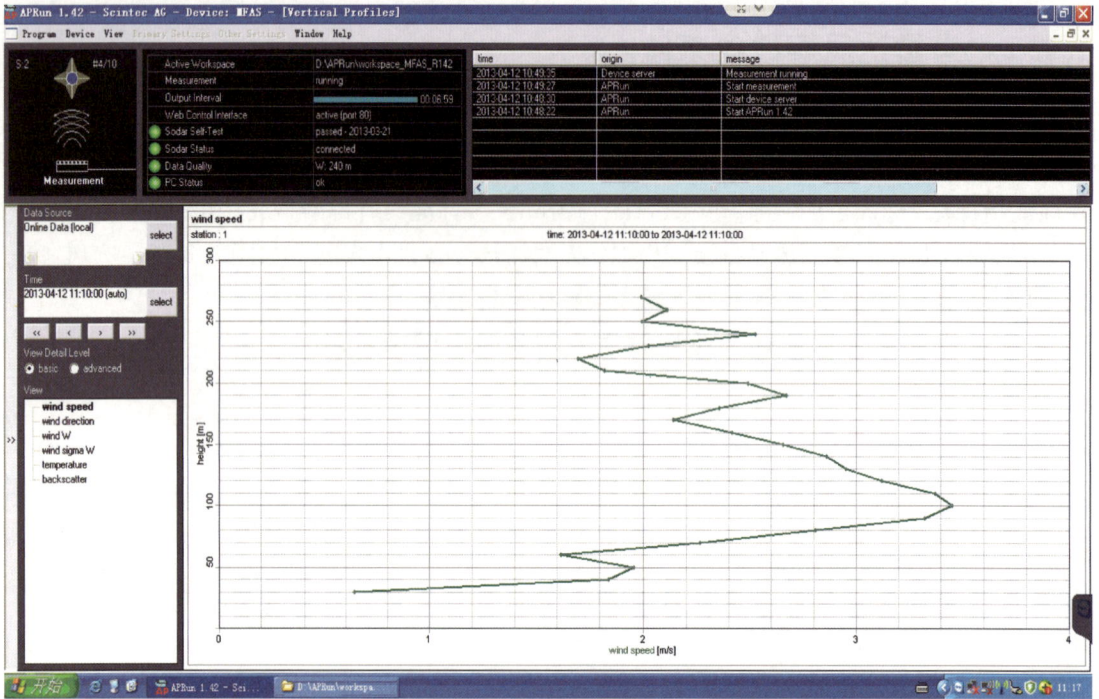

图 2.4　风廓线仪数据采集系统

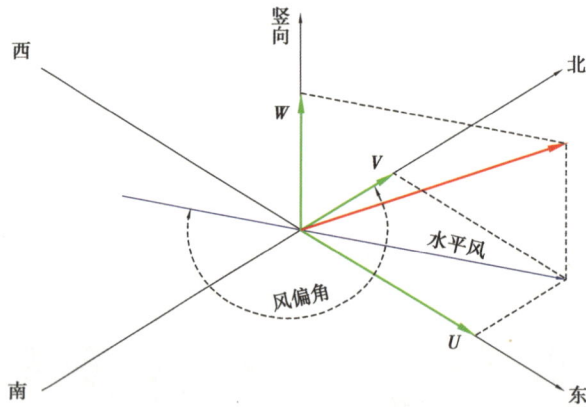

图 2.5　风廓线仪坐标系统

表 2.3　风偏角与风向对应关系

风偏角/(°)	风　向
0	北风(N)
90	东风(E)
180	南风(S)
270	西风(W)

2.1.3　自动气象站系统

CAWS600-RT 型四要素自动气象站广泛应用于气象、交通、水文、农业及环保等领域,为各种灾害预警提供决策服务。它可监测 10 m 高度处风速、风向、地面降雨及空气温度等气象要素。该系统由集成一体化的高精度数据采集器、太阳能充电控制器、智能 GPRS\SMS\GMS 模块或 CDMA 模块及相关传感器组成,可在无人值守的恶劣环境下全天候全自动正常运行。CAWS600-RT 型四要素自动气象站的传感系统主要包括 EL15-1A 型风速传感器、EL15-2D 型风向传感器、HY-T 型温度传感器及 SL3-1 型雨量传感器。

EL15-1A 型风速传感器是响应快、启动风速低的光电子风速计。感应部分由 3 个轻质锥形风杯组成,能在整个工作范围内提供良好的线性,直到风速达到 60 m/s。风速传感器的感应元件为三杯式回转架,信号变换电路为霍尔开关电路。在水平风力的作用下,风杯组旋转,通过主轴带动磁棒盘旋转,其上的 36 个磁体形成 18 个小磁场,风杯组每旋转一圈,在霍尔开关电路中感应出 18 个脉冲信号,其频率随风速的增大而线性增加。该风速仪测量范围为 0.3 ~60 m/s,在风速低于 10 m/s 时的精度为 ±0.3 m/s,风速高于 10 m/s 时的精度为 ±0.03 m/s。其抗风强度达到 75 m/s,可满足桥位处强风条件下风速仪的正常工作。EL15-1A 型风速传感器主要性能指标见表 2.4。

表 2.4　EL15-1A 型风速传感器主要性能指标

项目	性能指标
测量范围/$(m \cdot s^{-1})$	0.3 ~60
分辨率/$(m \cdot s^{-1})$	0.05
启动风速/$(m \cdot s^{-1})$	0.3
精度/$(m \cdot s^{-1})$	±0.3(风速小于 10 m/s 时)
	±0.5(风速大于 10 m/s 时)
抗风强度/$(m \cdot s^{-1})$	75
传感器输出/Hz	0 ~1 221
工作电源/V	12
加热器电源	24 V/25 W
工作温度/℃	-40 ~60
尺寸	319 mm×225 mm
质量/g	1 000
杯轮扫描直径/mm	319

EL15-2D 型风向传感器是低启动风速的光电风向传感器。风向传感器的感应元件为风向标组件。风向的信号发生装置是由风标转轴连接一个由风标带动的 6 ~8 位格雷码光码盘组成。码盘由 7 个等分的同心圆组成,由内到外分别作 0,2,22,23,24,25(26,27)等分,相邻每份作透光与不透光处理,通过位于码盘两侧同一半径上的 6 ~8 对光电耦合器件输出相应

的 6~8 位格雷码,码盘的上面安装有一组(6~8 个)红外发光二极管,下面有一组光电转换器(6~8 个),都正对码盘的(7 个)轨道。随风向标的转动,码盘下面的光电管接收到电码发生变化,每一个格雷码代表一个风向,分辨率为 5.6°~1.4°。每次只能变化一位,这种编码方法有助于消除乱码。传感器有格雷码、电压和电流 3 种输出方式。传感器内部的加热元件使整个轴承在寒冷的天气下仍能保持不冻结。表 2.5 为 EL15-2D 型风向传感器主要性能指标。

表 2.5　EL15-2D 型风向传感器主要性能指标

项目	性能指标
测量范围/(°)	0~360
响应灵敏度/(m·s^{-1})	0.3
工作电源/V	12
分辨率/(°)	2.5
精确度/(°)	±3
抗风强度/(m·s^{-1})	75
工作温度/℃	-50~60
尺寸	$\phi70 \times 415$ mm
质量/g	1 800
活动直径/mm	550

HY-T 型温度传感器是用来精确测量空气温度的传感器。测温元件是 Pt-100 型铂电阻元件。感应部件位于传感器杆头部,外有一层滤膜过滤罩保护。传感器的精度和稳定性依赖于 Pt-100 型铂电阻元件的特性及精度级别。传感器配有 15 m 的屏蔽电缆。HY-T 型温度传感器主要性能指标见表 2.6。

表 2.6　HY-T 型温度传感器主要性能指标

项目	性能指标
测量范围/℃	-50~80
灵敏度/(Ω·℃$^{-1}$)	0.385
精度/℃	±0.3
供电/V	12
直径/mm	5
长度/mm	130

CAWS600-RT 型采用 CAWS-TG 系列通信服务,服务器安装在自动站采集器机箱内部。它支持 TCP/IP GPRS 数据通信方式和 GSM 短消息数据通信方式,并且这两种方式之间可互为备份,可按照设定的工作参数,定时从采集器中下载实时气象要素观测数据,并依照特定的通信协议格式,通过无线网络发送给中心站服务器,同时还可通过无线网络接受中心站的控制指令,完成特定的任务操作(如提取历史数据等)。该设备还具有自动站电源监测功能、短信实时气象数据报告等功能。如图 2.6 所示为自动气象站风速风向仪现场照片,如图 2.7 所

示为自动气象站温度传感器现场照片,如图 2.8 所示为自动气象站控制柜现场照片,如图 2.9 所示为 CAWS600-RT 型四要素自动气象站现场全景照片。

图 2.6　风速风向仪

图 2.7　温度传感器

图 2.8　自动气象站控制柜

图 2.9　自动气象站

2.1.4　观测仪器检验及数据完整性

依照中国气象局制订的《地面气象观测规范》[130]、《气象资料的整理和统计办法》[131],对现场采集的实时资料进行整理、审核。

所有气象仪器在进入现场安装前,厂家均进行了由国家计量机构授权的计量检定单位进行测试和检定。如图 2.10 所示为自动气象站的合格证和风速风向传感器检定证书。MFAS 型相控阵声雷达(SODAR)风廓线仪在安装前采用系统自带的自检程序进行自检,自检结果显示仪器工作状态良好,可满足测试要求。

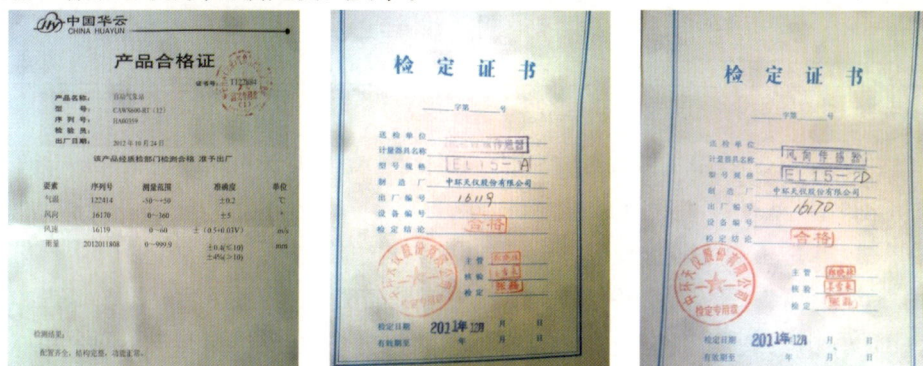

图 2.10　自动气象站产品合格证

1）CAWS600-RT 型四要素自动气象站数据合理性检验

一般检验：0 m/s≤风速≤60 m/s；0°≤风向≤360°。

特殊检验：风向和风速不定期采用手持风速风向仪进行观察，根据观测数据检查与自动气象站数据的一致性、合理性进行判断。

2）MFAS 型相控阵声雷达（SODAR）风廓线仪数据合理性检验

一般检验：根据仪器的判别码识别数据的有效性，此外系统对测试结果的合理性会进行判断，对合理性较差的数据进行剔除。

声雷达风廓线仪从 2012 年 12 月 4 日开始记录数据，风廓线仪主要是用于测量桥址区的风剖面，一般不需要连续观测，目前测得的累计有效数据天数为 176 d，观测数据中包括了冬季季风和夏季阵风，所得数据具有较好的代表性。

自动气象站从 2012 年 12 月 23 日开始记录数据，至 2016 年 1 月已进行了 3 年的长时间观测，数据观测时间较长，也能较好地反映桥址区的风特性。

2.2 风 速

2.2.1 最大风速

在观测期间，桥位处出现的最大风速和极大风速均发生在 2013 年 2 月 28 日，对应的极大风速为 44.5 m/s，最大风速为 29.6 m/s，风向为东南风。

工程抗风计算中比较关注较大风速的持续作用，因此，对桥位处的 10 min 平均风速进行了统计。统计表明，观测时段内桥位处 6 级以上大风天数出现的频率为 68.0%，8 级以上大风出现频率为 7.6%，桥位处几乎每天都出现 6 级以上的大风，在整个观测时间段内桥位处出现超过 20.0 m/s 的大风共 9 次，最大风速达到 29.6 m/s，超过了 11 级大风的标准。风速等级划分见表 2.7。

表 2.7 风速等级划分

风速等级	0	1	2	3	4	5	6	7	8	9	10	11	12
风速 /(m·s⁻¹)	0.0~0.2	0.3~1.5	1.6~3.3	3.4~5.4	5.5~7.9	8.0~10.7	10.8~13.8	13.9~17.1	17.2~20.7	20.8~24.4	24.5~28.4	28.5~32.6	>32.6

为考察大风在不同季节的波动规律，对观测期间各月内出现 6 级以上大风的概率进行了统计。其统计结果见表 2.8。可知，桥位处出现 6 级以上大风的天数较多，平均出现概率为 68.0%。在 3—8 月，6 级大风出现概率最高，其出现概率均超过了 75.0%；在 10 月份 6 级大风出现的概率最低，为 28.6%。桥位处大风总体规律表现为：冬春季节发生 10 级以上大风的概率较高，夏季则以风速为 10.0 m/s 左右的 6 级大风为主，在夏季没有观测到 8 级以上的大风，夏季的日最大风速均小于 17.2 m/s。

表 2.8　大风天数出现概率/%

月份	6 级以上	7 级以上	8 级以上	9 级以上	10 级以上	11 级以上	12 级以上
1	58.6	20.7	3.4	3.4	3.4	0.0	0.0
2	67.9	32.1	21.4	3.6	3.6	3.6	0.0
3	88.2	47.1	23.5	5.9	0.0	0.0	0.0
4	83.3	36.7	16.7	6.7	0.0	0.0	0.0
5	77.3	36.4	9.1	0.0	0.0	0.0	0.0
6	90.0	46.7	0.0	0.0	0.0	0.0	0.0
7	80.6	19.4	6.5	0.0	0.0	0.0	0.0
8	75.0	17.9	0.0	0.0	0.0	0.0	0.0
9	58.3	16.7	0.0	0.0	0.0	0.0	0.0
10	28.6	4.8	0.0	0.0	0.0	0.0	0.0
11	64.3	21.4	0.0	0.0	0.0	0.0	0.0
12	44.4	22.2	11.1	11.1	11.1	0.0	0.0

　　按月对观测数据进行统计,不同月份的风速变化规律如图 2.11 所示。可知,一年中的月平均风速变化并不大,在 3.6 ~ 5.3 m/s 波动,但最大风速和极大风速在一年中变化明显。由图 2.11 可知,每年的 6—11 月最大风速较小,对应最大风速在 15.3 ~ 18.8 m/s,12 月份至第二年 5 月份期间风速较大,最大风速在 23.2 ~ 29.6 m/s。极大风速的变化规律和最大风速类似。因此,较大的极大风速和最大风速都出现在 12 月份至次年的 5 月份之间的冬春季节。桥位处冬季出现极大风和最大风的概率较高,夏季虽然没有太大的瞬时大风,但月平均风速并没有减少,表明桥位处每天都出现了风速较大的日常大风。

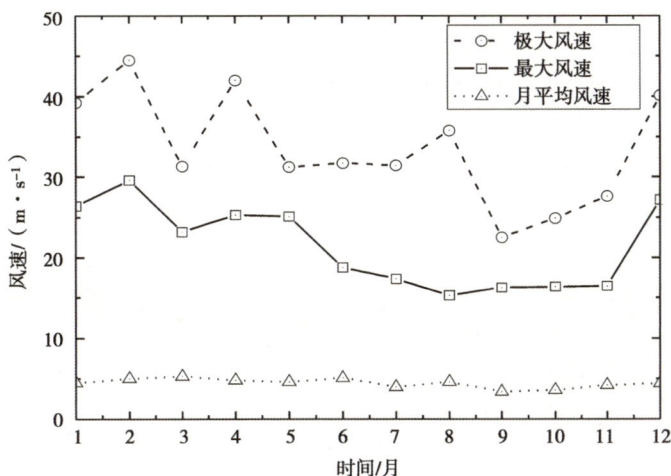

图 2.11　月风速变化

2.2.2　大风降温过程

　　几个典型的大风降温过程如图 2.12 所示。可知,几次出现大风过程中均伴随着明显的降温过程。以 2013 年 1 月上旬的一次大风降温过程为例,可以发现从 1 月 1 日中午开始至 1 月 3 日中午,桥位处出现了一个明显的降温过程,降温幅度达到了 13 ℃,在降温过程的开始阶段风速迅速增加,10 min 平均风速在 3 h 内从 3.0 m/s 增加到 26.7 m/s,达到最大后风速开始降低,但其 10 min 平均风速仍在 10.0 m/s 以上。

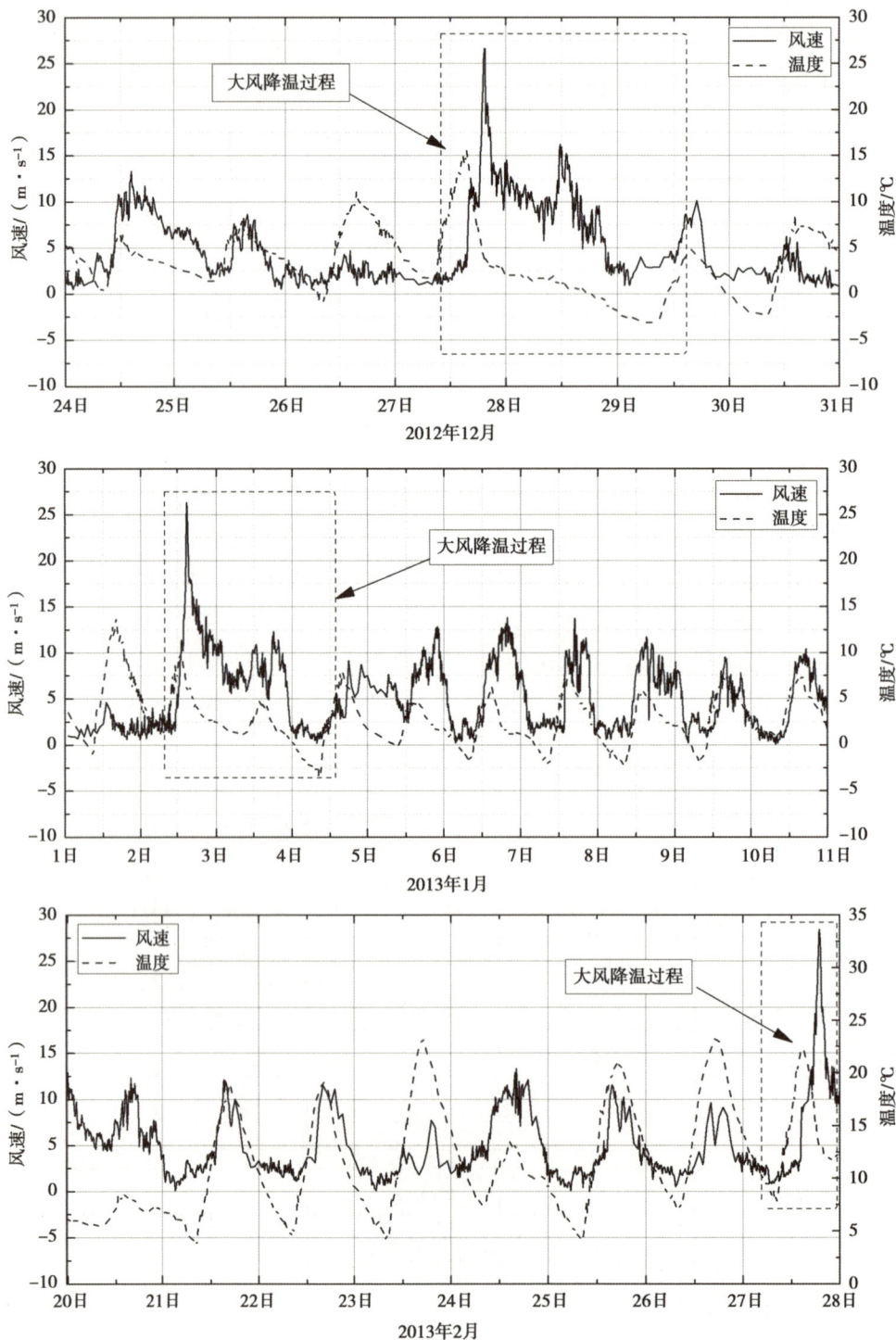

图 2.12　典型大风降温过程

2.2.3　日常大风过程

部分伴随降温的大风过程持续时间较长,最长的大风降温过程发生在 2013 年 2 月 28 日—3 月 3 日,持续时间为 61 h。为了考察每天日常大风的平均起风时间和停风时间,本小节将采用剔除大风降温过程且大风超过 0.5 h 以上的数据进行分析。按照该原则对数据进行筛选后可知,10 min 平均风速大于 5.0 m/s 的日常大风有 264 d,10 min 平均风速大于 10.0 m/s 的日常大风有 127 d。

2013 年 1 月和 2014 年 2 月典型大风天 10 min 平均风速随时间的变化如图 2.13 所示。可知,每天 0:00 至 12:00 桥位处风速较小,12:00 以后至上半夜时间段内的风速较大。还可知,大桥桥位处的风速表现出以天为周期的规律性波动。

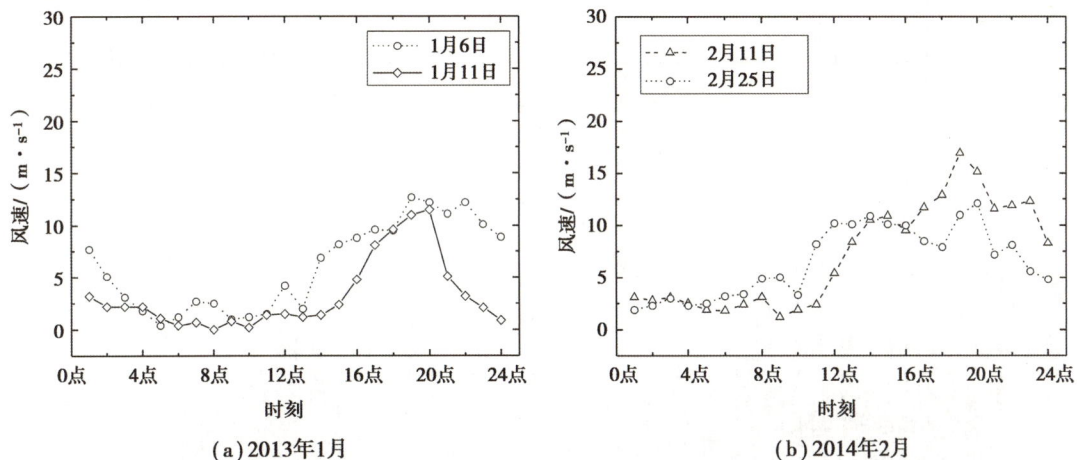

(a) 2013 年 1 月　　　　　　　　(b) 2014 年 2 月

图 2.13　典型大风天 10 min 平均风速

为分析观测期间桥位处的风速变化规律,以天为周期再对全部观测数据内 10 min 平均风速进行平均。通过再次平均后,一天中 10 min 平均风速变化规律如图 2.14 所示。该风速变化曲线体现了整个观测期间一天中的风速变化规律。可知,桥位处一天中风速波动明显,在 0:00 至 12:00 期间风速较小,12:00 过后风速迅速增大,16:00 达到最大,大风一直持续到 19:00 以后才开始减小。这与图 2.13 中的波动规律是一致的。

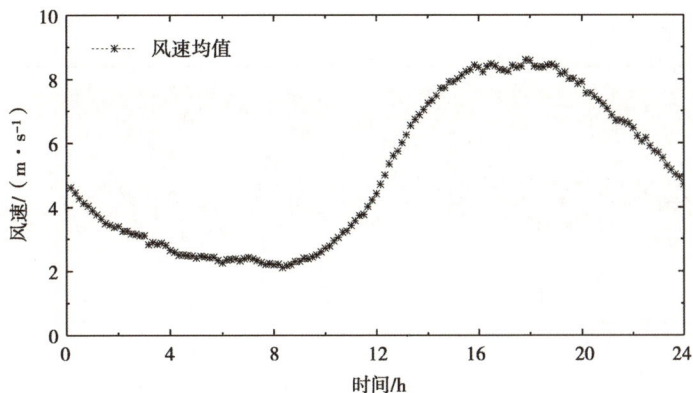

图 2.14　日风速平均变化规律

  10 min 平均风速大于 5.0 m/s 的大风起止时间如图 2.15 所示。可知,每天的起风时间基本都在 12:30 左右,止风时间在 22:00 左右。按照上述原则,对筛选出来的大风过程进行分析。10 min 平均风速大于 5.0 m/s 的大风持续时间如图 2.16 所示。可知,大风过程平均持续时间为 9.7 h。

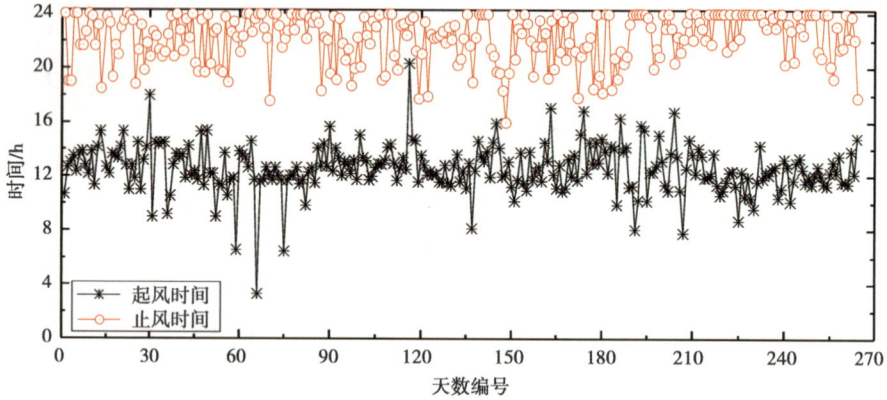

图 2.15 大风起止时间(10 min 平均风速大于 5 m/s)

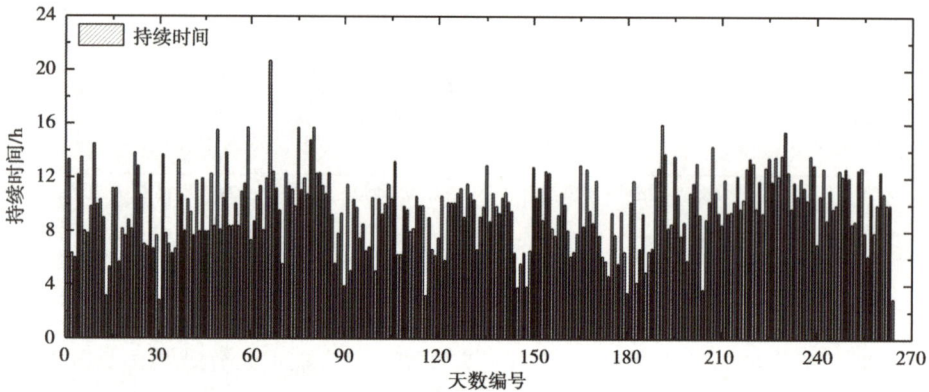

图 2.16 大风持续时间(10 min 平均风速大于 5 m/s)

  10 min 平均风速大于 10.0 m/s 的大风起止时间如图 2.17 所示。10 min 平均风速大于 10.0 m/s 的大风持续时间如图 2.18 所示。由图 2.17 和图 2.18 可知,10 min 平均风速大于 10.0 m/s 的大风过程平均日起风时间为当天 14:35,持续至 21:20 左右,整个大风过程持续为 6.8 h,持续时间较长。

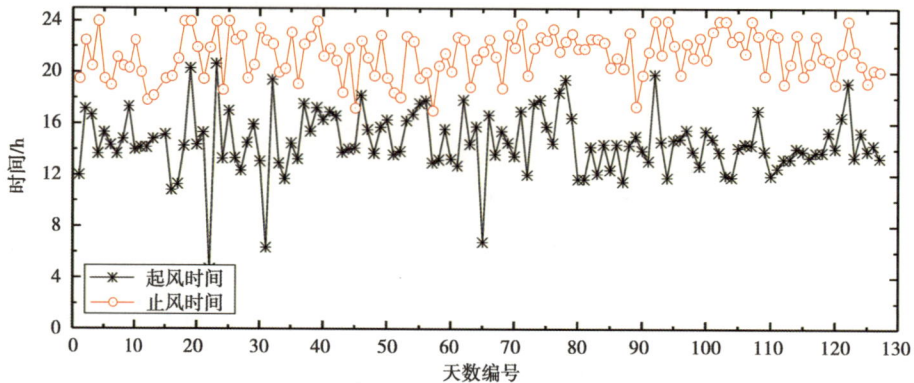

图 2.17 大风起止时间(10 min 平均风速大于 10 m/s)

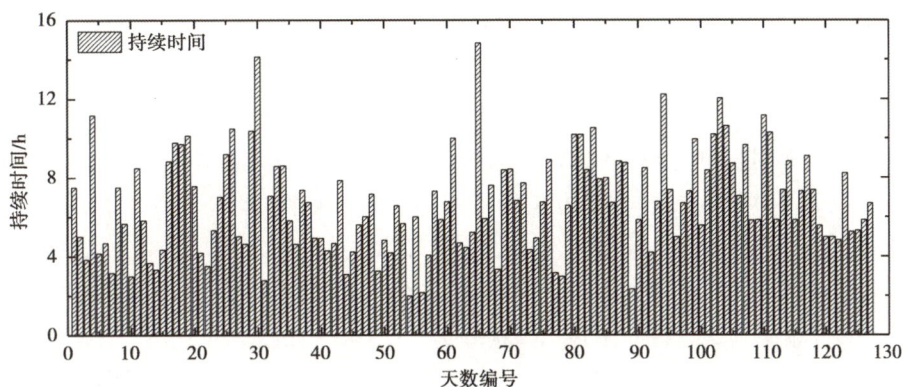

图 2.18　大风持续时间(10 min 平均风速大于 10 m/s)

2.2.4　大风过程分类

根据上述分析,可将桥址区的大风过程分为两大类:一类是冬春季中出现较多的大风降温过程,定义该类大风降温过程为第 Ⅰ 类大风,其持续时间一般为 2 d 以上,该类大风的风速较大,但出现频率较日常大风低;另一类是出现频率较高,以天为周期波动的日常大风过程,定义这类大风为第 Ⅱ 类大风,其 10 min 平均风速可达到 10.0 m/s。虽然第 Ⅱ 类大风的风速不大,但出现频率极高,该类大风对桥梁的耐久性和桥上车辆的正常行驶有较大影响,后续章节将重点对这类大风的成因进行分析。表 2.9 为桥位处前 10 个最大风速记录。可知,这 10 个大风记录均发生在大风降温过程中,其大风类型均为第 Ⅰ 类大风,进一步说明了桥位处的设计基准风速仍由大尺度的大气流动控制。

表 2.9　最大风速记录

编号	发生日期(日期/时刻)	10 min 平均风速/(m·s⁻¹)	平均风向角/(°)/平均风向	大风过程分类
1	2013-02-28/18:39—18:49	29.6	171/ S	Ⅰ
2	2012-12-28/19:08—19:18	27.2	169/ S	Ⅰ
3	2013-01-02/15:01—15:11	26.4	169/ S	Ⅰ
4	2014-04-19/17:20—17:30	25.3	168/ SSE	Ⅰ
5	2013-04-22/18:13—18:23	24.4	183/ S	Ⅰ
6	2014-04-18/18:25—18:35	23.9	167/ SSE	Ⅰ
7	2014-03-08/17:48—17:58	23.2	173/ S	Ⅰ
8	2013-03-22/16:27—16:37	21.2	164/ SSE	Ⅰ
9	2014-04-23/17:56—18:06	21.2	178/ S	Ⅰ
10	2014-04-25/15:04—15:14	21.2	166/ SSE	Ⅰ

2.3 风 向

气象学中通常用8方位或16方位来表示大气中风向的情况,本研究采用16方位来描述风向。如图2.19所示为风向16方位对应的风向角。如图2.20—图2.31所示为按月统计的风向玫瑰图。可知,不同月份中风向的变化不明显,均以东南风为主。数据统计表明,桥位处的主导风向明显,基本上都以南到南东南风(S-SSE)为主。自动气象站10 m高度处南东南风(SSE)频率为31.1%,南风(S)频率为23.3%。如图2.32和图2.33所示为日最大风速和日极大风速对应的风向玫瑰图。其中,极坐标表示该方向上在观测期间日最大风速出现的概率。可知,日最大风速和极大风速的主导风向仍然是南风(S)和南东南风(SSE)。如图2.34和图2.35所示为不同方向上最大风速和极大风速的风速玫瑰图。可知,本观测阶段的最大风速和极大风速均出现在正南方向。整体上看,偏北方向的风速要小于偏南方向的风速。

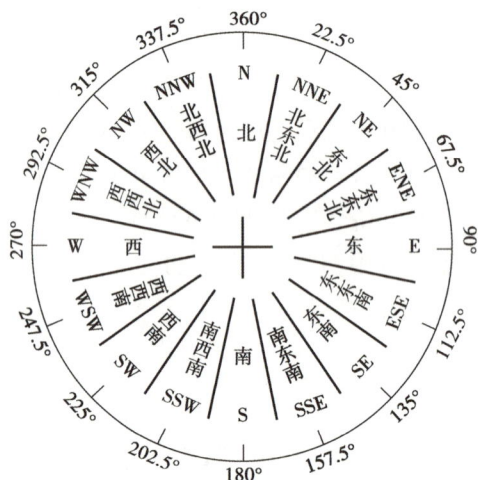

图2.19 风向16方位图

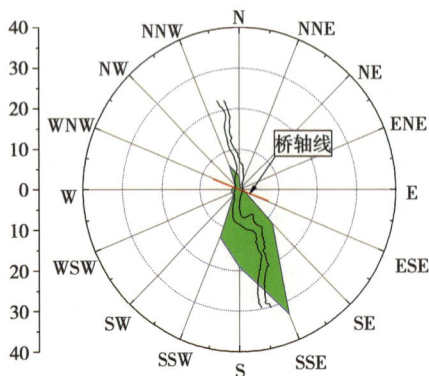

图2.20 2012年12月下旬风向玫瑰图

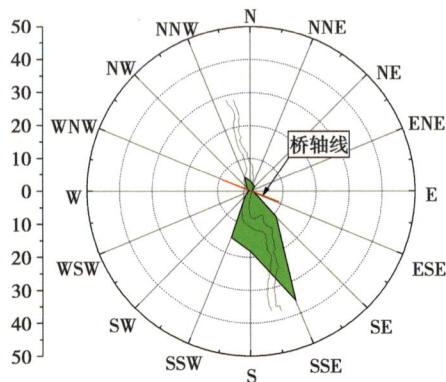

图2.21 2013年1月风向玫瑰图

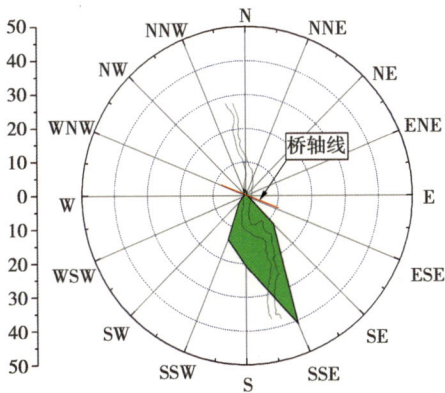

图 2.22　2013 年 2 月风向玫瑰图

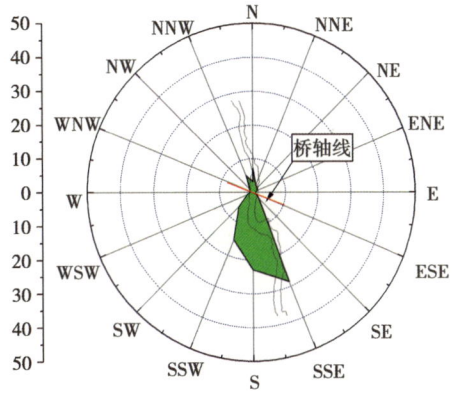

图 2.23　2013 年 3 月风向玫瑰图

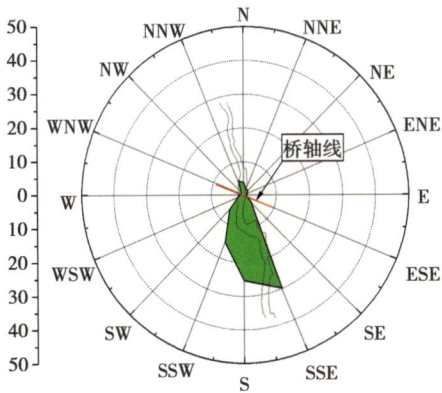

图 2.24　2013 年 4 月风向玫瑰图

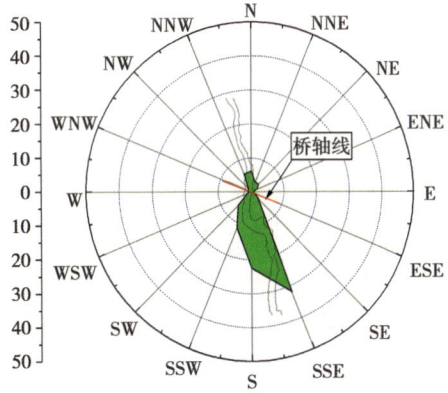

图 2.25　2013 年 5 月风向玫瑰图

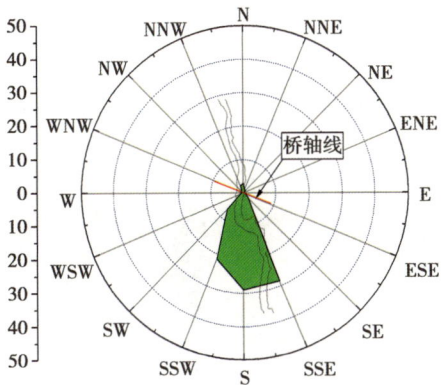

图 2.26　2013 年 6 月风向玫瑰图

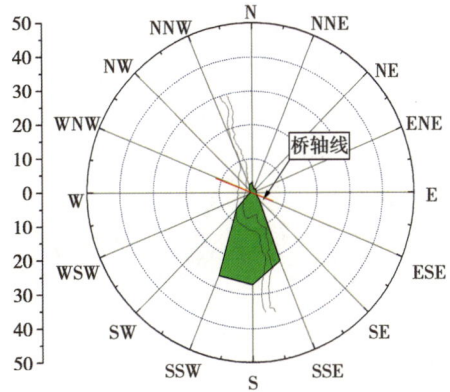

图 2.27　2013 年 7 月风向玫瑰图

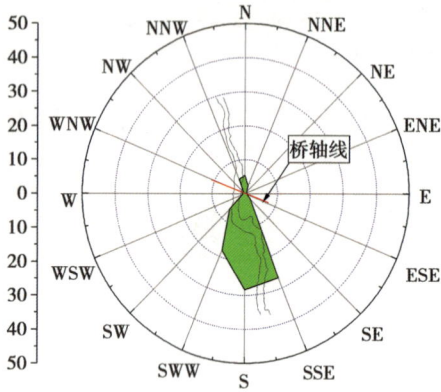

图 2.28　2013 年 8 月风向玫瑰图

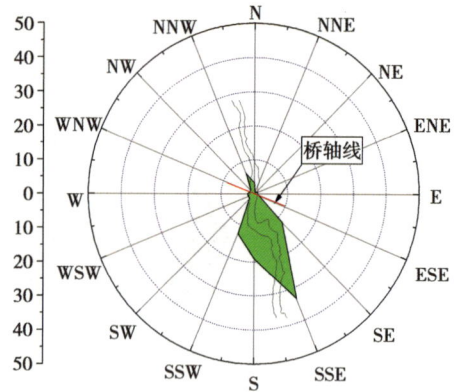

图 2.29　2013 年 9 月风向玫瑰图

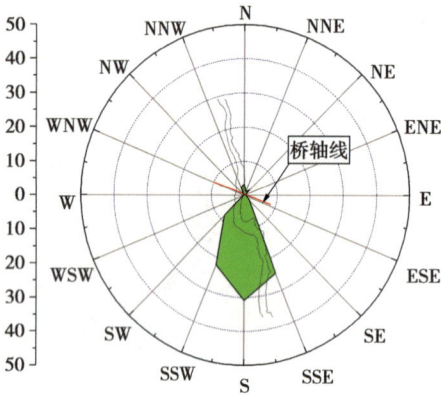

图 2.30　2013 年 10 月风向玫瑰图

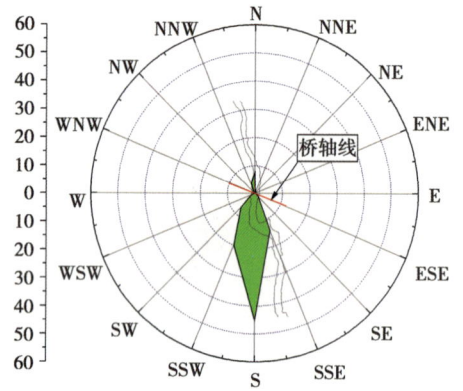

图 2.31　2013 年 11 月风向玫瑰图

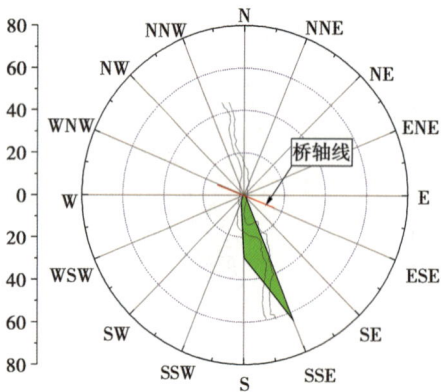

图 2.32　日最大风速对应风向玫瑰图

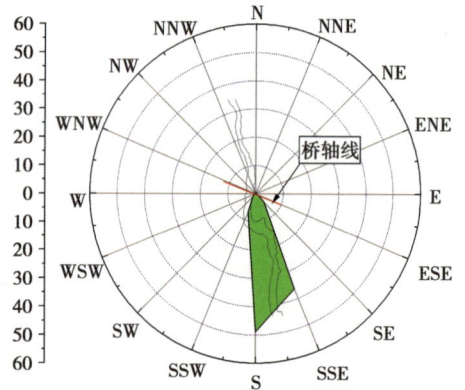

图 2.33　日极大风速对应风向玫瑰图

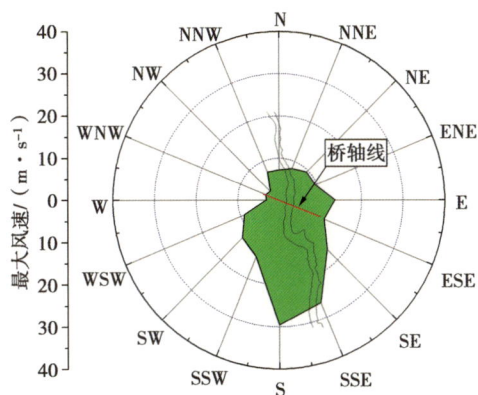

图 2.34　不同方向上最大风速玫瑰图

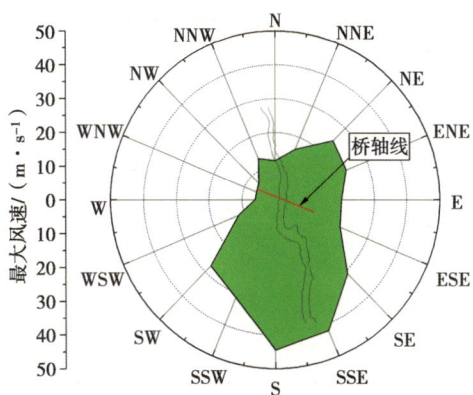

图 2.35　不同方向上极大风速玫瑰图

2.4　阵风系数

《公路桥梁抗风设计指南》规定,阵风风速一般是指平均时距为 $1 \sim 3$ s 时的风速。当缺乏阵风风速数据时,可在设计基准风速的基础上,考虑平均风速因时距缩小而提高的阵风风速系数,即

$$U_{\mathrm{k}} = G_{\mathrm{v}} U_{\mathrm{d}} \tag{2.1}$$

式中　U_{k}——阵风风速;

　　　G_{v}——阵风系数;

　　　U_{d}——设计基准风速。

在风特性实际测量过程中,一般采用一定时段内极大风速与 10 min 平均风速最大值的比值。本书中阵风系数也采用类似的方式进行处理,处理后桥位处实测的阵风系数最大值为 2.11,最小值为 1.17,其算术平均值为 1.58。根据 10 min 平均风速进行分段处理,10 min 平均风速为 $0.0 \sim 10.0$ m/s 时,阵风系数均值为 1.48;10 min 平均风速大于 10.0 m/s 时,阵风系数均值为 1.58。

为对比不同处理方式对阵风系数的影响,分别采用了统一拟合法和概率统计法对桥位处的阵风系数进行分析。如图 2.36 所示为最大风速与极大风速线性拟合。拟合得到线性关系为

$$y = 1.59x$$

即统一拟合得到的阵风风速系数为 1.59。

阵风系数概率分布如图 2.37 所示。阵风系数标准差与风速联合分布如图 2.38 所示。由图 2.37 可知,概率统计均值为 1.57,标准差为 0.21。由图 2.38 可知,标准差随风速变化不明显,高风速时的标准差要略小于低风速时的标准差。根据概率统计参数,当考虑 95% 概率保证时的阵风系数为 1.97,其数值较《公路桥梁抗风设计规范》(JIG/T 3360-01—2018) 中 D 类地表阵风系数的推荐值 1.56 略大。平均风速对阵风系数的影响如图 2.39 所示。可以看出阵风系数随平均风速先增大后减小。

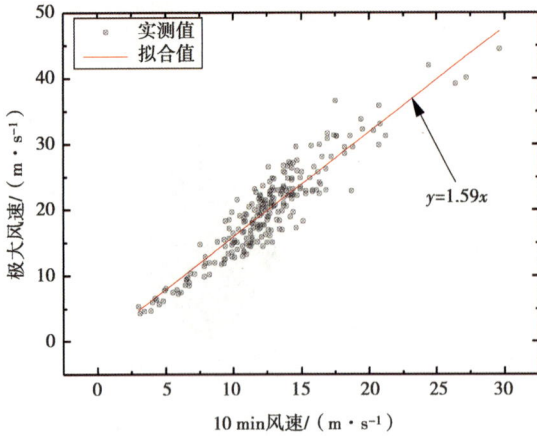

图 2.36　最大风速与极大风速线性拟合

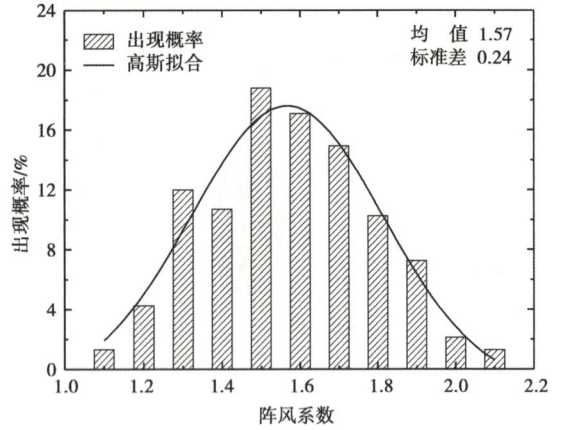

图 2.37　阵风系数概率分布

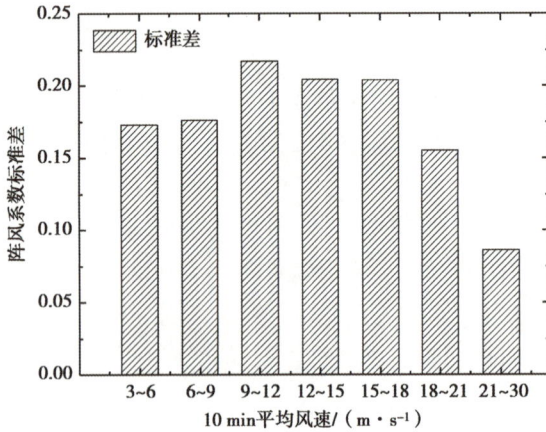

图 2.38　阵风系数标准差与风速联合分布

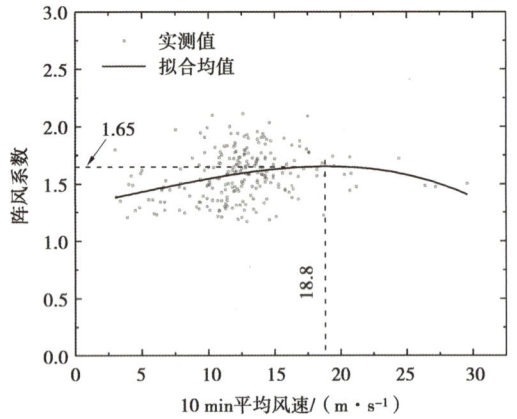

图 2.39　平均风速对阵风系数的影响

2.5　地表粗糙度系数

桥位处风剖面仍近似假定大气边界层内风速沿竖直高度的分布服从幂指数规律。因此，桥址区的风速剖面可表示为

$$\frac{V_Z}{V_{10}} = \left(\frac{Z}{10}\right)^{\alpha} \tag{2.2}$$

式中　V_Z——高度 Z 处的风速；

　　　V_{10}——桥址区的基本风速；

　　　Z——离地面高度；

　　　α——地表粗糙度系数。

选择桥面设计高度处平均风速大于 10 m/s 和有效测试高度超过桥面设计高度的平均风剖面观测样本进行分析。针对筛选出的 1 080 条风剖面样本，采用指数规律按最小二乘进行拟合。这里分别采用统一拟合法和独立拟合法两种方法对样本进行拟合。统一拟合法是将 1 080 个有效样本的数据对放在一起构成一个实测数据对的整体集合（见图 2.40 中离散的黑点);然后以式(2.2)为目标函数进行整体一次性统一拟合。独立拟合法是以式(2.2)为目标函数,对所选 1 080 个样本逐个进行独立的最小二乘拟合,分别得到每个样本对应的地表粗糙度系数,然后对所有拟合值用高斯分布函数求概率均值。

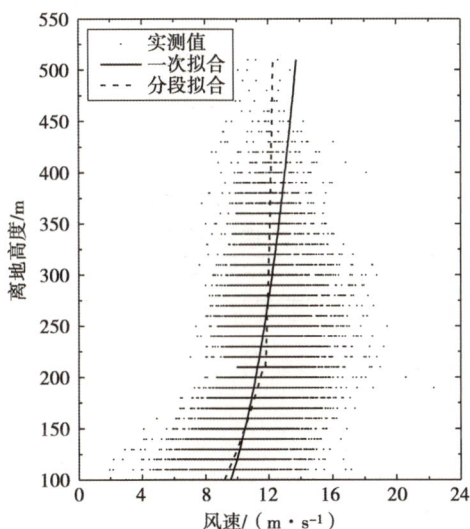

图 2.40　1 080 条典型风剖面数据拟合

2.5.1　统一拟合法

如图 2.40 所示为 1 080 条典型风剖面数据按指数规律采用最小二乘法统一性拟合的地表粗糙度系数。可知,统一一次拟合的地表粗糙度系数为 0.23。由实测点的分布规律可知,在离地高度为 210 m 处有一个明显的回头折线效应,故以高度为 210 m 对所测数据进行分段拟合。其拟合结果表明,高度 210 m 以下的地表粗糙度系数为 0.33,在 210 m 高度以上的地表粗糙系数为 0.05,表明桥位处低空风剖面受地面影响较大,当超过一定高度后这种影响突然减弱,这种具有明显折线规律的风剖面和常规平原地区的风剖面有较大区别。

为了考察不同风速下地表粗糙度系数的变化,分别以桥面设计高度处 10 min 平均风速为 10.0,11.0,12.0,13.0,14.0,15.0 m/s 作为分界点,对各风速区段内的数据进行统一拟合。其拟合结果如图 2.41 所示。可知,风速为 10.0~11.0 m/s 时,地表粗糙度系数为 0.28;风速为 11.0~12.0 m/s 时,地表粗糙度系数为 0.23;风速为 12.0~13.0 m/s 时,地表粗糙度系数为 0.21;风速为 13.0~14.0m/s 时,地表粗糙度系数为 0.19;风速为 14.0~15.0 m/s 时,地表粗糙度系数为 0.26;风速大于 15.0 m/s 时,地表粗糙度系数为 0.20。地表粗糙度系数整体上随风速的关系不明显。

为考察不同月份中地表粗糙度系数的变化,分别按月份对各月内的数据进行统一拟合。其拟合结果如图 2.42 所示。可知,2012 年 12 月的地表粗糙度系数为 0.30,2013 年 1 月的地表粗糙度系数为 0.22,2013 年 2 月的地表粗糙度系数为 0.25,2013 年 3 月的地表粗糙度系数为 0.18,2013 年 4 月的地表粗糙度系数为 0.19,2013 年 5 月的地表粗糙度系数为 0.34,2013 年 6 月的地表粗糙度系数为 0.29,2013 年 7 月的地表粗糙度系数为 0.35。地表粗糙度系数随月份略有波动,这可能是不同季节地表植被有所不同,导致地表粗糙度略有改变而引起的。

（a）$10.0 \leqslant U_b < 11.0$　　　　（b）$11.0 \leqslant U_b < 12.0$　　　　（c）$12.0 \leqslant U_b < 13.0$

（d）$13.0 \leqslant U_b < 14.0$　　　　（e）$14.0 \leqslant U_b < 15.0$　　　　（f）$U_b \geqslant 15.0$

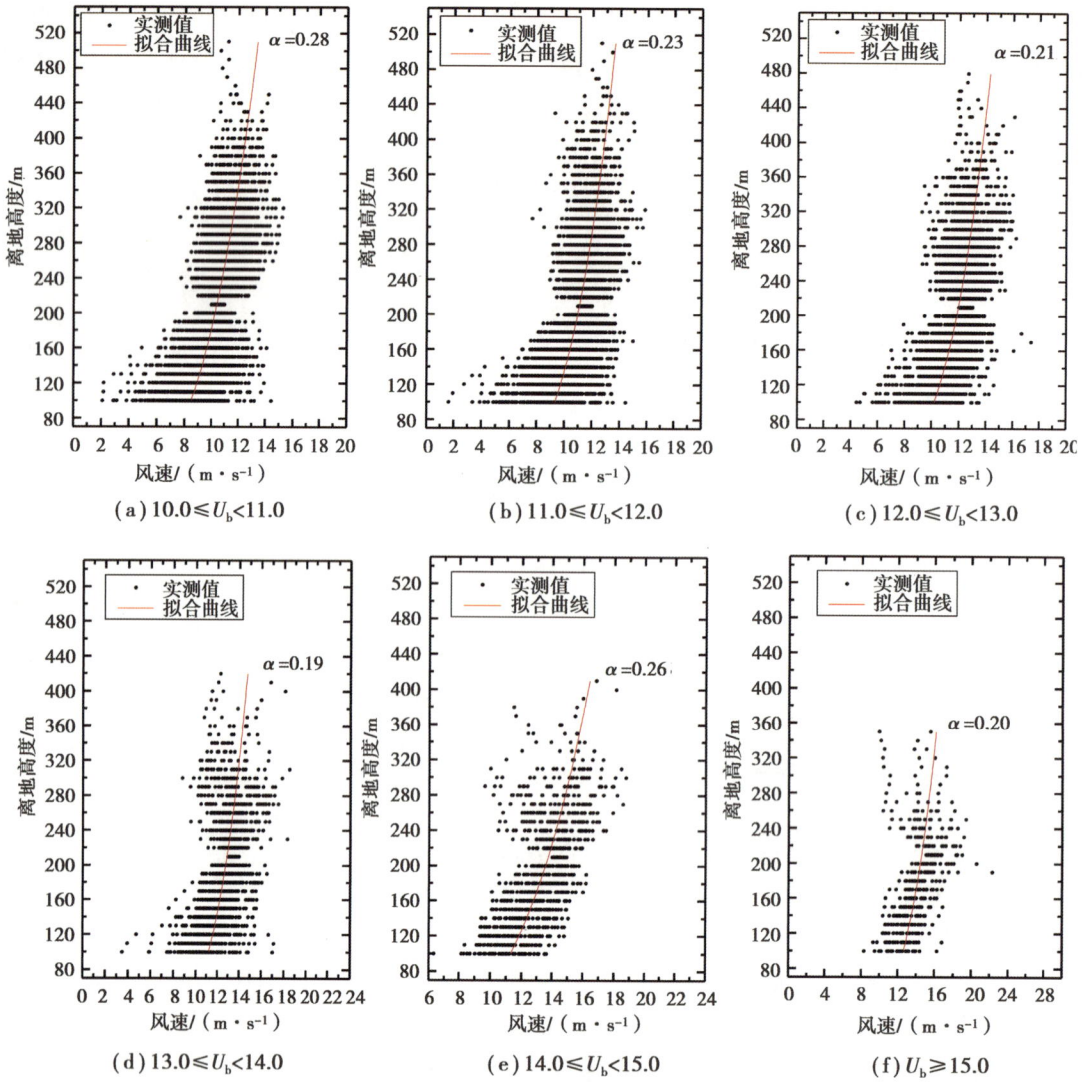

图 2.41　不同风速区间风剖面拟合

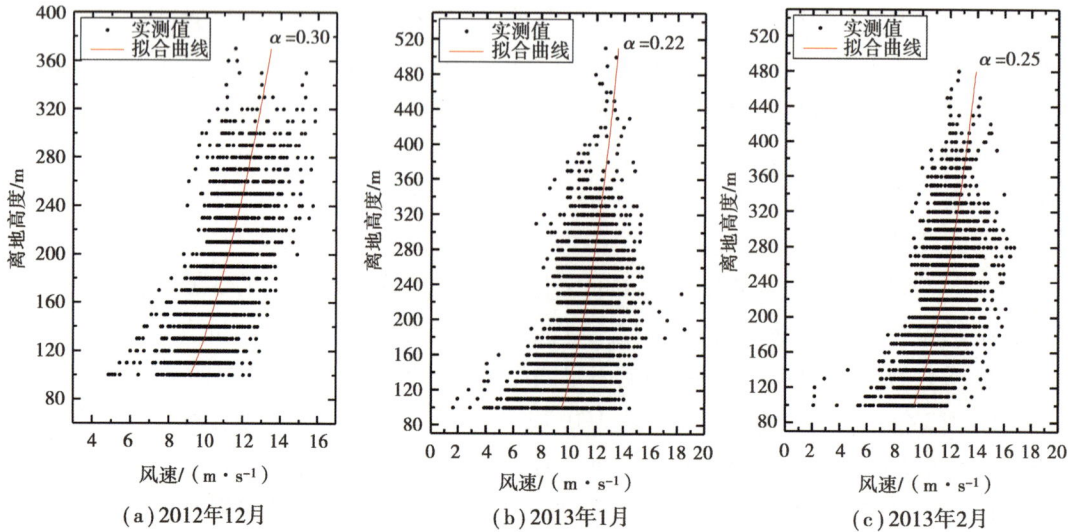

（a）2012 年 12 月　　　　（b）2013 年 1 月　　　　（c）2013 年 2 月

(d) 2013年3月　　　　　　　　(e) 2013年4月　　　　　　　　(f) 2013年5月

(g) 2013年6月　　　　　　　　　　　　　　(h) 2013年7月

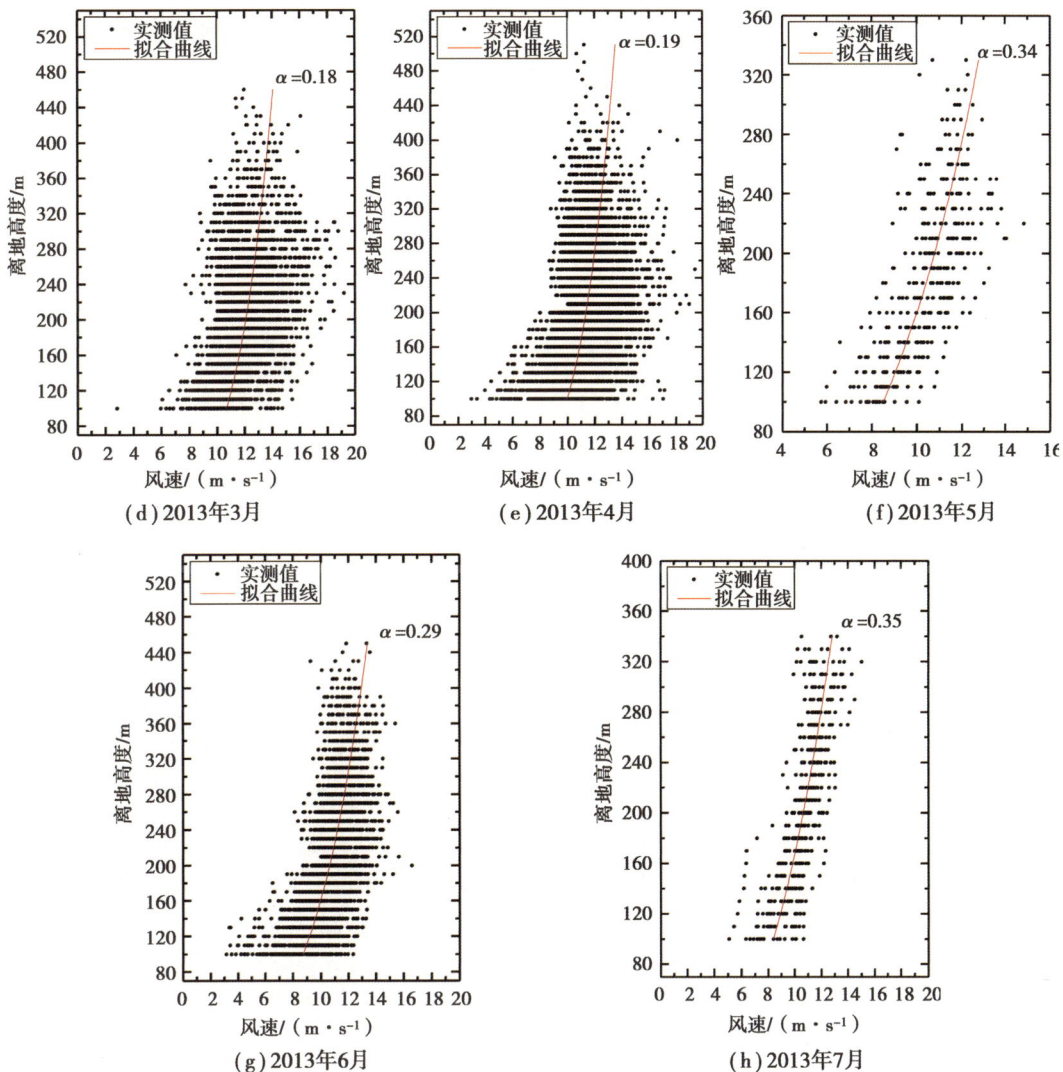

图 2.42　不同月份风剖面拟合

2.5.2　独立拟合法

对前面选定的风剖面数据采用最小二乘法按指数规律分别进行拟合,拟合得到各自的地表粗糙度系数。独立拟合后的地表粗糙度系数概率分布情况如图 2.43 所示。可知,地表粗糙度系数基本服从高斯分布,对其再进行高斯拟合,拟合后得到的均值为 0.25,标准差为 0.17。

地表粗糙度系数随桥面高度处 10 min 平均风速的变化如图 2.44 所示。可知,随着风速的增加,地表粗糙度系数的离散度也在减小。分别以桥面处 10 min 平均风速为 10.0,11.0, 12.0,13.0,14.0,15.0 m/s 作为分界点,对各风速区段内的地表粗糙度系数直接进行算术平均。当风速为 10.0～11.0 m/s 时,地表粗糙度系数为 0.33;当风速为 11.0～12.0 m/s 时,地表粗糙度系数为 0.30;当风速为 12.0～13.0 m/s 时,地表粗糙度系数为 0.29;当风速为 13.0～14.0 m/s 时,地表粗糙度系数为 0.28;当风速为 14.0～15.0 m/s 时,地表粗糙度系数为 0.31;当风速大于 15.0 m/s 时,地表粗糙度系数为 0.32。可知,地表粗糙度系数同样随风速变化不明显。对比两种拟合方法,统一拟合得到的地表粗糙度系数与独立拟合的地表粗糙度系数是基本一致的。

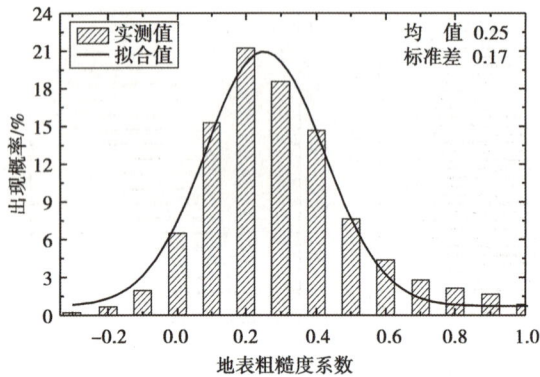

图 2.43 地表粗糙度系数概率分布

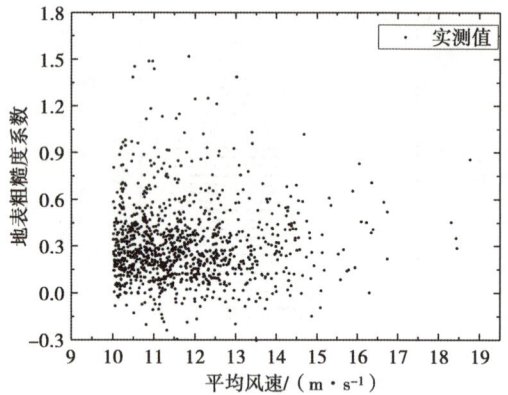

图 2.44 地表粗糙度系数随平均风速变化

2.6 风攻角

本节分析数据仍选择桥面设计高度处平均风速大于 10.0 m/s 和有效测试高度超过桥面设计高度的平均风剖面观测样本进行分析,共筛选出了 1 080 条风剖面观测样本。实测中得到 U,V,W 3 个方向上的平均风速 U_U,U_V,U_W,按式(2.3)可求得相应的风攻角 α。同时,定义当风速的垂直分量 U_W 竖直向上时风攻角为正;反之,为负。桥面设计高度处风速大于 10.0 m/s 时,风攻角随离地高度的变化规律如图 2.45 所示。其中,两条横线包含的范围是自动气象站至桥面设计高度的范围(海拔高度为 1 530 m ≤ Z ≤ 1 608 m),即

$$\alpha = \arctan\left(\frac{U_W}{\sqrt{U_U^2 + U_V^2}}\right) \tag{2.3}$$

式中 α——风攻角,(°)。

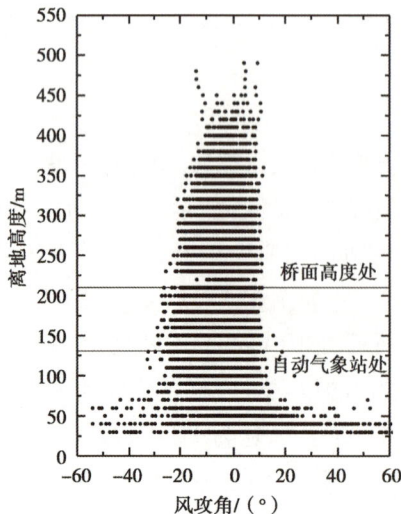

图 2.45 桥位处风攻角

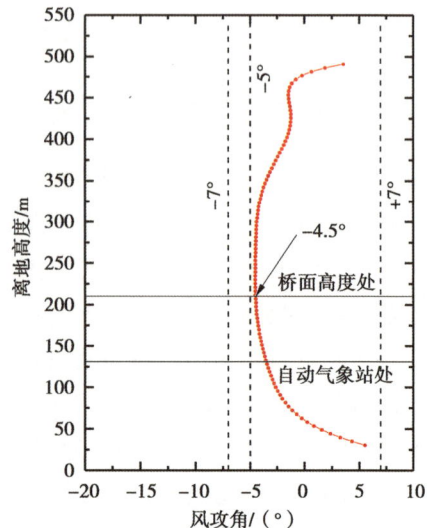

图 2.46 桥位处风攻角均值

如图 2.45 所示为桥位处的风攻角随高度的分布情况。可知,桥位处风攻角的数值虽然比较离散,但是随着海拔高度的增加,风攻角的离散范围有减小的趋势。如图 2.46 所示为桥位处风攻角均值随高度的变化。可知,随着高度的增加风攻角由正攻角转为负攻角,在离地高度为 150 ~ 400 m 攻角均值趋于一个稳定值 -4.5°。由图 2.45 和图 2.46 可知,较大的风攻角主要集中在离地高 80 m 以下的低空,这是由于低空风速较小,且受地形影响较大,低空风向也较为紊乱,这些因素造成低空的攻角较离散。随着高度的增加,风速不断增大,且山谷也变得相对开阔,地形的影响在逐渐减小。因此,风攻角的散布范围也相应变小。又知,桥位处风攻角均值随高度的增加由正攻角转为负攻角,现场多次实测和观测表明负攻角偏多的原因是大桥位于深切峡谷中较底部的位置,桥位处的来流主要是两岸雪山和谷底之间的温差形成的山风,山风大部分均是从上往下流动,从而使桥位处的风攻角以负攻角居多。

为考察桥面高度处风攻角的概率分布情况,图 2.47 给出了桥面设计高度处风攻角概率分布,通过高斯拟合得出其概率均值为 -4.46°,标准差为 5.9。可知,概率均值与桥面高度处的风攻角均值是基本一致的。图 2.48 给出了桥梁设计高度处风攻角随桥面高度处水平风速的变化。随着风速的增大,桥面高度处风攻角的离散度在减小,即风速越大风攻角的波动越小,并且其风攻角数值也越小,最后逐渐趋于 -5.0°。

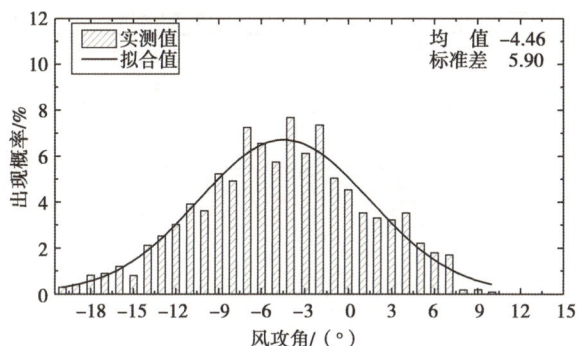

图 2.47　风攻角概率分布

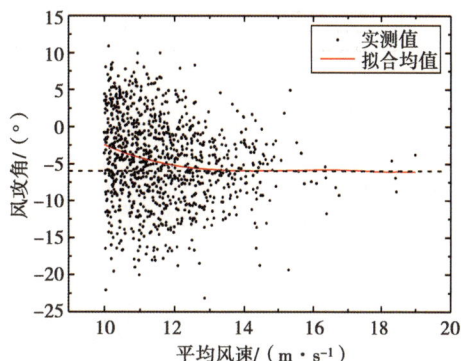

图 2.48　风攻角随风速变化

2.7　紊流度

实测采用的测试仪器 MFAS 型相控阵声雷达(SODAR)风廓线仪,可同时得到紊流度沿高度方向的变化。紊流度是脉动风速的标准差与主风速方向上的平均风速的比值。本试验设备中得到的数据不是风速时程,而是 U,V,W 3 个方向的 10 min 平均风速 U_U,U_V,U_W 以及其对应的脉动风速标准差 $\sigma_U,\sigma_V,\sigma_W$,故利用公式得到 U,V,W 3 个方向的紊流度 I_U,I_V,I_W,即

$$I_U = \frac{\sigma_U}{U_{tot}}, \quad I_V = \frac{\sigma_V}{U_{tot}}, \quad I_W = \frac{\sigma_W}{U_{tot}} \tag{2.4}$$

式中　U_{tot}——3 个方向的合速度,具体计算为

$$U_{tot} = \sqrt{U_U^2 + U_V^2 + U_W^2} \tag{2.5}$$

如图 2.49 所示为桥位处 U 方向(东西方向)、V 方向(南北方向,河道方向)、W 方向(竖向)紊流度随高度的变化情况。可知,随着高度的增加,紊流度的离散性在减小。桥面高度处 U,V,

W 3 个方向紊流度均值分别为 18.3% ,14.5% ,9.3% ,其比值为 1:0.79:0.51。如图 2.50 所示为不同方向紊流度的概率分布情况。由图 2.50(a) 可知,U 方向的紊流度基本符合正态分布规律,正态分布拟合均值为 17.7%。由图 2.50(b) 可知,V 方向的紊流度基本符合高斯分布,其紊流度概率均值 13.6%。由图 2.50(c) 可知,W 方向的紊流度较为集中,也符合正态分布规律,按照正态分布拟合均值为 9.0%。对比 3 个方向的概率均值和其直接算术平均值可知,二者基本是一致的。对比 3 个方向紊流度大小可知,东西方向的紊流度最大,竖向紊流度最小,这是因在观测点处的来流主要是来自东南方向的峡谷,来流风速受到桥位处东侧突出山体的影响较为明显。

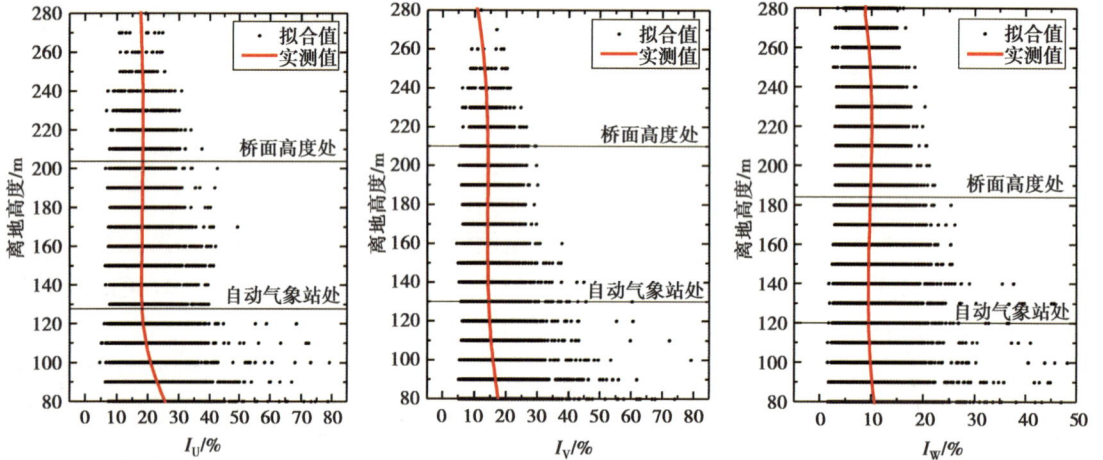

图 2.49　紊流度随高度变化

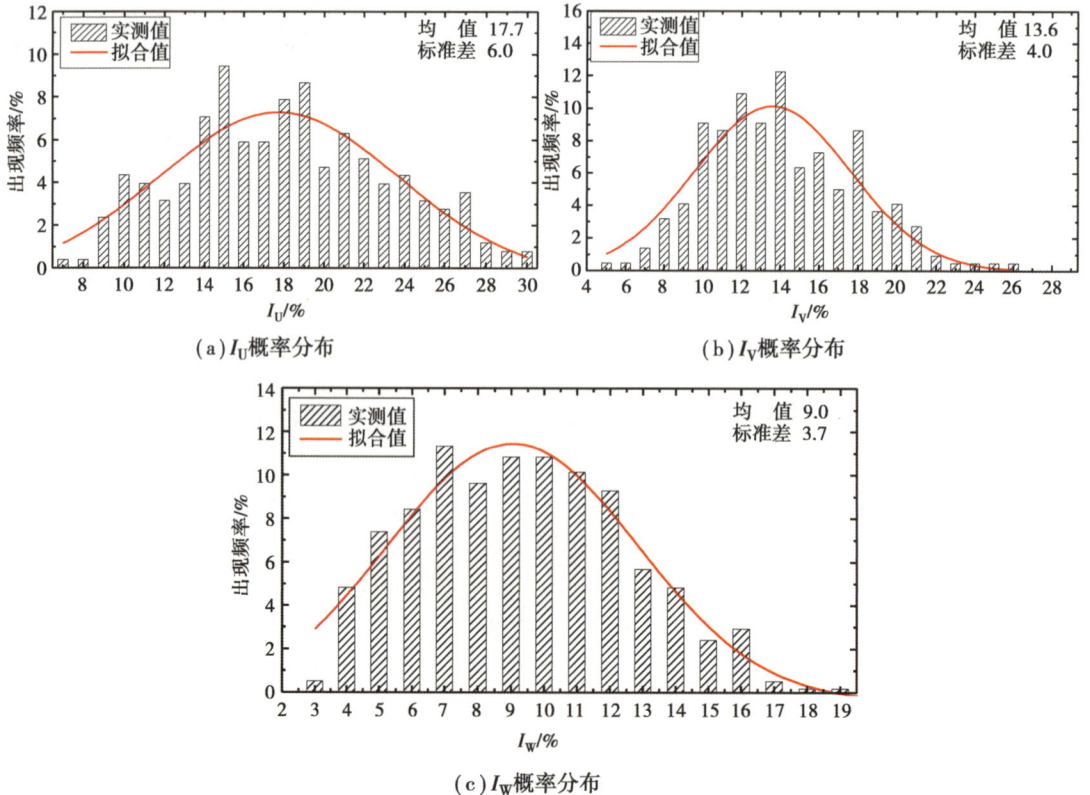

(a)I_U 概率分布

(b)I_V 概率分布

(c)I_W 概率分布

图 2.50　紊流度概率分布

桥面设计高度处 I_U，I_V，I_W 随平均风速的变化规律如图 2.51 所示。可知，紊流度随风速的分布较为离散，但大桥桥址区的实测紊流度与平均风速也存在一定的关系，3 个方向上的紊流度均表现出随着平均风速的增加而降低的变化规律。这也表明，低风速样本的紊流度统计均值要大于高风速样本的紊流度统计均值，这是因风速较小时受地形的影响更加明显。

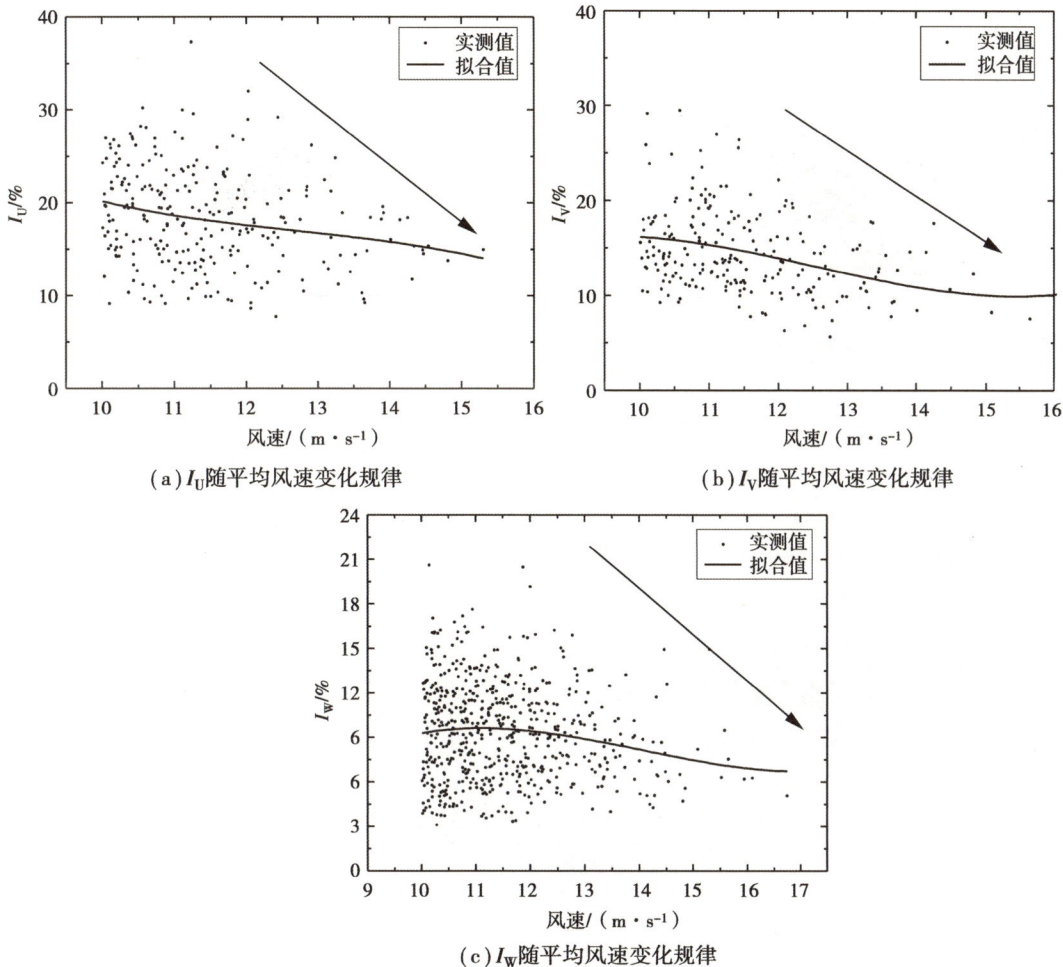

(a) I_U 随平均风速变化规律

(b) I_V 随平均风速变化规律

(c) I_W 随平均风速变化规律

图 2.51　紊流度随平均风速变化规律

2.8　不同站点风速相关性

本节选取声雷达站点桥梁设计高度处平均风速大于 5.0 m/s 的实测数据对进行分析，一共筛选出 2 041 对数据组。

两个测试站点风速线性拟合如图 2.52 所示。可知，自动气象站的风速小于 8.7 m/s 时，自动气象站的风速较桥面设计高度处风速小；随着风速的增大，桥梁设计高度处的风速增加变缓，当自动气象站的风速大于 8.7m/s 时，自动气象站的风速反而大于桥面设计高度处的风速，这是因自动气象站位于山脊上，风速通过山脊时存在明显的加速效应，同时桥面高度处也变得更加开阔，风速可能在一定程度上有所减弱，即桥面设计高度处的风速不一定大于山脊上的风速。如图 2.53 所示为声雷达风廓线仪站桥面设计高度处风速与自动站处风速的比值随风速的变化。风速较低时,桥面设计高度处风速要大于自动站点风速,随着风速的增大该比值在急剧减小,最后稳定在 0.90 左右,这一变化规律同样可得出风速较低时自动气象站的风速小于桥面设计高度处风速;风速较高时,自动气象站的风速大于桥面设计高度处风速。

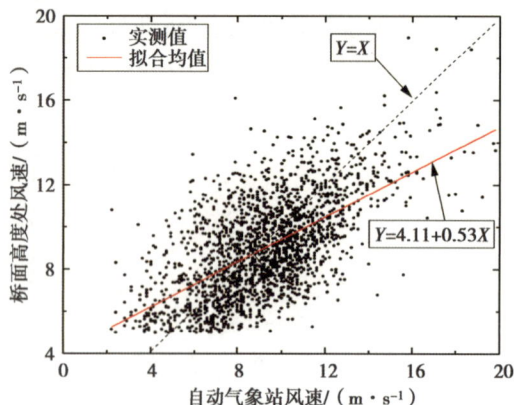

图 2.52　两个测试站点风速线性拟合

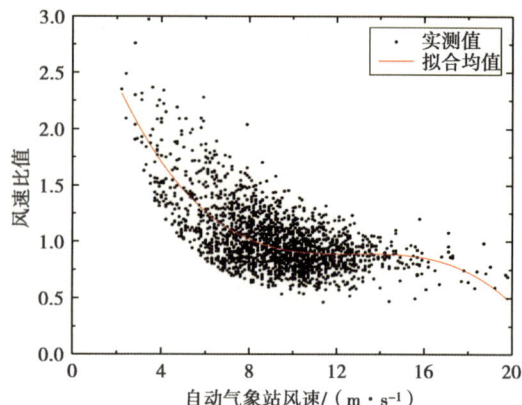

图 2.53　两个站点风速比值随风速变化

表 2.10 为自动气象站最大风速大于 15.0 m/s 时两个观测站点的风参数对比。其中,声雷达站 10 min 平均风速是指在桥面设计高度处的风速。对比自动气象站和桥面设计高度处的最大风速可知,桥面高度处的最大风速通常低于自动站处的 10 min 平均风速。同时,由表 2.1 还可知,10 min 平均风速的最大值基本与极大风速的最大值出现在同一时刻,发生时间大部分都在 16:00—20:00。

如图 2.54—图 2.59 所示为典型大风天自动气象站和声雷达站两个站点的风速时程。可知,两个风观测站的观测数据在变化趋势上基本一致。在大风天声雷达站桥面高度处的风速不一定比自动气象站处的风速大,甚至在大部分时间桥面高度处的风速较自动气象站高度处的风速要小。

表 2.10　大风风速相关风特性对比

| 编号 | 日　期 | 自动气象站(离地 10 m 高) | | | | | 声雷达(桥面高度处) | | | 风向 |
		最大风速/(m·s^{-1})	最大风速时刻	极大风速/(m·s^{-1})	极大风速时刻	阵风风速系数	最大风速/(m·s^{-1})	最大风速时刻	位置	
1	2013-01-02	26.4	15:11	39.2	16:15	1.48	20.1	16:20	桥面	S
2	2013-04-22	24.4	18:23	42.0	18:15	1.72	18.1	19:10	桥面	S
3	2013-03-22	21.2	16:37	31.3	15:39	1.48	14.6	16:40	桥面	SSE
4	2013-04-04	20.8	17:44	33.1	17:33	1.59	15.2	18:40	桥面	S
5	2013-03-24	18.8	19:54	29.6	16:55	1.57	15.8	19:20	桥面	SSE
6	2013-04-16	18.7	13:27	22.9	13:21	1.22	14.3	13:40	桥面	SSE
7	2013-03-25	18.6	21:10	31.3	21:11	1.68	14.9	18:20	桥面	SSE
8	2013-04-23	18.2	16:27	28.6	17:29	1.57	14.4	18:30	桥面	SSE
9	2013-05-28	18.2	14:40	29.6	14:23	1.63	12.8	22:50	桥面	S
10	2013-02-13	17.6	19:33	31.3	19:29	1.78	15.9	19:10	桥面	S

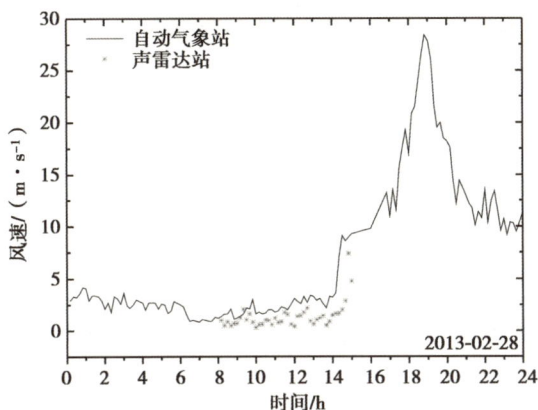

图 2.54　两个站点风速时程（2013-02-28）

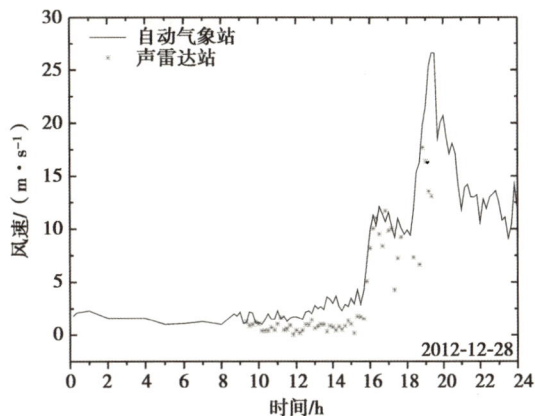

图 2.55　两个站点风速时程（2012-12-28）

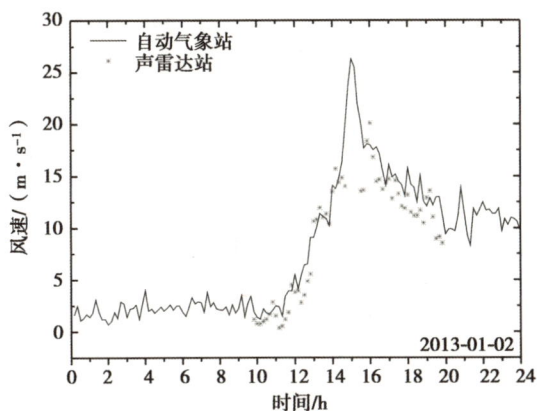

图 2.56　两个站点风速时程（2013-01-02）

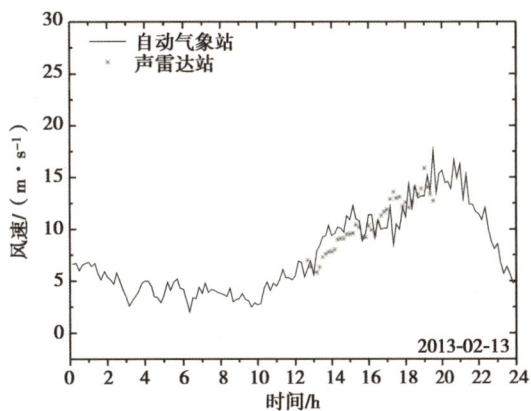

图 2.57　两个站点风速时程（2013-02-13）

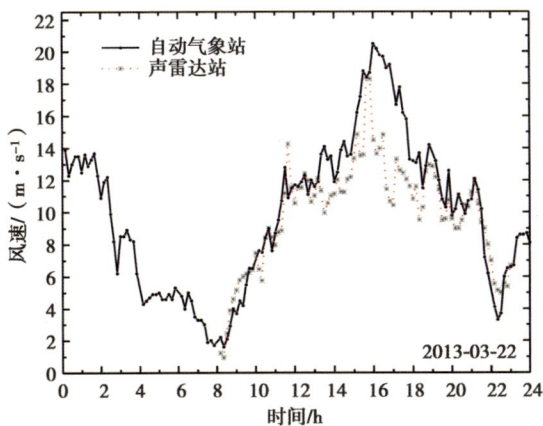

图 2.58　两个站点风速时程（2013-03-22）

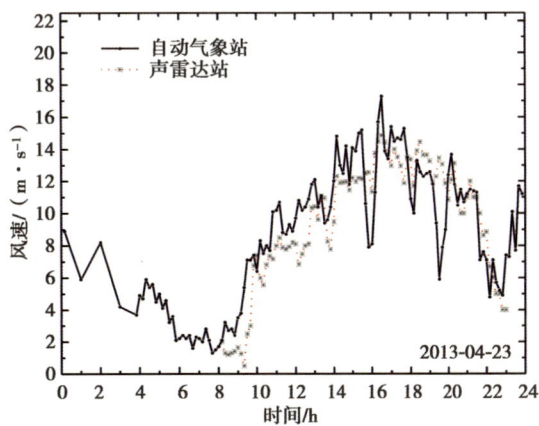

图 2.59　两个站点风速时程（2013-04-23）

2.9　小　结

本章以位于高海拔高温差 U 形峡谷区的大渡河大桥为工程背景，采用 CAWS600-RT 型四要素自动气象站和 MFAS 型相控阵声雷达（SODAR）风廓线仪，对桥址区的风特性进行了长时间现场实测,分析了桥址区的风速、风向、风攻角、阵风系数、地表粗糙度系数及紊流度,讨论了两个观测站点之间风速的相关性,得出以下结论:

①桥址区的风环境恶劣,其风速等级不亚于沿海强风区,桥位处实测到 10 min 平均风速最大为 29.6 m/s,3 s 瞬时极大风速达 44.5 m/s,对应的风速等级已达到 11 级。

②桥位处受到峡谷地形的影响较大。因此,桥位处的主导风向明显,基本上都以南到南东南风(S-SSE)为主。同时,最大风速和极大风速的最大值也出现在南风(S)和南东南风(SSE)方向。

③当风速小于 10 m/s 时,阵风系数为 1.48;当风速大于 10 m/s 时,阵风系数为 1.58。阵风系数按正态分布的概率统计均值为 1.57,标准差为 0.24,考虑 95% 保证率时的阵风系数为 1.97。

④桥位处低空风剖面受地面影响较大,当超过一定高度后,这种影响减弱较明显,桥位处低空的地表粗糙度系数达到 0.33。随着风速增加,地表粗糙度系数总体上在减小,表明在高风速下风速随高度增加的趋势在变缓。

⑤桥位处的山风盛行,桥面设计高度处出现负风攻角的概率大于出现正攻角的概率,桥面高度处风攻角均值为 −4.5°,风攻角较常规平原地区要大。

⑥桥位处东西方向的紊流度概率均值为 18.3%,南北方向的紊流度概率均值 14.5%,竖向的紊流度概率均值为 9.3%。实测紊流度与平均风速存在一定的关系,随着平均风速的增加,紊流度有减小的趋势。

⑦当风速小于 8.7 m/s 时,自动气象站处的风速较桥面设计高度处风速小;当风速大于 8.7 m/s 时,自动气象站的风速大于桥面设计高度处的风速。表明,桥位处在大风天,高空风速不一定比低空风速大,甚至在大部分时刻高空风速比地表山脊处的风速要小。

⑧桥址区的大风过程可分为两类:一类是受大尺度气候环境影响的大风降温过程,定义为第 I 类大风,该类大风控制桥梁的设计基准风速;另一类是小尺度范围内的日常大风过程,定义为第 II 类大风,该类大风出现的概率极高,将严重影响桥梁的耐久性和桥面行车安全。

第3章
日常大风成因分析

山区峡谷地形在我国中西部地区较为常见,其地形复杂多变。已有的分析表明,山区峡谷地形条件下风环境较复杂,且不同桥址区的风特性差异较大。部分研究人员通过现场实测发现,在西部高海拔高温差山区,每天下午均会出现规律性波动的大风,部分地区风速为 10.0 m/s 以上。但是,相关文献中均没有对这种日常大风的形成原因进行进一步的讨论。作者在现场实测中也发现,大渡河大桥桥址区出现了以天为周期的日常大风过程,该类大风过程的 10 min 平均风速最大为 10.0 m/s。虽然该类日常大风的最大风速不大,不控制桥梁的设计基准风速,但其出现频率极高,在夏季这种日常大风几乎每天下午都会出现。因此,本章以高海拔高温差地区的大渡河大桥为工程背景,通过对桥址区的风场和温度场进行全方位现场实测,分析桥位处出现高频率日常大风的原因。

3.1 观测概况

3.1.1 桥位处观测站

桥位处观测站点的设置与 2.1 节是一致的,四要素自动气象站位于桥址区风速较大的咱里村大风岗上。该观测站点位于大桥的纵向中心轴线上,向大桥跨中偏离康定侧桥塔约 100 m,风速风向传感器的海拔高程为 1 530 m,距离桥面设计高度 78 m。该观测站点可同时对桥位处的风速和温度数据进行采集。长期观测点布置如图 3.1 所示,观测仪器的相关参数详见 2.1 节所述。

3.1.2 沿河谷观测点

为了考察桥位处河谷温度场和风场的分布情况,以桥位处为界,将河谷分为上游河谷和下游河谷。在上游河谷沿 G318 国道走向布置 9 个临时的观测点,从北向南编号为 $N_1—N_9$,两个测点之间的间距约为 2.0 km;下游河谷向泸定县城方向也布置了 9 个临时的测点,从北向南编号为 $S_1—S_9$,测点间距约为 1.5 km。沿河谷布置的 18 个观测点总测试范围为 28.0 km,上游最远观测点距离大桥桥位 16.0 km,下游最远观测点距离大桥桥位 12.0 km。布置测点位置时主要考虑河道的顺直情况、太阳光照情况和工程关心点位。如图 3.2 所示为沿河谷测点布置示意图。

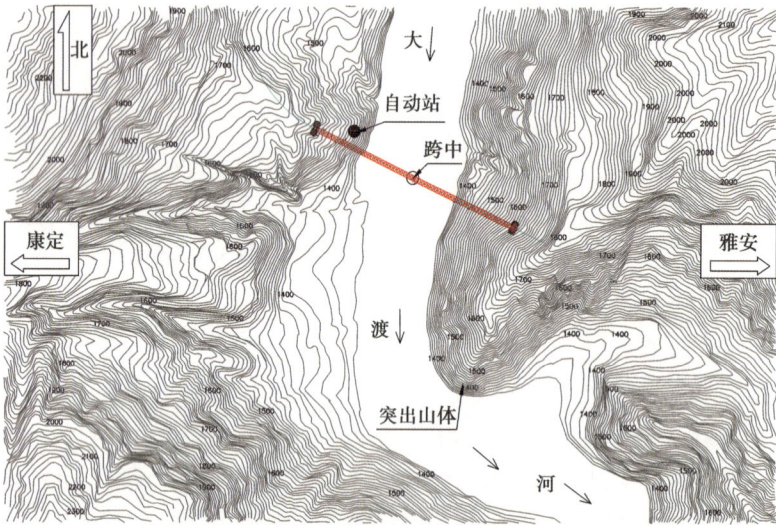

图 3.1　长期观测点布置

图 3.2　沿河谷测点布置

3.2　温度影响

3.2.1　风速与温度随时间变化

自动气象站从 2012 年 12 月起开始采集数据,数据跨度包括冬季和夏季,具有较好的代表性。如图 3.3 所示为 2013 年 1 月份和 8 月份典型大风天平均风速和温度的变化趋势。可知,每天凌晨至中午时间段内风速较小,在每天下午及上半夜风速较大,并且温度和风速的波动规律是一致的。为分析桥位处每天的起风规律,分别对 10 min 平均风速大于 5.0 m/s 和

10.0 m/s 进行统计。通过分析发现,风速大于 5 m/s 大风的起风时间基本都在 12:30 左右,止风时间在 22:00 左右,10 min 平均风速大于 5.0 m/s 的大风过程平均持续 9.7 h。10 min 平均风速大于 10.0 m/s 的大风起风时间基本都在 14:30,至当天 20:30 左右停止,平均持续时间约为 6.8 h。

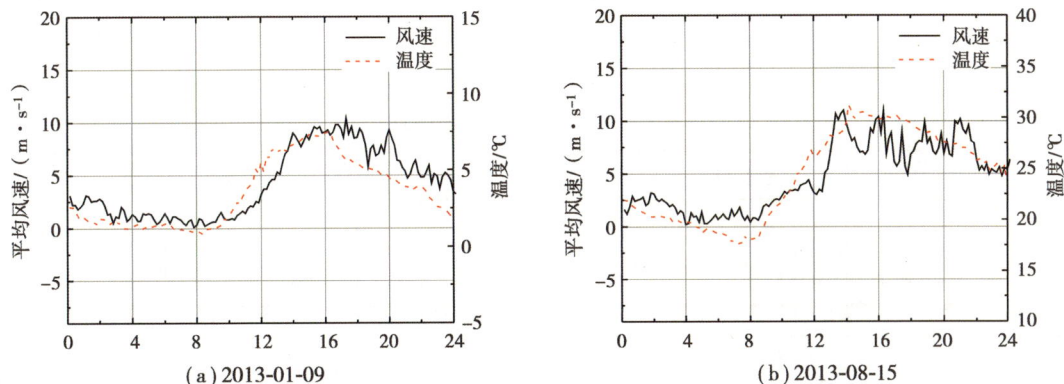

图 3.3　典型大风天平均风速和温度变化

如图 3.4 所示为日常大风及温度波动规律。可知,风速和温度以天为周期的规律性波动明显,并且二者的波动趋势是一致的,同时每天风速较大的时间段内温度也较高。由此说明,热力作用是桥位处日常大风形成的一个重要因素。

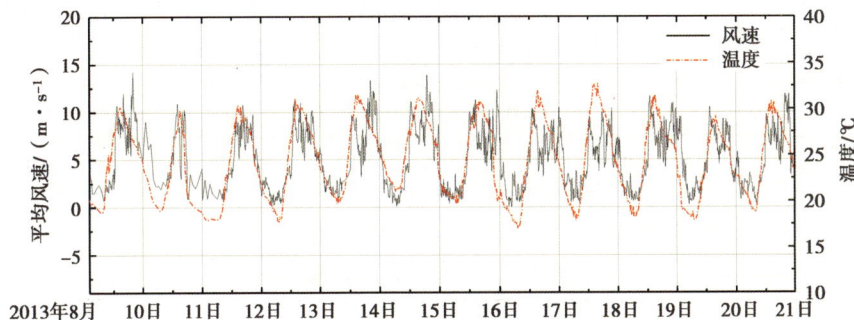

图 3.4　日常大风及温度波动规律

3.2.2　风速与温度沿河谷变化

为了考察桥位处河谷温度场和风场的分布情况,沿河谷布置了 18 个临时测点。基于布置的 18 个测点,在 2013 年 4 月 19 日下午进行了 3 次固定测量点相同时刻的温度和风速测量。测量仪器采用了便携式温度计和手持风速仪,为提高测量精度,在同一个测点采用两个温度计进行测量,并且在开始测量前和结束测量后对所采用的温度计进行了统一标定,根据两次标定结果的平均值对最后的测量值进行修正。测量过程中,为减少地面热辐射引起的误差,温度计离地高度在 2.0 m 以上。

表 3.1、表 3.3、表 3.5 分别为第 1 次、第 2 次、第 3 次测量原始数据,包括观测时间、温度、风速及风向等参数,表 3.2、表 3.4、表 3.6 分别为第 1 次、第 2 次、第 3 次测量数据经过温度修正后的温度数值情况。图 3.5、图 3.6、图 3.7 分别为第 1 次、第 2 次、第 3 次测量温度及风速随测点的变化情况。其中,温度是修正后的平均值,风速为手持风速仪所测的平均风速。可

知,N_9 和 S_1 的温度在 3 次测量过程中均较其他测点低,以这两点为中心分别往上下游两边延伸,温度均出现上升的趋势。同时,对比 3 次测量的温度曲线可知,随着时间越接近晚上,最上游侧(N_1—N_3)的温度降低较慢,下游侧(S_6—S_9)温度下降较快。分析图中同一时刻风速随测点的变化规律可知,温度较低的 N_8,N_9,S_1 测点 3 次测量中风速均较两边测点的风速要大,而温度较高的两端风速相对较低。这表明,同一时刻沿河谷的温差是形成日常大风的重要原因之一。

表 3.1　第 1 次测量原始数据

编号	北面测点					南面测点				
	时间	温度 1 /℃	温度 2 /℃	风速 /(m·s⁻¹)	风向	时间	温度 3 /℃	温度 4 /℃	风速 /(m·s⁻¹)	风向
N_1/S_1	13:35	32.0	32.2	3.0	东风	13:35	31.2	31.4	6.0	东南
N_2/S_2	13:55	32.2	32.8	4.2	东南	13:53	30.9	31.4	4.0	东南
N_3/S_3	14:10	30.9	31.2	4.2	不定	14:18	31.7	32.5	6.0	东南
N_4/S_4	14:30	31.0	31.1	7.8	东南	14:35	31.9	32.3	4.0	南风
N_5/S_5	14:50	30.0	30.1	4.6	东南	14:48	31.8	32.2	3.0	东南
N_6/S_6	15:10	33.0	33.2	5.0	东南	15:12	34.3	34.7	2.2	南风
N_7/S_7	15:25	32.0	32.4	10.0	东南	15:23	37.7	37.5	1.0	东南
N_8/S_8	15:35	30.9	31.0	19.0	东南	15:36	32.0	32.5	6.0	东南
N_9/S_9	15:45	29.0	29.0	15.0	不定	15:47	34.3	34.8	5.1	西北

表 3.2　第 1 次测量温度修正

编号	北面测点				南面测点			
	时间	温度 1/℃	温度 2/℃	平均值/℃	时间	温度 3/℃	温度 4/℃	平均值/℃
N_1/S_1	13:35	32.3	32.2	32.25	13:35	31.6	31.1	31.35
N_2/S_2	13:55	32.5	32.8	32.65	13:53	31.3	31.1	31.20
N_3/S_3	14:10	31.2	31.2	31.20	14:18	32.1	32.2	32.15
N_4/S_4	14:30	31.3	31.1	31.20	14:35	32.3	32.0	32.15
N_5/S_5	14:50	30.3	30.1	30.20	14:48	32.2	31.9	32.05
N_6/S_6	15:10	33.3	33.2	33.25	15:12	34.7	34.4	34.55
N_7/S_7	15:25	32.3	32.4	32.35	15:23	38.1	37.2	37.65
N_8/S_8	15:35	31.2	31.0	31.10	15:36	32.4	32.2	32.30
N_9/S_9	15:45	29.3	29.0	29.15	15:47	34.7	34.5	34.60

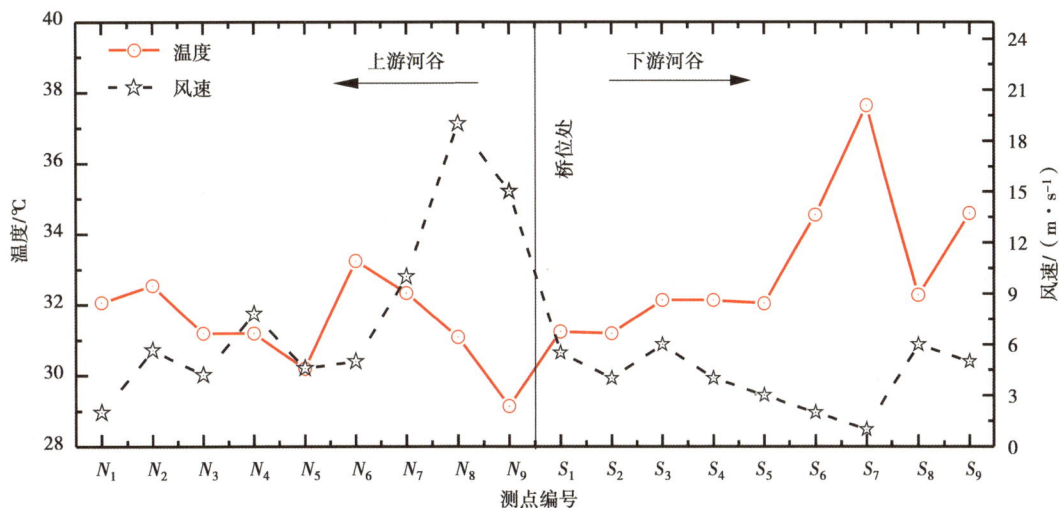

图 3.5　第 1 次测量温度及风速随测点变化(时间:13:35—15:45)

表 3.3　第 2 次测量原始数据

编号	北面测点					南面测点				
	时间	温度 1 /℃	温度 2 /℃	风速 /(m・s⁻¹)	风向	时间	温度 3 /℃	温度 4 /℃	风速 /(m・s⁻¹)	风向
N_9/S_9	15:50	28.8	29.0	10.4	不定	15:50	34.5	35.0	6.0	西北
N_8/S_8	16:00	29.1	29.3	12.0	东南	16:00	29.9	30.5	6.9	西北
N_7/S_7	16:10	30.2	30.5	11.0	西南	16:10	29.1	29.8	2.0	东北
N_6/S_6	16:20	29.0	29.1	6.0	东南	16:19	29.9	30.7	5.2	不定
N_5/S_5	16:30	30.0	30.5	10.3	东南	16:28	28.2	29.5	5.0	东南
N_4/S_4	16:40	29.0	29.5	8.5	东南	16:38	26.2	27.2	14.0	西北
N_3/S_3	16:50	31.0	31.1	4.5	不定	16:47	25.2	26.7	16.1	西北
N_2/S_2	17:05	28.0	28.5	9.0	东南	17:00	25.0	25.7	11.0	不定
N_1/S_1	17:15	29.0	29.5	4.0	东风	17:15	25.0	25.7	8.0	东风

表 3.4　第 2 次测量温度修正

编号	北面测点				南面测点			
	时间	温度 1/℃	温度 2/℃	平均值/℃	时间	温度 3/℃	温度 4/℃	平均值/℃
N_9/S_9	15:50	29.1	29.0	29.05	15:50	34.9	34.7	34.80
N_8/S_8	16:00	29.4	29.3	29.35	16:00	30.3	30.2	30.25
N_7/S_7	16:10	30.5	30.5	30.50	16:10	29.5	29.5	29.50
N_6/S_6	16:20	29.3	29.1	29.20	16:19	30.3	30.4	30.35
N_5/S_5	16:30	30.3	30.5	30.40	16:28	28.6	29.2	28.90
N_4/S_4	16:40	29.3	29.5	29.40	16:38	26.6	26.9	26.75

续表

编号	北面测点				南面测点			
	时间	温度1/℃	温度2/℃	平均值/℃	时间	温度3/℃	温度4/℃	平均值/℃
N_3/S_3	16:50	31.3	31.1	31.20	16:47	25.6	26.4	26.00
N_2/S_2	17:05	28.3	28.5	28.40	17:00	25.4	25.4	25.40
N_1/S_1	17:15	29.3	29.5	29.40	17:15	25.4	25.4	25.40

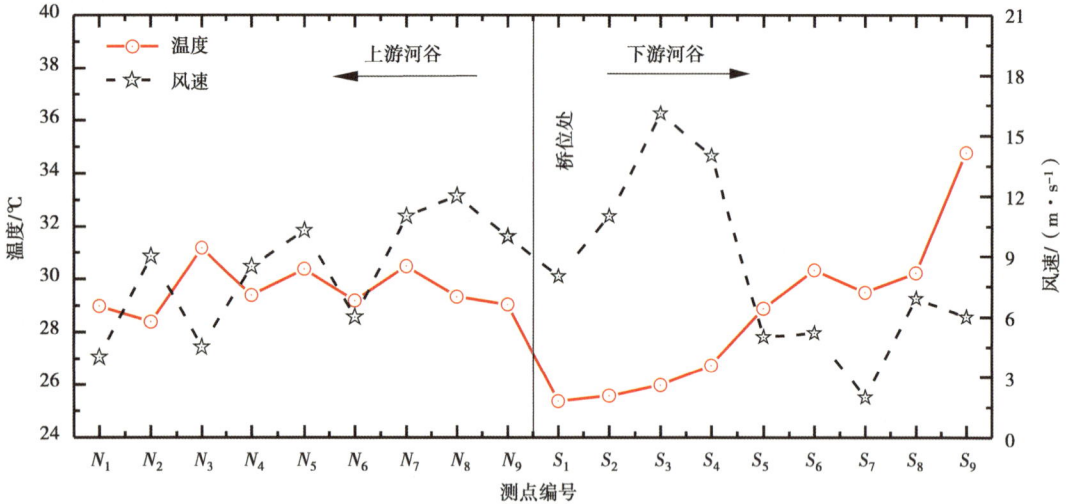

图3.6 第2次测量温度随测点变化(时间:15:50—17:15)

表3.5 第3次测量原始数据

编号	北面测点					南面测点				
	时间	温度1/℃	温度2/℃	风速/(m·s⁻¹)	风向	时间	温度3/℃	温度4/℃	风速/(m·s⁻¹)	风向
N_1/S_1	17:15	29.0	29.5	4.0	东风	17:15	25.0	25.7	8.0	东风
N_2/S_2	17:33	27.1	27.5	10.0	东南	17:30	24.9	25.7	7.0	东南
N_3/S_3	17:38	27.5	28.0	4.0	不定	17:40	24.9	25.6	13.5	西北
N_4/S_4	17:50	26.2	26.5	12.0	东南	17:50	25.0	25.7	11.5	北风
N_5/S_5	17:55	26.5	27.0	7.0	东南	17:58	25.8	26.5	6.5	西北
N_6/S_6	18:05	25.9	26.5	11.2	东南	18:08	26.0	26.8	5.5	北风
N_7/S_7	18:13	25.5	26.1	8.4	东南	18:15	26.0	26.8	3.5	东北
N_8/S_8	18:25	24.0	24.5	21.2	东南	18:26	26.2	27.0	3.5	西北
N_9/S_9	18:40	24.2	24.8	8.9	不定	18:35	25.0	25.6	5.5	南风

表 3.6　第 3 次测量温度修正

编号	北面测点				南面测点			
	时间	温度 1/℃	温度 2/℃	平均值/℃	时间	温度 3/℃	温度 4/℃	平均值/℃
N_1/S_1	17:15	29.3	29.5	29.40	17:15	25.4	25.4	25.40
N_2/S_2	17:30	27.3	27.5	27.40	17:26	25.2	25.3	25.25
N_3/S_3	17:38	27.8	28.0	27.90	17:40	25.3	25.3	25.30
N_4/S_4	17:50	26.5	26.5	26.50	17:50	25.4	25.4	25.40
N_5/S_5	17:55	26.8	27.0	26.90	17:58	26.2	26.2	26.20
N_6/S_6	18:05	26.2	26.5	26.35	18:08	26.4	26.5	26.45
N_7/S_7	18:13	25.8	26.1	25.95	18:15	26.4	26.5	26.45
N_8/S_8	18:25	24.3	24.5	24.40	18:26	26.6	26.7	26.65
N_9/S_9	18:40	24.5	24.8	24.65	18:35	25.4	25.3	25.35

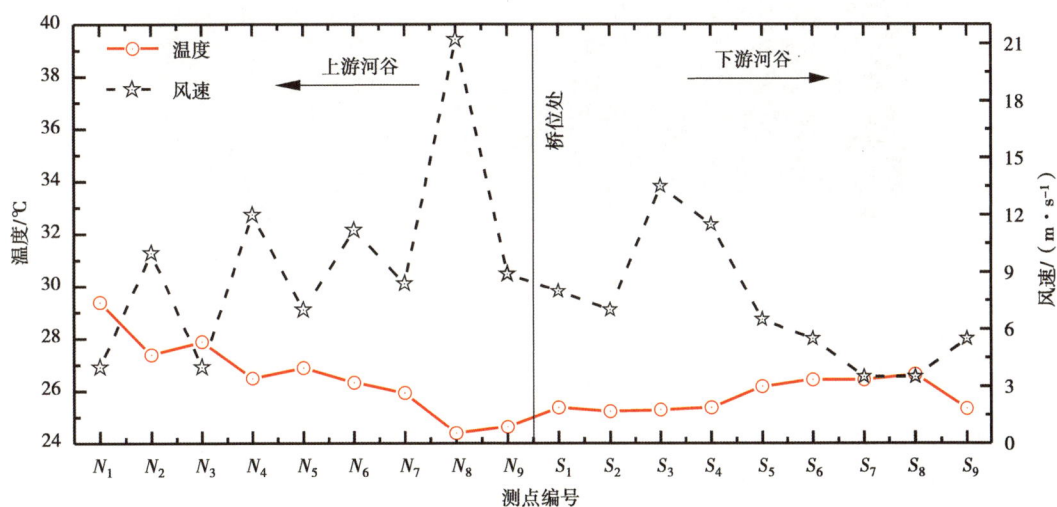

图 3.7　第 3 次测量温度随测点变化(时间:17:15—18:40)

3.3　局部地形影响

大桥桥址区在 16:00 之前,整个河谷内的风向通常是由南向北的东南风向为主;在 16:00 之后,桥位上游河谷的风向仍是以沿河道向上游方向吹的东南方向风为主,但在桥位下游水坝以下河谷的风向与上游河谷相反。如图 3.8 所示为桥位区域地形三维视图。可知,桥位处地形较复杂,河谷东西岸均有山脊,同时在大坝处河谷断面收缩较多。

结合局部地形对河谷内大风风向的分布进行分析,由于东岸雪山上的来流同时受到东岸山脊和水电站大坝处西岸山脊的双重阻挡,在水坝附近形成了一个较大的气流漩涡,同时由于山峰表面不均匀性和主导来流风向的不确定性,该气旋不是一个平面水平气旋,应是一个三维的立体气旋。因此,气流漩涡导致桥位下游咱里村处风向较乱,同时在桥位附近的高空风速也不一定比低空风速大,甚至出现高空风速小于地面局部峡谷口和山峰处的风速。随着时间越接近晚上,泸定县城往上游的来流风增加程度不如东岸雪山上来流风增加程度大,出现了在16:00以后河谷内的风向以泸定水电站大坝为分界,水坝以上河谷内的风向以东南风为主,且风速较大,水坝以下的泸定县城以西北风为主,风速相对较小。这也是泸定县气象站历史记录中北风偏多的原因。鉴于桥位处大风的风速和风向均较大程度地受到桥位处局部地形的影响,并且局部地形对桥位处风场的影响明显。因此,在利用桥位附近已有的基本气象台站历史数据时,要充分考虑地形可能造成的影响。

图3.8　桥位区域地形三维视图

3.4　日照影响

在上午晴朗少云的天气下,午后常出现东南方向的大风,这是因太阳照射对桥位处东南侧、北侧不规则山体表面辐射不均匀,故其地表增温随时间变化不均匀,从而使各个山坡面、山顶、山谷底部出现较大的温度变化率和气压梯度。具体表现为上游河谷在17:00以后阳光仍然可以直射,而此时在桥位处已不能被阳光照射。现场实测表明,桥位处同一时刻温度比上游河谷低2.0～4.0 ℃,在桥位下游5.0 km为泸定县城,县城内水泥路面、建筑物等较多,在整个白天的日照过程中吸收的热能也较多,并且混凝土散热较慢使泸定县城出现一定的热岛效应,导致桥位处同一时刻温度也比下游河谷低2.0～4.0 ℃。在该热力温差的驱动下,河谷这种非均匀下垫面的热力、动力共同作用导致山谷内形成不稳定的扰动气流,从而形成以天为周期的大风。如图3.9所示为同一时刻上游河谷测点 N_1 和下游河谷测点 S_1 的照片。可知,同一时刻上下游河谷阳光照射情况区别明显。

测点 N_1

测点 S_1

图 3.9　同一时刻不同测点日照情况(时间:17:00)

3.5　综合分析

通过观察和分析发现,与常规的季风或强对流天气出现的大风不同,桥位处每天下午出现的日常大风是由局部温差、局部地形和日照不均匀共同作用形成的局部小尺度大风,不平衡热力作用对大风的产生及大风的强弱起控制作用。已有的现场观测也表明,温度越高,温差越大,风速就越高。在没有较强的天气系统影响时,桥位区域早晨、上午及夜间风速较小。当河谷东岸雪山上来流冷空气足够强时,河谷内的大风会出现以水电站大坝为分界线的反向风。

通过大量实测和现场考察,对桥位处风场流向及分布情况进行了分析。图 3.10 为根据调查结果得到的桥位附近风场流向示意图。可知,河谷内的大风主要是由两岸山坡上的山风

图 3.10　桥位附近风场流向

和河谷中因局部温差形成的风。随着时间越接近傍晚,两岸山坡上的来流越来越强。当东岸山坡上来流强度超过河谷内本身向上游流动的强度时,就出现以水电站大坝为分界点的风向截然相反的情况。此时,在大坝上游侧河谷内的风是河谷风、山坡风和局部地形加速效应的三重叠加。因此,在桥位附近区域出现了一个明显的大风区。大坝下游没有明显的河谷加速效应,同时山坡风和河谷风的流动方向相反,河谷中的风速是山坡风和河谷风相互抵消后形成的。因此,大坝下游侧河谷内的风速明显小于大坝上游河谷内的风速。

3.6 小　结

大渡河大桥位于高海拔高温差深切峡谷内,桥址区几乎每天下午起风,其平均风速往往为 10.0 m/s 以上。为探讨这类日常大风的成因,采用 CAWS600-RT 型四要素自动气象站、手持风速仪及便携式温度计对桥址区的风场和温度场进行了实测,分析了桥址区日常大风的形成原因,可得出以下结论:

①与常规的季风或强对流天气出现的风不同,桥位处每天下午出现的风是由于局部温差和地形双重作用形成的局部小尺度风,不平衡热力作用对风的产生及风的强弱起控制作用。已有的现场观测也表明,温度越高,温差越大,风速就越高。

②沿河谷温度测试结果表明,泸定水电站附近温度低,而两侧温度高,温差导致气流从温度较低的高压区域流向温度较高的低压区域,从而使泸定水电站成为风向的分界线。水坝上游风速较大,风向以沿河道向上游吹的东南风为主;水坝下游风速减小明显,风向可能出现与上游截然相反的西北风。除地形因素外,泸定县城的热岛效应也是水坝下游出现西北风向的原因之一。

③桥位处受到雅安侧山峰和水电站处山峰双重阻挡,桥位处与水坝之间区域气流可能表现为三维的立体气旋,不同点位处的风速和风向差异明显。此外,河道狭窄处存在一定的风速加速效应。

④桥位处每天下午出现的风主要是由不平衡热力作用引起的,冷空气通常沿底层流动。因此,高空的风速不一定比低空或贴地附近的风速大。

第4章
考虑热力效应的桥址区风特性数值模拟

国内外学者对山区风特性进行了大量的研究,在以往的研究中部分学者是通过现场实测的方式,部分学者是通过地形风洞模型试验的方式,也有部分学者是通过数值模拟的手段对山区的风特性进行分析,但均没有考虑热力效应对山区风特性的影响。大渡河大桥位于高山峡谷之间,桥址区地形极其复杂,桥位处峡谷接近南北方向。桥轴线向康定侧延伸10 km后,地面海拔高度由桥位处的1 608 m升高至4 500 m;桥轴线向雅安侧延伸5 km后,地面海拔高度由桥位处的1 608 m升高至3 700 m。峡谷两侧10 km范围内均有终年不化的雪山存在,而峡谷内部属于典型的干热河谷气候,温暖干燥,峡底和山峰顶部温差为20 ℃以上。大桥桥位处地处川西青藏高原过渡段,太阳照射强烈,同一地点的日温差波动也为10 ℃以上。通过第3 章中的分析表明,热力效应对桥位处局部风场的影响明显。因此,本章结合现场调查和实测的温度变化规律,以 FLUENT 为计算平台,通过二次开发对考虑热力效应的大渡河大桥桥址区风特性进行数值模拟分析。

4.1 FLUENT 中自然对流的实现

当空气温度发生改变时,空气的密度会随着温度变化而变化。此时,空气会因重力作用而发生流动,这种流动现象称为空气的自然对流。在自然对流中,通常用 Grashof 数和 Reynolds 数的比值 Richardson 数来度量浮力在自然对流中的作用大小[132]。其具体表达式为

$$Ri = \frac{Gr}{Re^2} = \frac{\Delta\rho gh}{\rho v^2} = \frac{\beta g\Delta TL}{U_0^2} \tag{4.1}$$

式中　ρ——当前空气密度,kg/m^3;

　　　ΔT——空气温度改变量,K;

　　　$\Delta\rho$——由于空气温度改变引起的密度改变量,kg/m^3;

　　　U_0——空气流动速度,m/s;

　　　L——计算区域海拔高程差,m;

　　　β——热膨胀系数。

由式(4.1)可知,如何考虑空气密度随温度的变化是 FLUENT 中模拟自然对流的关键。FLUENT 中,通常用 Boussinesq 模型来描述温度和密度的变化关系。在 Boussinesq 模型中,除

了动量方程的浮力项之外,其他所有求解方程中的空气密度是不变的。故 Boussinesq 模型只有当整个计算区域中空气密度变化较小时才适用。同时,该模型中的参考温度和参考密度是针对整个计算区域进行统一设定的。因此,不能设定随海拔高度变化的参考温度和密度。可知,FLUENT 中自带模型不能实现计算域中参考温度和空气密度随海拔高度变化的情况,仅适用于计算域范围相对较小的建筑物内空气自然对流分析。因此,需要找到一种能实现大尺度大气边界层中自然对流分析的方法。

基于此,根据热力学中克拉珀龙(Clapeyron)方程[132],空气密度和大气压强及温度之间的相互关系可表示为

$$\rho = \frac{29P}{8\,314T} \tag{4.2}$$

在气压一定的情况下,空气密度随着温度的改变而改变。其变化方程为

$$\rho = \rho_0 \frac{T_0}{T} \tag{4.3}$$

式中 ρ——当前空气密度,kg/m³;

     T——当前温度值,K;

     ρ_0——T_0 时的空气密度;

     T_0——参考温度值,K。

因此,温度改变而引起的空气密度改变量为

$$\nabla \rho = \rho - \rho_0 = \rho_0 \frac{T_0}{T} - \rho_0 = \rho_0 \left(\frac{T_0 - T}{T} \right) \tag{4.4}$$

在 FLUENT 中的动量方程表达式为

$$\frac{\partial}{\partial t}(\rho u_i) + \frac{\partial}{\partial x_j}(\rho u_i u_j) = -\frac{\partial p}{\partial x_i} + \frac{\partial \tau_{ij}}{\partial x_j} + F_i \tag{4.5}$$

该方程中的动量源项 F_i 为体力的形式,因此,可通过修改该方程中的 F_i 源项来实现空气密度变化引起的动量变化。将式(4.4)中的密度变化量乘以重力加速度变为体积力的表达式。该表达式为 FLUENT 中由温度改变而引起的重力变化量,即

$$F_i = \rho g \left(\frac{T_0 - T}{T} \right) \tag{4.6}$$

在 FLUENT 中,将动量源项表达式定义为式(4.6)的形式,这样可模拟由于空气密度变化引起的自然对流情况。在式(4.6)中,T_0 为参考温度值,当计算区域较大时,这个参考温度是变化的。例如,在地表附近对流层中该值随着海拔高度的增加而降低,其变化趋势为海拔高度每增加 100 m,T_0 降低 0.65 ℃。

4.2   模拟方法验证

4.2.1   计算模型

P. L. Betts[109]对封闭空腔中的自然对流进行了实测,为了验证 FLUENT 中通过添加动量

源项的方式实现自然对流的正确性,以 P. L. Betts 的试验为基础,在 FLUENT 中进行了封闭空腔内自然对流的数值模拟分析。实现自然对流的方式是通过添加动量源项,源项的具体表达式见式(4.6)。

计算区域和相关的边界条件均与 P. L. Betts 的试验保持一致。计算区域为 2.160 m × 0.076 m 的封闭二维空腔。在计算区域中,共划分了 4 800 个结构化网格单元,网格布置为 30 × 160。计算区域网格划分如图 4.1 所示。

空气物理特性:初始密度取为 1.22 kg/m³,热扩散系数为 0.003 125 K⁻¹,比热为 1 006.43 J/(kg·K),导热系数为 0.024 2 W/(m·K),黏性系数为 1.789 × 10⁻⁵ kg/(m·s)。

边界条件:四周均为壁面边界条件,为了形成自然对流,左边界的温度设置为 288 K,右边界的温度为 328 K,上下两个边界为绝热。

计算湍流模型为 $k\text{-}\omega$ 的 SST 模型。在求解过程中,打开能量方程,并考虑温度的传递影响,采用二阶迎风格式进行迭代求解。

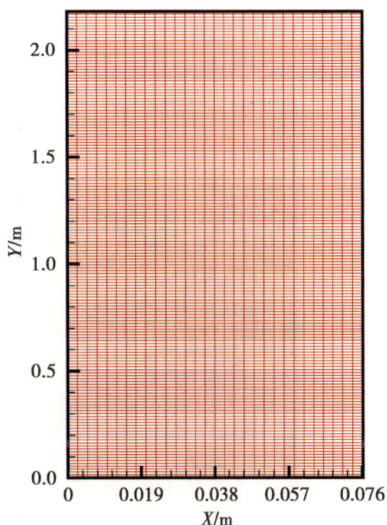

图 4.1　有限元网格

FLUENT 中添加动量源项的部分 UDF 如下:

```
#include"udf.h"
DEFINE_SOURCE(z_source,c,t,dS,eqn)
{
real x[ND_ND];
real source;
real T0;
C_CENTROID(x,c,t);
    T0 = 320;
    source = 9.81 * C_R(c,t) * (1/T0) * (C_T(c,t) - T0);
    dS[eqn] = 9.81 * C_R(c,t) * (1/T0);
    return source;
}
```

4.2.2　计算结果验证

如图 4.2(a)和(b)所示为考虑热力效应动量源项和不考虑热力效应动量源项的温度云图。由图 4.2(a)可知,考虑热力效应动量源项后,空腔内同时出现了空气的热传递和自然对流,因此,空腔内温度的等值线变化趋势是非线性的。由图 4.2(b)可知,由于没有考虑空气密度随着温度的变化而变化,在空腔中仅仅发生了热传递,空腔中的空气物理特性是各向同性均匀分布的,因此,其温度等值线变化趋势为线性的,表明空间内是纯粹的热传递过程。

如图 4.3(a)和(b)所示为考虑热力效应动量源项和不考虑热力效应动量源项后的风速

云图。如图4.4(a)和(b)所示为考虑热力效应动量源项和不考虑热力效应动量源项后的流线图。由从图4.3(a)可知,由于热力效应引起的自然对流风速最大达到了0.24 m/s,由图4.4(a)可知,此时空腔内的流动趋势为绕空腔进行逆时针流动,即靠近低温壁面的冷空气下沉,靠近高温壁面的热空气上浮。由图4.3(b)和图4.4(b)可知,不考虑热力效应动量源项时空腔内的风速为0.00 m/s,没有发生空气的流动。

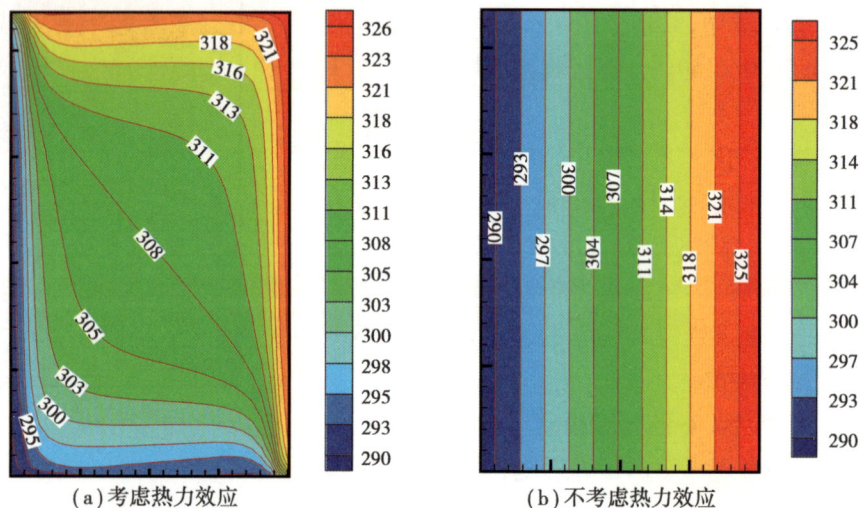

(a)考虑热力效应   (b)不考虑热力效应

图4.2　温度云图(单位:K)

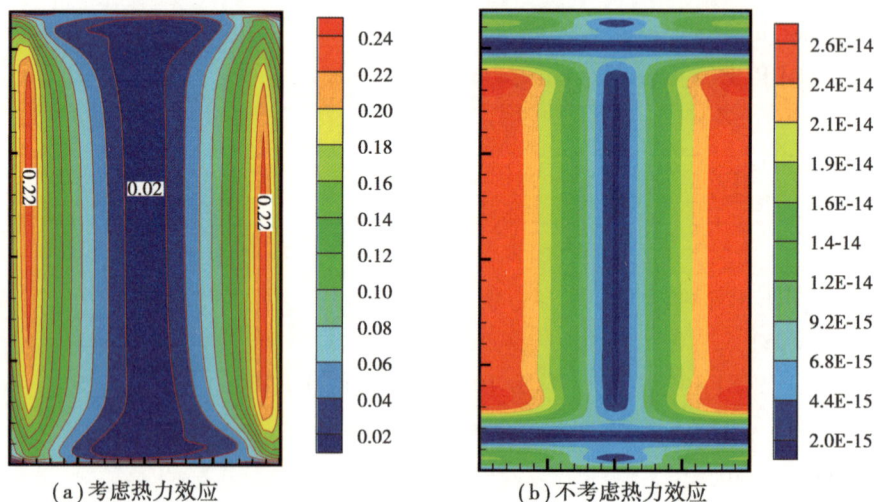

(a)考虑热力效应   (b)不考虑热力效应

图4.3　风速云图(单位:m/s)

计算区域总高 $H = 2.16$ m,为分析不同高度处温度和风速沿横向的变化情况,分别选取 $Y/H = 0.05$, $Y/H = 0.5$ 和 $Y/H = 0.95$ 这3个位置处的数据进行分析,并将FLUENT的计算结果与P. L. Betts的实测结果进行对比。

如图4.5所示为不同高度处的温度数值计算和参考文献中试验结果的对比。可知,在FLUENT中,考虑热力效应和不考虑热力效应的计算结果差异明显。不考虑热力效应时,温度沿横向是线性变化的,该结果与P. L. Betts的实测结果差异明显。但考虑热力效应后,不同位置处的计算结果与P. L. Betts的实测结果是一致的。如图4.6所示为不同高度处的风速变化。同样可知,FLUENT 中考虑热力效应和不考虑热力效应的计算结果明显不同。不考虑热力效应时,风速为 0.00 m/s;考虑热力效应后,不同位置处的计算结果与 P. L. Betts 的实测结果较为接近。

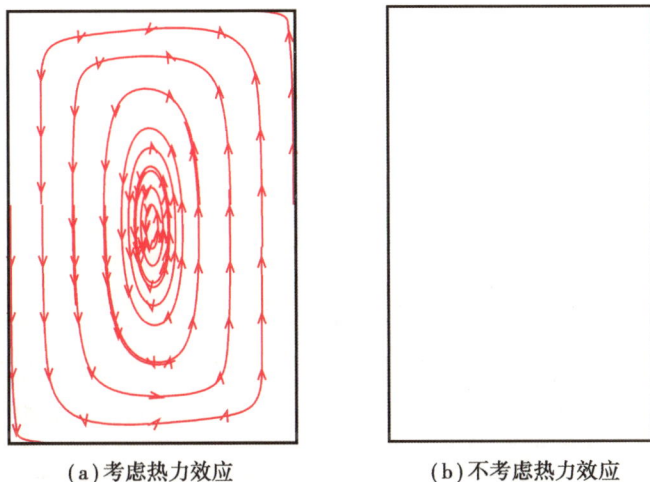

（a）考虑热力效应　　　　　　　　　（b）不考虑热力效应

图 4.4　流线图

（a）$Y/H=0.05$　　　　　　　　　　（b）$Y/H=0.50$

（c）$Y/H=0.95$

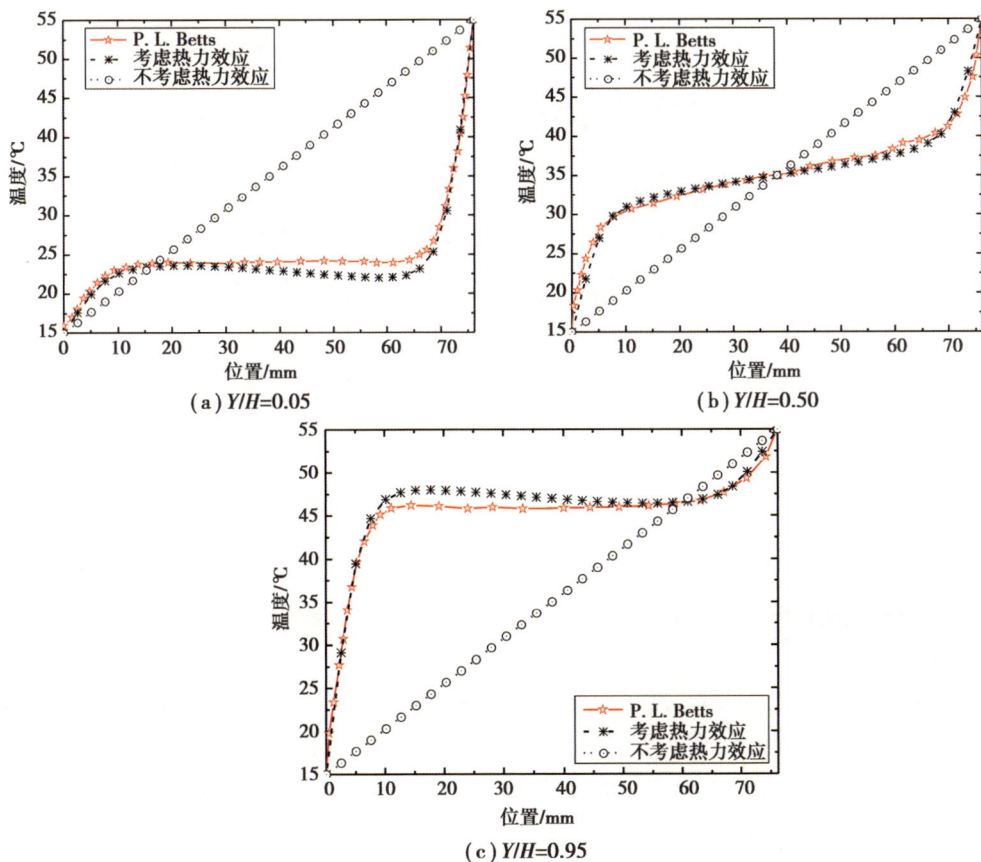

图 4.5　不同高度处温度

在 FLUENT 中,采用添加由热力效应引起的动量源项可较好地模拟因温度改变引起的自然对流现象。大渡河大桥位于川西北地区,太阳辐射强,海拔高差较大,已有的现场实测数据表明因太阳辐射和海拔高程差引起的温度差异明显。因此,后续分析中将按照添加动量源项的方式对大渡河大桥桥址区因太阳辐射和海拔高程差等各种热力效应引起的自然对流进行数值模拟分析。

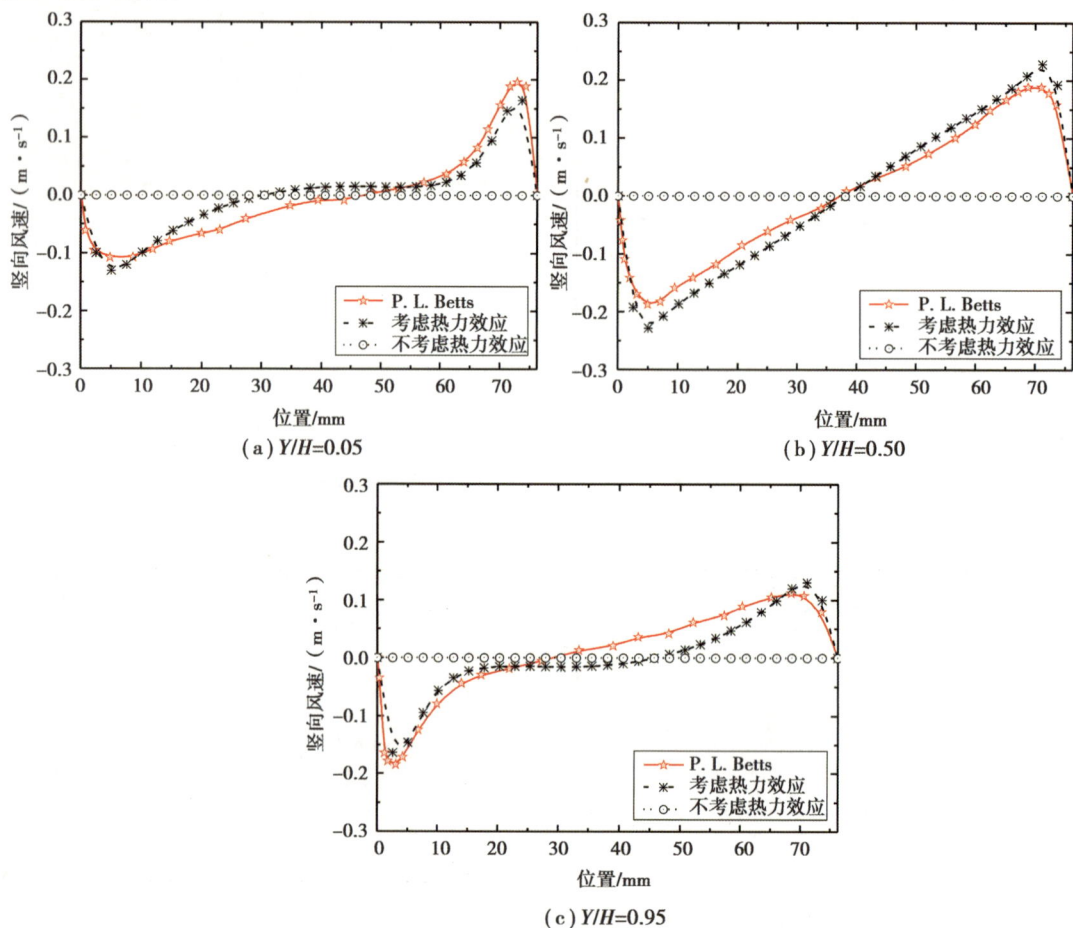

（a）$Y/H=0.05$

（b）$Y/H=0.50$

（c）$Y/H=0.95$

图4.6　不同高度处风速

4.3　有限元模型

4.3.1　计算模型

以大渡河大桥为工程背景,选定桥址区南北向长20 km,东西向长20 km,高程从1 360 ～ 15 000 m的长方体作为数值模拟计算区域,其中山体、河流等作为模型壁面,大桥处于计算区域的中心位置,大桥主梁高度处高程为1 608 m。计算区域顶面离桥面13 392 m,为地表上方气流的自由变化预留了充分的空间。

计算采用的桥址区地形三维视图如图4.7所示。图形中心部位的直线为桥梁轴线。该大桥为主跨1 100 m的钢桁架悬索桥,横跨大渡河,桥梁的东侧为一个西南走向的山脊,该山脊的平均海拔为2 000 m。如图4.8所示为计算区域海拔高度云图。可知,桥位处的海拔高程差接近 4 000 m。有限元计算模型采用四面体非结构化网格对区域进行离散,壁面网格高度为 8 m。计算区域网格划分如图 4.9 所示。为重点分析桥址区的风场,在桥址区周围局部网格划分较密,远离桥址区的区域划分相对较稀,计算区域共划分 231 万网格。

图 4.7　桥址区地形三维视图

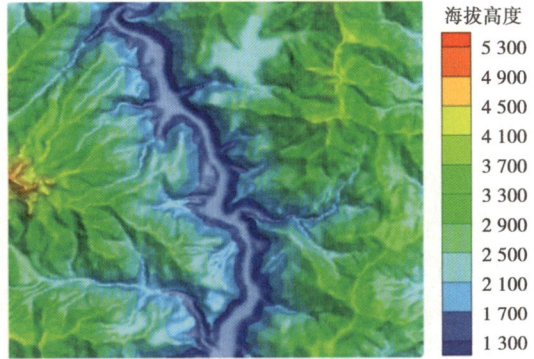

图 4.8　计算区域海拔高度

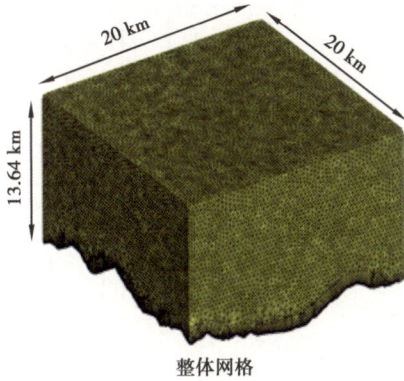

整体网格

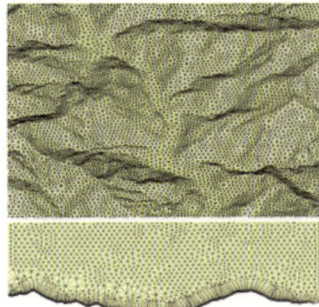

局部网格

图 4.9　计算区域网格划分

如图 4.10 所示为计算区域中地表网格划分示意图。大桥位于整个计算区域的正中央,桥位处的下游侧(南面)河流较弯曲,在下游约 1 000 m 处的河流发生突然转向,转向角度达到 90°。同时,大桥的东岸有一个突出山脊,该山脊的平均海拔高度为 2 000 m。大桥的轴线为东西走向,即如图 4.10 所示的直线。后续分析中将重点对该桥轴线上的计算结果进行讨论。

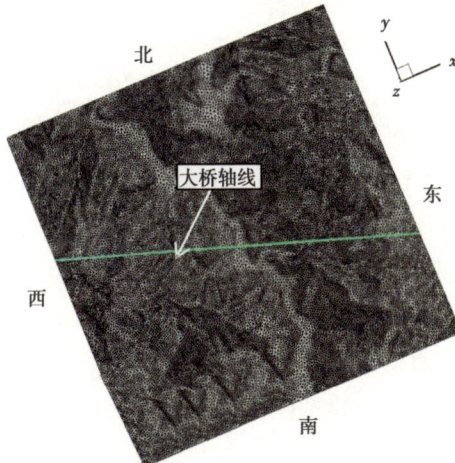

图 4.10　地表网格划分

4.3.2　边界条件

1) 入口风速

计算中,四周边界根据来流风向的不同分别设置为风速入口和压力出口边界,模型地表设置为壁面边界,顶面设置为压力出口边界条件。离地高 3 000 m 以上部分入口风速 V 取为梯度风速,离地高 3 000 m 以下部分按 B 类地表风速随高度变化的指数规律进行设置,高程 1 360 m 处为入口处谷底。入口风速随高度变化如图 4.11 所示。当梯度风速 V 取 50 m/s 时,入口处风速可表示为

$$\begin{cases} V = 50 \text{ m/s} & H(\text{高程}) > 4\ 360 \text{ m} \\ V = 50 \times \left(\dfrac{H - 1\ 360}{3\ 000}\right)^{0.16} \text{ m/s} & 1\ 360 \text{ m} \leqslant H \leqslant 4\ 360 \text{ m} \end{cases} \tag{4.7}$$

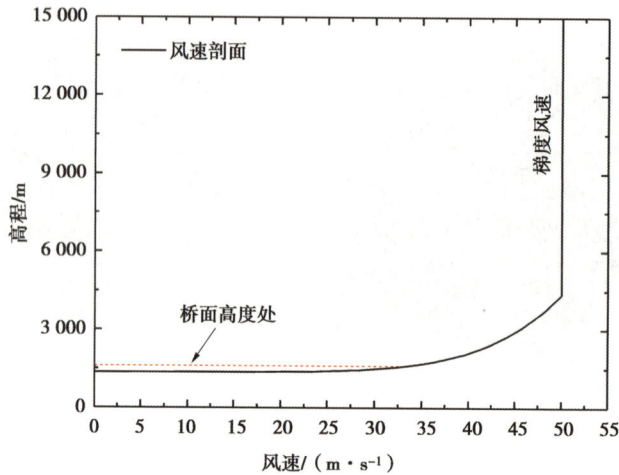

图 4.11　入口风速随高度变化

2) 温度边界

(1) 温度随海拔变化

Wallace 和 Hobbs 在 1977 年对美国的气象参数进行了实地调研,给出了美国标准大气温度垂直廓线,如图 4.12(a) 所示[133]。他们将大气沿垂直高度分为了对流层、平流层、中层及热层。大气中平流层底面高度一般离开地面 10 ~ 15 km,平流层中温度一般在 -70 ~ -40 ℃ 波动。因此,取桥址区的平流层底离开地面高度为 10 km。由于在平流层的下部存在一个约 10 km 高的等温层,因此,将离地高程 10 km 以上部分的入口温度取为恒温,数值取为对流层顶的温度值。离地高程 10 km 以下的对流层中按海拔升高 1 000 m,温度降低 6.5 ℃ 的线性变化规律进行设置[133-135]。计算区域中,最低海拔高程为 1 360 m,现场实测表明桥址区 6 月份的地表平均气温为 25 ℃。根据上述条件,计算区域入口处的梯度温度变化可表示为

$$\begin{cases} T = -40 \text{ ℃} & H(\text{高程}) > 11\ 360 \text{ m} \\ T = (25 - 0.006\ 5H) \text{ ℃} & 1\ 360 \text{ m} \leqslant H \leqslant 11\ 360 \text{ m} \end{cases} \tag{4.8}$$

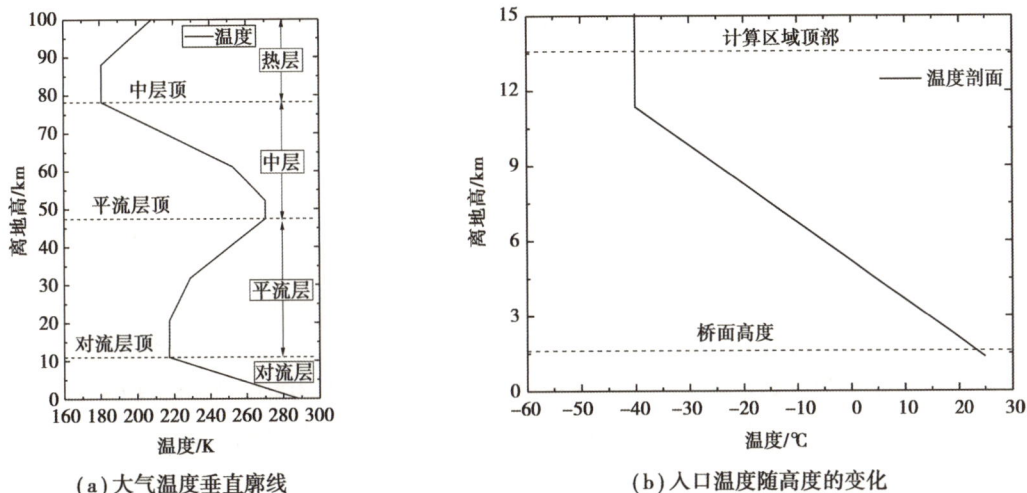

（a）大气温度垂直廓线　　　　　　（b）入口温度随高度的变化

图 4.12　温度随海拔变化

计算区域中的温度垂直廓线如图 4.12（b）所示。在 FLUENT 中,通过 UDF 编程将该梯度温度作为入口的温度边界条件。

（2）温度随时间变化

由于太阳照射的影响,地表和空气的温度在一天中是变化的。如图 4.13 所示为 2013 年 6 月份中下旬桥址区日温度现场实测波动规律。可知,桥址区每天温度的波动规律基本是一致的,8:00 左右开始升温,15:00 达到每天的最高温度。本书选用 Kuo 提出的经验公式对现场实测温度进行拟合[116],拟合后的桥址区日温度波动经验公式为

$$T = 23.77 + L\theta + 4.73 \sin(11.1t - 110) +$$
$$2.11 \sin(26t + 75) - 0.19 \sin(44.3t + 66) \tag{4.9}$$

式中　T——温度值,℃；

　　　L——相对观测点的海拔高程差,m；

　　　θ——温度随海拔变化梯度,取为 -0.0065 ℃/m；

　　　t——时间,h。

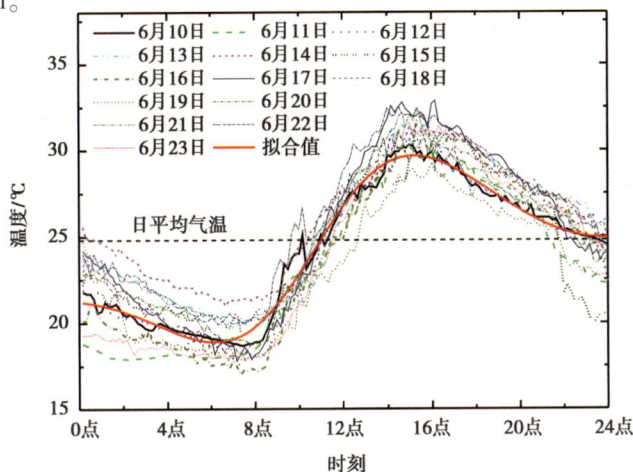

图 4.13　日温度波动实测值

日温波动曲线如图 4.13 所示的红色实线。可知,拟合曲线能较好地代表桥址区的温度变化趋势。在非定常计算中,入口处的温度边界条件用式(4.9)进行描述,在 FLUENT 中,也可通过 UDF 实现该入口温度的输入。

3) 太阳辐射

太阳辐射热量的大小用辐射强度来表示。它是指 1 m² 黑体表面在太阳照射下所获得的热量值,单位为 W/m²。太阳辐射热强度可用仪器直接测量。太阳射线在到达大气层上界时,垂直于太阳射线方向的表面上的辐射强度 $I_0 = 1\ 353$ W/m²。I_0 也称太阳常数,是当太阳与地球距离为平均值时测量的。当太阳辐射射线到达大气层时,其中一部分辐射能量被大气层中的臭氧、水蒸气、二氧化碳及尘埃等吸收,另一部分被云层中的尘埃、冰晶、微小水珠及各种气体等反射或折射,形成漫无方向的散射辐射,也称天空辐射。其余未被吸收和散射的辐射能,则仍按原来的辐射方向,透过大气层沿直线继续前进,到达地面,故称此部分为直射辐射。到达地面的太阳辐射能量是直射辐射和散射辐射能量之和。

太阳直射辐射是指太阳平行光线直接投射到地面上的能量,故是有方向的,它受到一系列的因素影响。散射辐射可认为没有方向性,在晴天它只占总辐射能量的小部分,因此,太阳直射辐射是影响总辐射的主要因素。获得太阳辐射热量的方法有两种:一种是根据多年气象观测的典型气象年全年气象参数的逐时数据获得的;另一种是根据经纬度、太阳高度角等参数计算获得的。

太阳辐射量的计算与很多因素有关,如太阳高度角、太阳方位角等,同时还随时间变化而不断变化。本研究中,由于缺少太阳辐射现场实测值,太阳辐射的强度采用 FLUENT 的理论计算值。因此,在非定常计算中,通过 UDF 编程获取太阳辐射强度随时间的变化数据。在 2013 年 6 月 20 日,桥位处晴天太阳辐射的理论强度随时间的变化关系如图 4.14 所示。

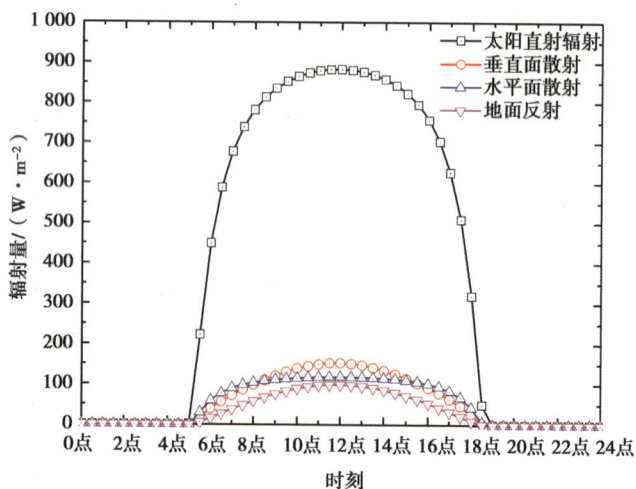

图 4.14　太阳辐射变化(2013 年 6 月 20 日)

4.3.3　工况设置

为考察风速和温度沿河谷的变化规律,在有限元模型中沿河谷从北至南设置了11个数据观测点。这11个数据观测点均位于河谷中央,海拔高度和大桥桥面高度一致,即海拔高度为1 608 m。数据观测点的具体布置如图4.15(a)所示的P_1—P_{11}。为研究主梁不同位置处的风特性变化规律,沿大桥主梁纵向等间距设置9个数据观测点(见图4.15(b))。同时,为分析桥址区风速沿高度方向的变化规律,在主梁1/4跨、2/4跨和3/4跨处布置风剖面数据观测点,风剖面观测点中距离主梁较近处的观测点较密,风剖面最高观测点距离地面达2 500 m,风剖面观测点布置如图4.15(b)所示。

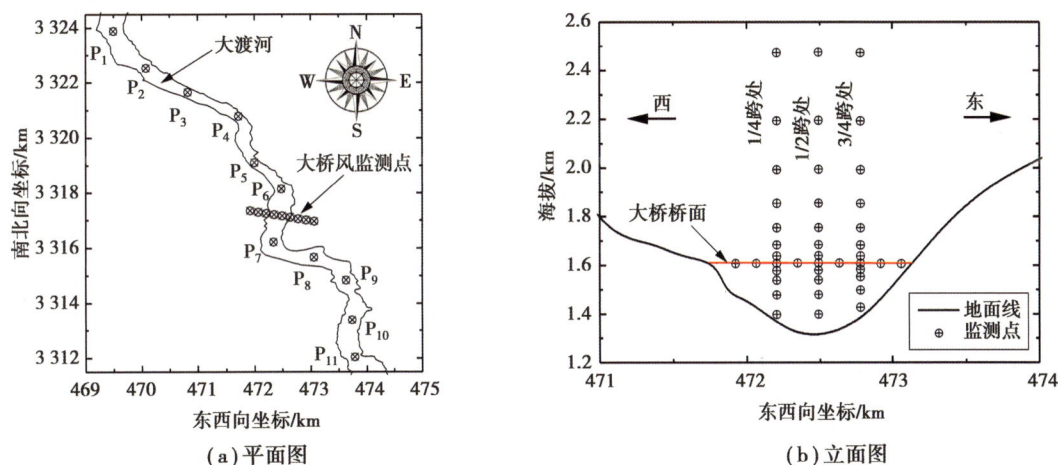

（a）平面图　　　　　　　　　　　　　（b）立面图

图4.15　观测点位置示意

计算工况的设置见表4.1。为分析不考虑热力效应时桥址区的风特性,设置仅考虑来流风速为50 m/s的计算工况1。为了研究山体温度梯度、太阳辐射、空气密度梯度及温度梯度等热力效应对风场的影响,设置了来流风速为0.0 m/s的工况2—工况6共5种计算工况。同时,为考察组合风速下桥位处风场变化规律,结合桥位处的地形特点,设置了4种不同来流风速下的计算工况,分别是工况7—工况11。这几个计算工况重点考察不同来流风速下桥位处的风速和温度变化情况,并且将这几个计算工况的结果与不考虑热力效应的计算结果进行对比分析,工况11和工况12为考察不同来流风向下流场的变化情况。工况13为非定常计算分析,该工况模拟分析了一天中桥址区温度和风速的变化情况。

表4.1　工况列表

工况编号	来流风向	来流梯度风速/(m·s⁻¹)	山体温度梯度	太阳辐射	密度梯度效应	来流温度梯度	备注
1	顺河道北风	50.0	不考虑	不考虑	不考虑	不考虑	仅考虑来流风速
2	顺河道南风	0.0	不考虑	不考虑	不考虑	不考虑	仅考虑热力效应
3	顺河道南风	0.0	考虑	不考虑	不考虑	不考虑	
4	顺河道南风	0.0	考虑	考虑	不考虑	不考虑	
5	顺河道南风	0.0	考虑	考虑	考虑	不考虑	
6	顺河道南风	0.0	考虑	考虑	考虑	考虑	

续表

工况编号	来流风向	来流梯度风速/(m·s⁻¹)	山体温度梯度	太阳辐射	密度梯度效应	来流温度梯度	备注
7	顺河道南风	1.0	考虑	考虑	考虑	考虑	同时考虑来流风速和热力效应
8	顺河道南风	2.0	考虑	考虑	考虑	考虑	
9	顺河道南风	5.0	考虑	考虑	考虑	考虑	
10	顺河道南风	10.0	考虑	考虑	考虑	考虑	
11	顺河道南风	50.0	考虑	考虑	考虑	考虑	来流风向的影响
12	顺河道北风	50.0	考虑	考虑	考虑	考虑	
13	顺河道南风	50.0	考虑	考虑	考虑	考虑	非定常

注:1. 风向如图 4.16 所示。

2. 表中定常计算时的太阳辐射,山体温度等气象参数均采用 2013 年 6 月 20 日 16:00 的数值。

4.4 结果分析

4.4.1 仅考虑来流风速

大桥位于地形较复杂的高海拔峡谷区,为保证后续热力计算中数值计算的可靠性,首先将不考虑热力效应的数值计算结果与风洞地形模型试验结果进行对比。数值计算的相关参数设置见表 4.1 中的工况 1。工况 1 中,来流梯度风速为 50 m/s,不考虑热力效应的影响。桥址区地形

图 4.16 风向示意图

模型风洞试验在 XNJD-3 风洞中进行,该风洞试验段的尺寸为 36.0 m(长)×22.5 m(宽)× 4.5 m(高),系世界最大的边界层风洞。为更真实地反映桥址区的风特性,地形模型应包括足够的范围,考虑 XNJD-3 风洞试验段较宽的特点,并兼顾实际桥址区地形的起伏状况,将地形模型的范围确定为以桥址区为中心、直径为 18.0 km 的圆形区域,地形模型的缩尺比定为 1/2 000。如图 4.17 所示为地形模型风洞试验照片。

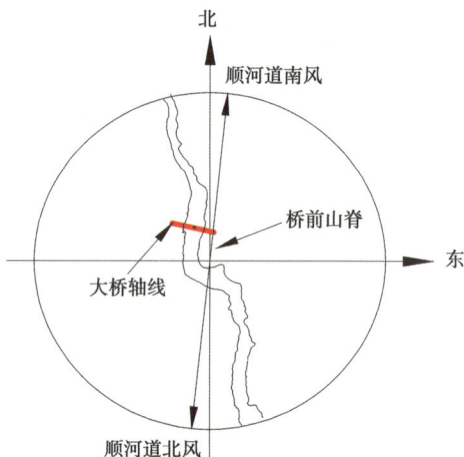

(a)地形模型　　　　　　　　(b)沿河道局部地形

图 4.17 地形模型风洞试验

沿河道北风来流工况下主梁高度处风速、风攻角和跨中处风剖面的数值计算结果与风洞实验结果的对比如图 4.18 所示。由图 4.18(a)可知,在典型北风工况下,主梁上风洞试验与数值计算的结果变化规律基本一致,即主梁风速沿纵向分布明显不均匀,这是因东侧山体对流场的影响较大,使靠近山体侧主梁的风速减小明显。由图 4.18(b)可知,风攻角采用数值计算的结果与风洞试验结果较为一致,因东侧山体对来流的阻挡作用导致靠近山体侧主梁上的风攻角明显增大,并且为正攻角。图 4.18(c)为主梁跨中处的风剖面对比。可知,跨中处风剖面近似于指数变化,数值计算与风洞试验的结果在变化规律上是一致的。

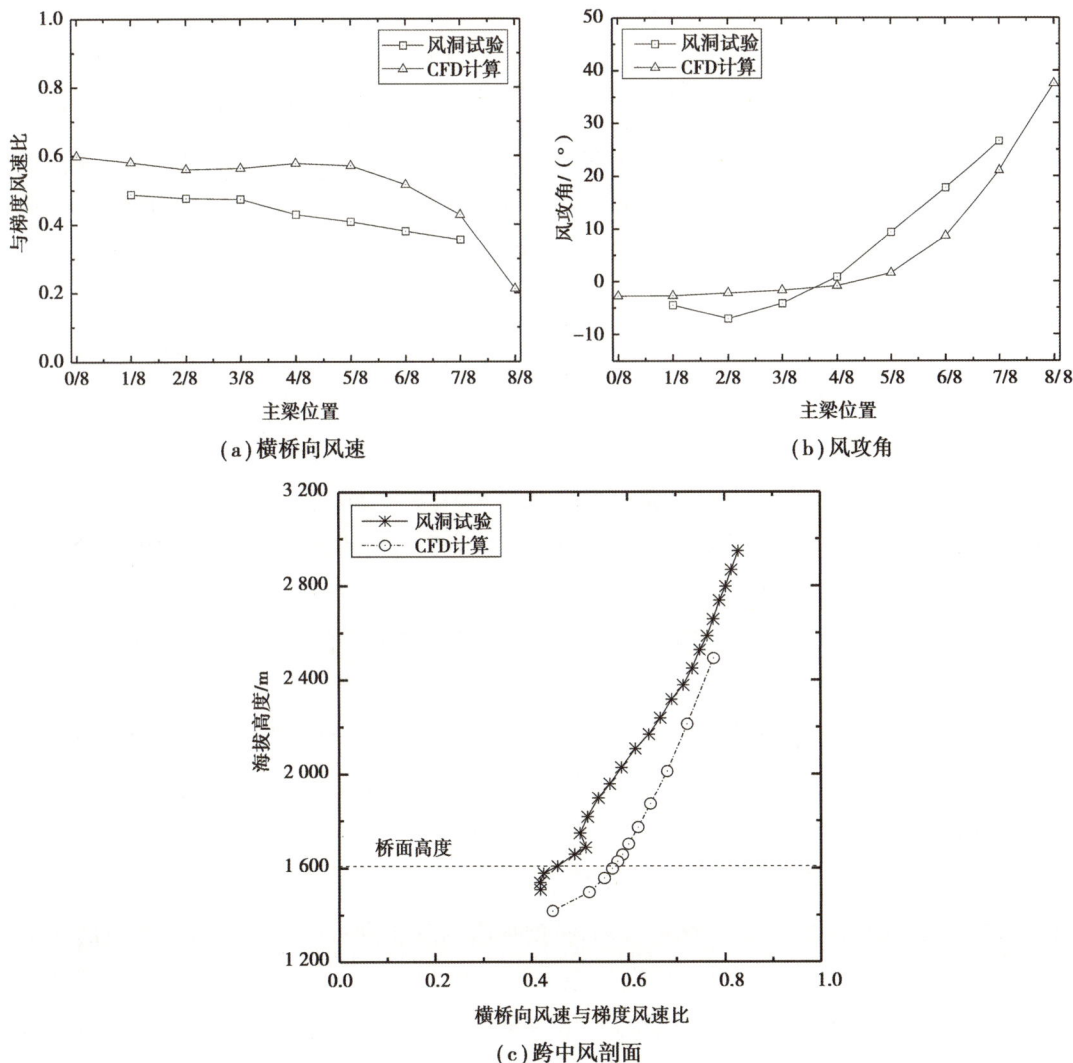

（a）横桥向风速

（b）风攻角

（c）跨中风剖面

图 4.18　与风洞试验对比

因此,数值计算结果与风洞试验结果在总体规律上是一致的,数值计算结果基本能反映桥位处的风场流动整体规律。表明,该数值模型是基本可靠的,可用于后续的考虑热力效应桥址区的风特性数值模拟分析。

4.4.2　仅考虑热力效应

工况2—工况6进行了来流风速为0.0 m/s时,分别考虑山体温度、太阳辐射、空气梯度密度及空气梯度温度4个热力因素的数值模拟分析,讨论了各种影响因素对桥址区温度、空气密度和风速的影响。

1)温度

不同工况下桥址区地表温度如图4.19所示。由图4.19(a)可知,当所有热力因素均不考虑时,桥址区的地表温度是均匀的。由图4.19(b)可知,仅考虑地表因海拔高差引起的梯度温度后,地表温度的计算结果呈现出随海拔高度增加而温度递减的情况。在海拔较高的西侧山顶地表温度趋于0.0 ℃,桥址区河谷内底部温度较高,达到了28.0 ℃,整个计算区域地表温度表现出和海拔高度线性相关的变化规律。由图4.19(c)可知,同时考虑地表梯度温度和太阳辐射后,在太阳照射面山体上的地表温度较高,最高温度达到42.0 ℃,较不考虑太阳辐射时升高了15.0 ℃。在太阳不能直射的背太阳侧山体上温度较低,这与桥位处现场考察规律是基本一致的。由图4.19(d)可知,考虑空气密度梯度后,地表温度有进一步升高的趋势,这是由于计算域中的空气总质量较不考虑空气密度梯度时有明显减小,因此,空气对流带走热量的能力有所减弱。此时,地表的最高温度达到了47.0 ℃,最高温度出现的位置并不是在海拔最低处的河谷位置,而是海拔相对较低且太阳也能直射到的山坡上。图4.19(e)为4个因素同时考虑后地表温度的分布,与图4.19(d)相比,考虑空气梯度温度后地表的温度有所降低,这是因高空的冷空气会明显向下沉降,从而带走地表部分热量,使地表温度有所降低。

不同工况下桥轴线剖面的温度如图4.20所示,可知,增加地表温度效应、太阳辐射效应和空气密度梯度效应后,桥轴线剖面上的温度云图有明显改变,这几个热力因素对计算域内的温度场影响均较明显。当所有热力因素均不考虑时,桥轴线剖面上的温度如图4.20(a)所示。可知,整个断面温度是均匀的,此时空气没有因热力而发生对流。图4.20(b)—(d)分别为考虑不同热力因素后的温度云图。可知,考虑地表温度效应后桥轴线上的温度明显升高,同时地表散发出热量使得靠近地表的空气温度升高更加明显。热量在河谷位置处有聚集的现象,这是因河谷底部存在较大的漩涡区。考虑太阳辐射后,太阳直射山体的温度较高,同时地表热量传递至空气中使靠近地表的空气温度也较高。考虑空气密度梯度和温度梯度后整个断面上的对流更强烈,导致整个断面温度更趋于不均匀,并且高空的冷空气有明显下沉现象,导致地表温度有所降低。

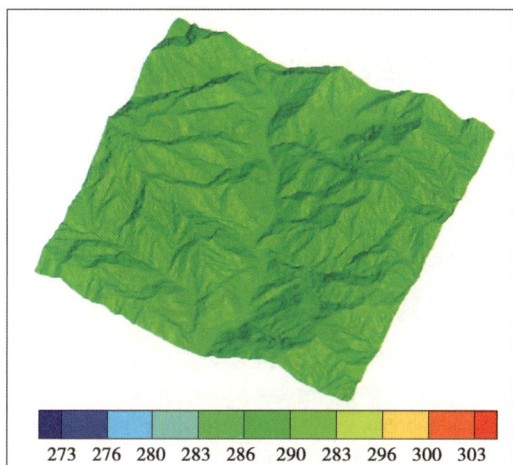

（a）工况2

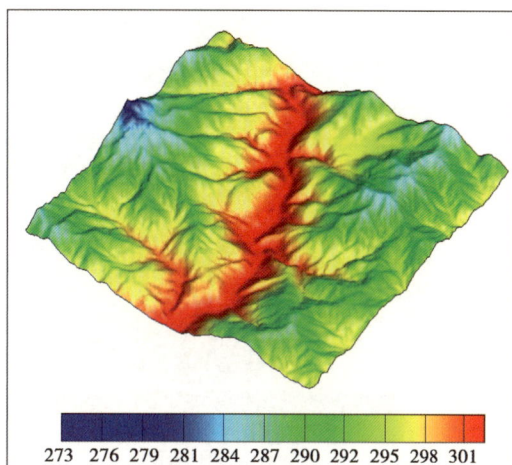

（b）工况3

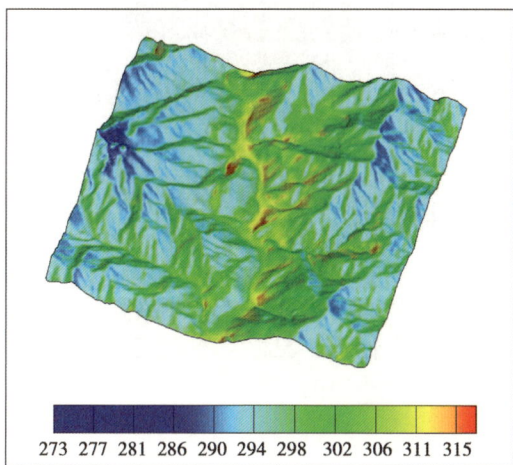

（c）工况4

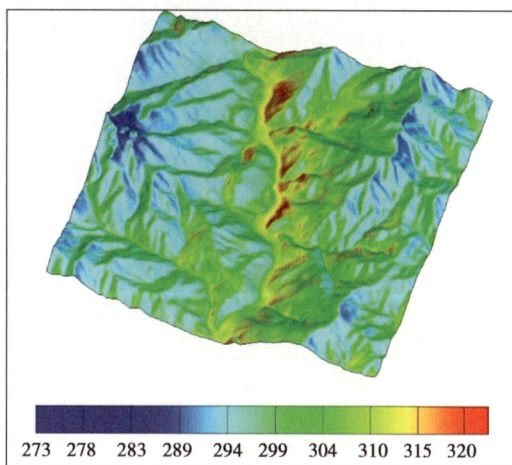

（d）工况5

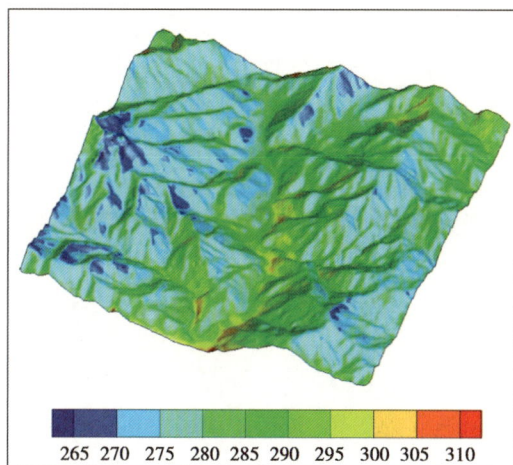

（e）工况6

图 4.19　桥址区地表温度（单位：K）

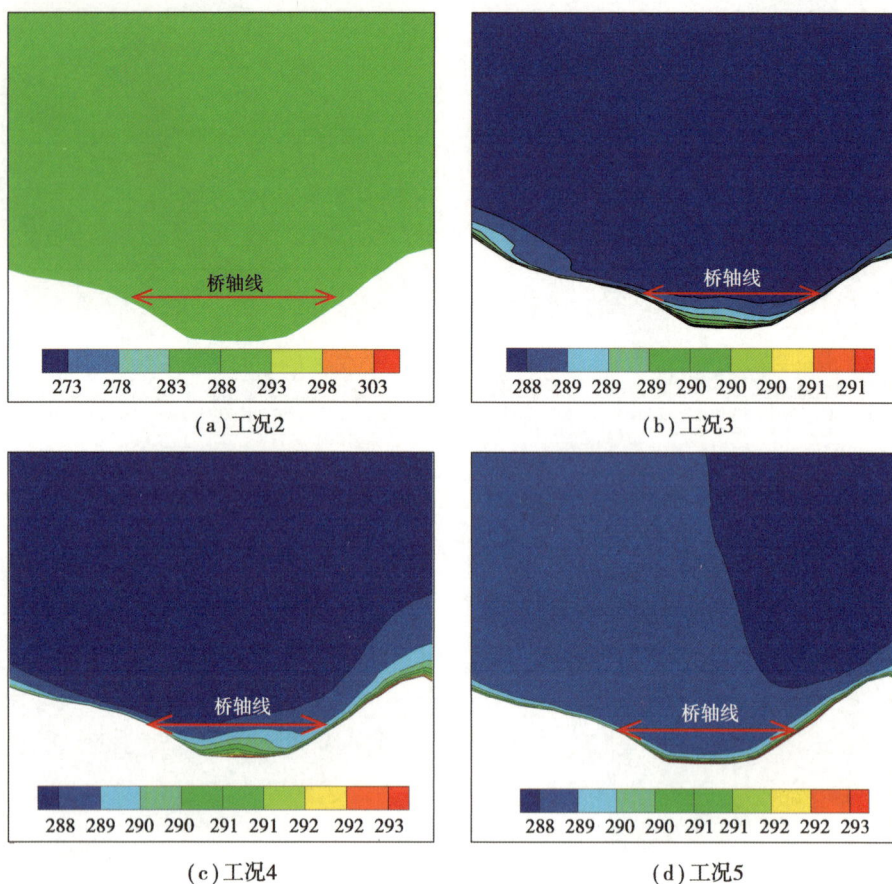

图4.20　桥轴线剖面温度(单位:K)

2)空气密度

不同工况下桥轴线剖面的密度变化如图4.21所示,工况2—工况4均没有考虑空气的密度梯度,因此,空气密度在整个计算区域内是均匀的,其数值等于来流空气密度。这3个工况桥轴线剖面上的空气密度如图4.21(a)所示。工况5和工况6考虑了空气密度梯度,其计算结果如图4.21(b)、(c)所示。可知,空气密度随着海拔和温度的变化而变化,在较低海拔的河谷内密度较大,随着海拔高度的增加,空气密度有明显减小,且这种减小的量级已不能轻易忽略。

3)风速

不同工况下桥轴线剖面的竖向风速如图4.22所示。由图4.22(a)可知,当所有因素均不考虑时,桥位处的最大竖向风速仅为0.01 m/s,基本趋于0.0 m/s。当考虑地表温度效应后的竖向风速如图4.22(b)所示。可知,此时竖向风速有明显的增加,在东侧山坡上的最大竖向风速达到了3.0 m/s,并且在桥面上空形成了一个明显的漩涡区域。图4.22(c)为地表温度效应和太阳辐射同时考虑后的竖向风速云图。可知,竖向风速有进一步增加,大风的区域有明显扩大,同时因右侧河岸山体受到太阳辐射的影响更明显,使右侧山坡上空也出现明显的上升气流区。考虑温度梯度和密度梯度后的竖向风速如图 4.22(d)、(e)所示。可知,增加这两个因素后,竖向风速有所降低,这是因地表温度受高空冷空气的作用而降低,从而进一步导致风速有所减小。

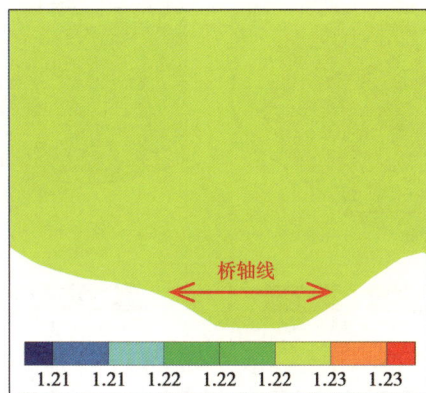

(a)工况2—工况4

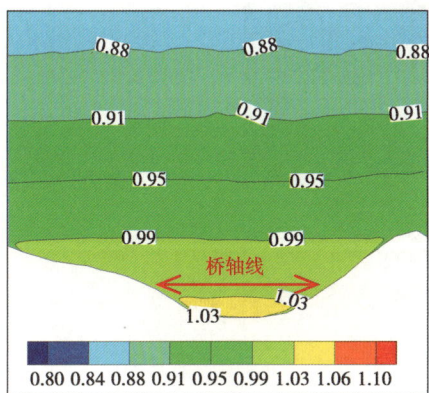

(b)工况5

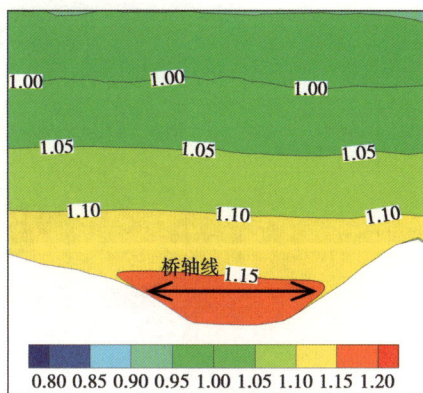

(c)工况6

图 4.21　桥轴线剖面密度(单位:kg/m³)

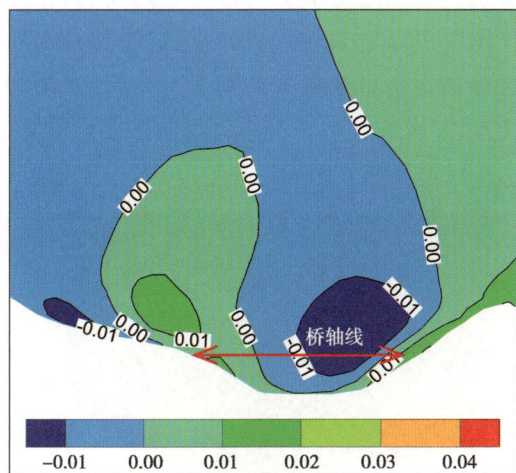

(a)工况2

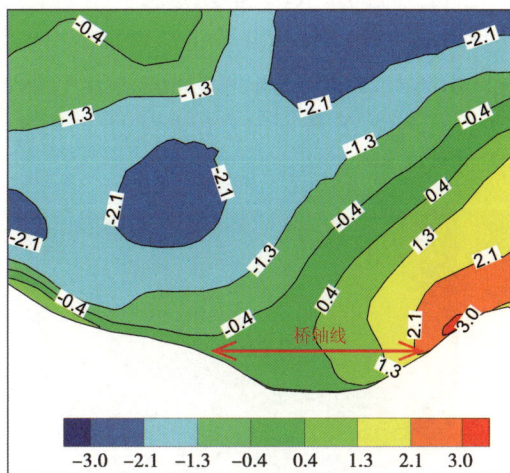

(b)工况3

(c) 工况4

(d) 工况5

(e) 工况6

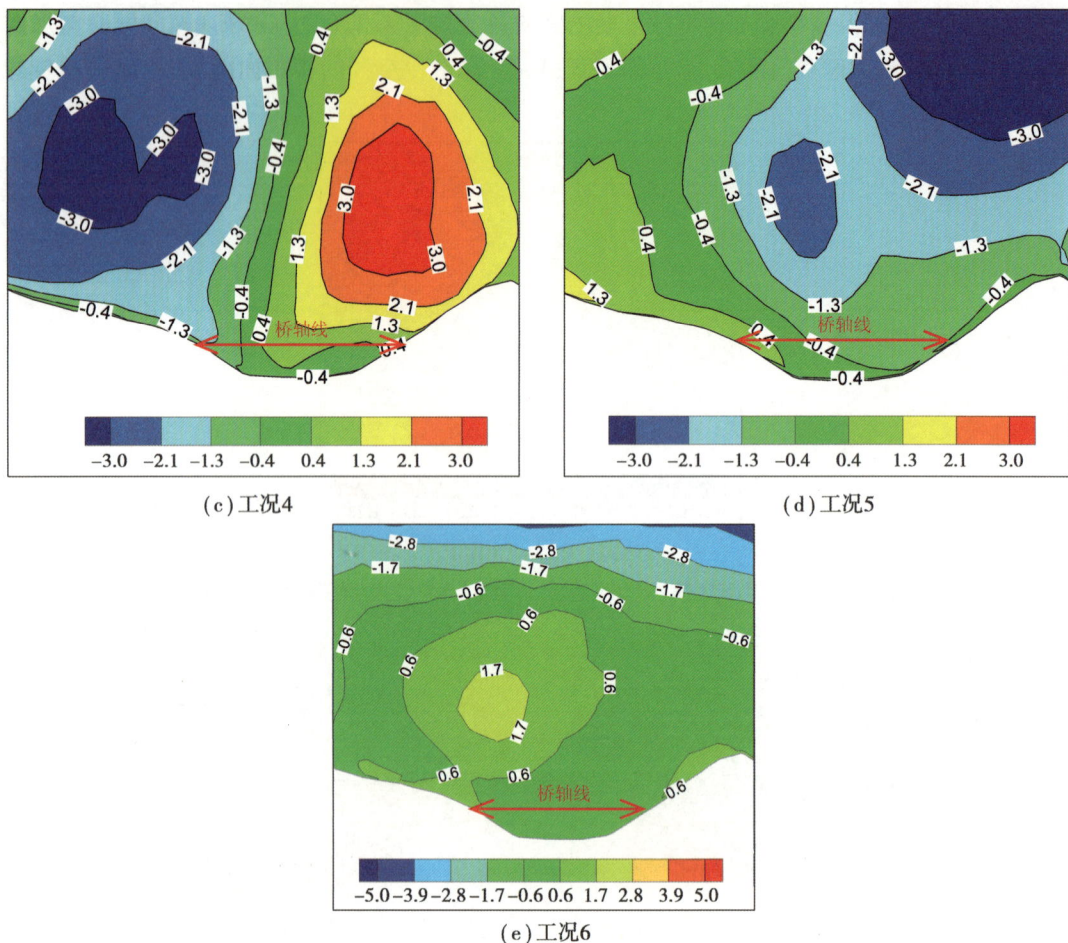

图 4.22　桥轴线剖面竖向风速(单位:m/s)

不同工况下桥轴线剖面水平风速如图 4.23 所示。由图 4.23(a)可知,当所有因素均不考虑时,桥位处的最大风速均接近于 0.0 m/s,与来流风速相当。由图 4.23(a)—(e)可知,考虑各种影响因素后,风速开始迅速增加,特别是当考虑地表温度效应后,水平风速增加最为明显。由图 4.23(b)可知,考虑地表温度后桥面高度处的水平风速最大达到了 5.2 m/s。由图 4.23(e)可知,当所有因素均考虑时,桥面高度处的风速在 6.0 m/s 左右。由上述分析可知,在所有的影响因素中,地表温度效应对桥址区的水平风速影响最明显。

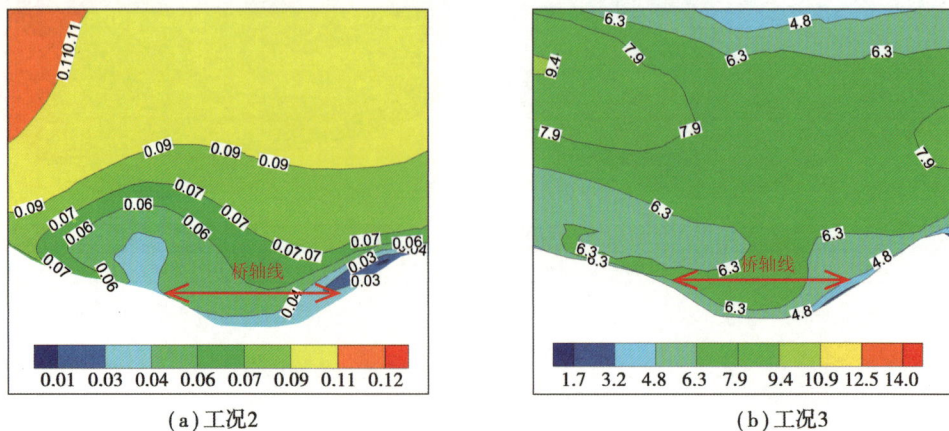

(a) 工况2

(b) 工况3

(c) 工况 4　　　　　　　　　　　　　　　　(d) 工况 5

(e) 工况 6

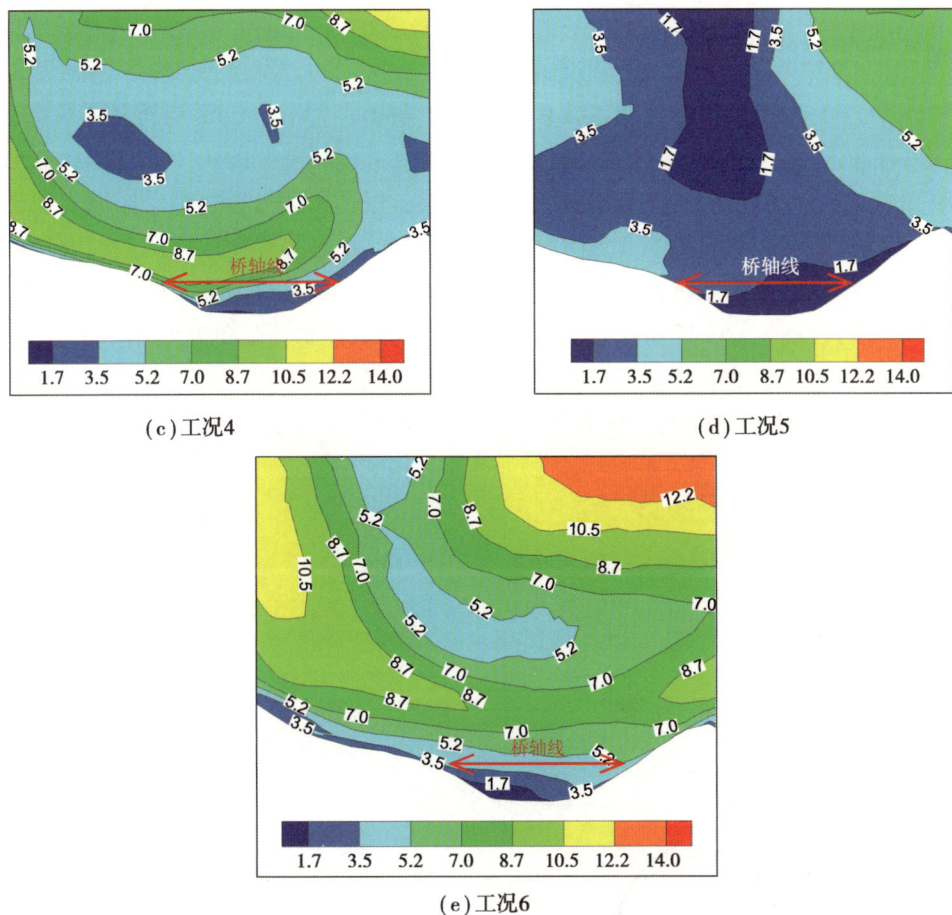

图 4.23　桥轴线剖面-水平风速(单位:m/s)

不同工况下主梁总风速的变化如图 4.24 所示。不考虑热力效应时,主梁高度处的风速趋于 0.0 m/s;考虑不同的热力影响因素后,主梁高度处的风速在 2.5～6.4 m/s 变化。计算表明,热力效应可引起风速较大的局部大风。对比几个影响因素可知,山体的局部温差和太阳辐射是引起局部大风的主要因素。考虑空气的密度梯度后,温度变化对密度的影响减小,风速有所降低;考虑空气温度梯度后,垂直高度上温度的变化量增加,风速又有一定程度的增加。

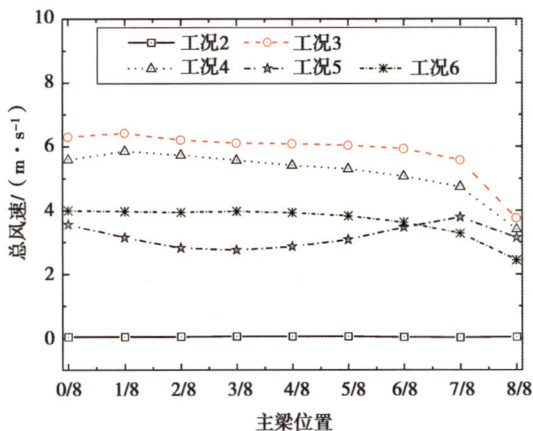

图 4.24　主梁高度处风速

4）桥轴线剖面流线

不同工况下桥轴线剖面的流线如图4.25所示。由图4.25（a）可知,当所有因素均不考虑时,桥位处存在两个较小的漩涡区域,整体流动趋势为从右到左。图4.25（b）为考虑地表温度效应后的流线。此时,整个区域的流动趋势为自左向右,并且可看出整个区域表现出高空空气向下流动的特性。图4.25（c）为同时考虑太阳辐射和地表温度效应后的流线。在桥面高度处有一个明显的漩涡区域,在漩涡的边缘风速较大,并且在桥面高度处仍然表现出至左向右的流动特性。图4.25（d）和（e）为考虑密度梯度和温度梯度后的流线图。可知,考虑这两个影响因素后桥位处的流动显得更加紊乱,特别是在图4.25（e）中,存在着较大的漩涡区域,桥面高度处沿桥轴线方向的空气流向和攻角均有明显的变化。

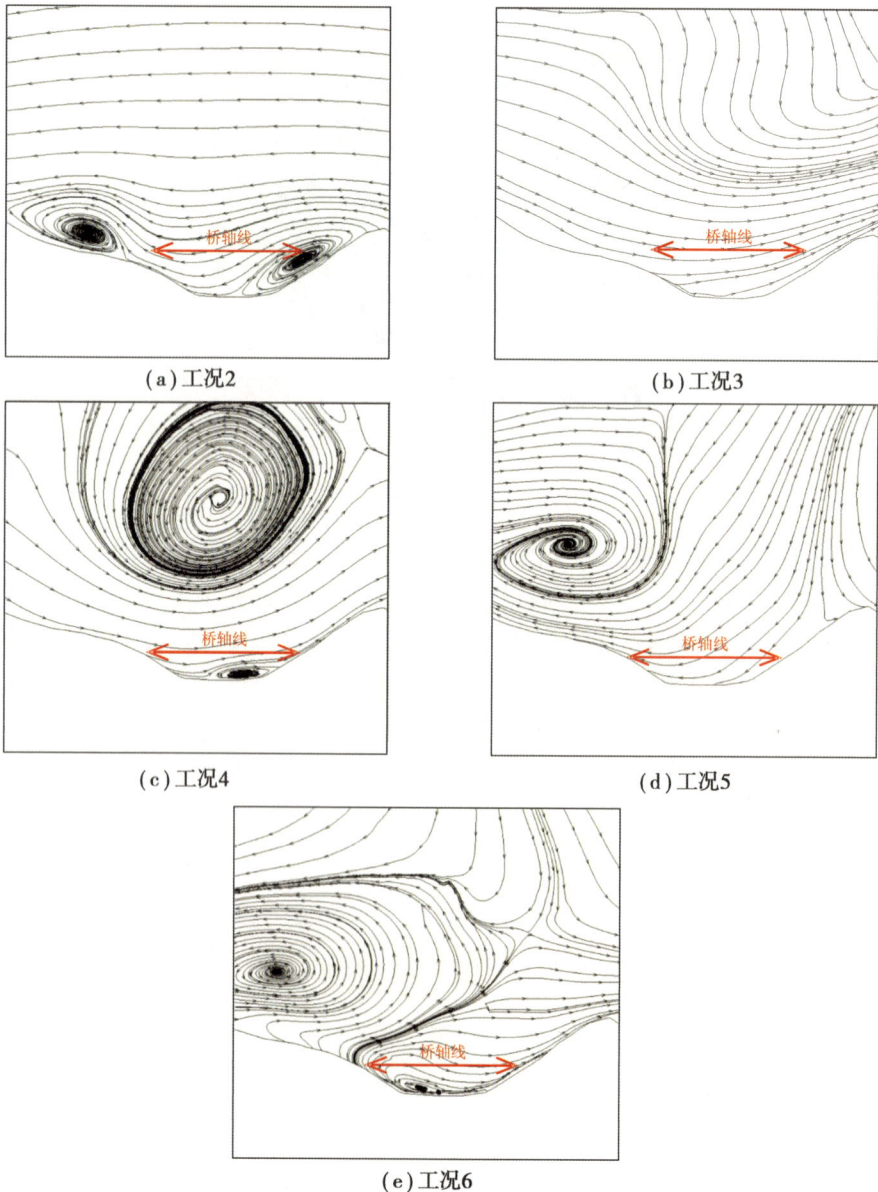

（a）工况2

（b）工况3

（c）工况4

（d）工况5

（e）工况6

图4.25　桥轴线剖面流线

4.4.3　同时考虑热力效应与来流风速

分别设置来流风速为 0.0,1.0,2.0,5.0,10.0,50.0 m/s 的计算工况,分析了不同风速下桥位处考虑热力效应后的风速变化规律,对应表 4.1 中的工况 6—工况 11。

不同来流风速时沿大桥主梁纵向的风速变化如图 4.26 所示。由图 4.26(a)可知,主梁高度处的风速在不考虑热力效应时,因山体的遮挡效应,当来流风速较小(来流风速小于 2.0 m/s)时桥面高度处的风速均趋于 0.0 m/s,当来流风速增加到 5.0 m/s 时桥面高度处的风速沿桥轴线分布开始明显不均匀,山体遮挡较少的西侧主梁上风速较大,遮挡较多的东侧主梁上风速较小。由图 4.26(b)可知,主梁高度处的风速在考虑热力效应后,即使来流风速较小时(来流风速小于 2.0 m/s)主梁高度处的风速也为 4.0 m/s 以上,表明热力效应的作用导致桥位处的风速有明显增加。对比图 4.26(a)和(b)可知,来流风速小于 5.0 m/s 时是否考虑热力效应对桥面高度处的风速影响明显,表明在低来流风速时热力效应起到了主导作用。但当来流风速大于 5.0 m/s 后,对遮挡较少的西侧主梁上是否考虑热力效应对桥面高度处的风速影响并不明显。这也表明,在高风速时热力效应的影响开始迅速减弱,动力效应开始起到主导作用。

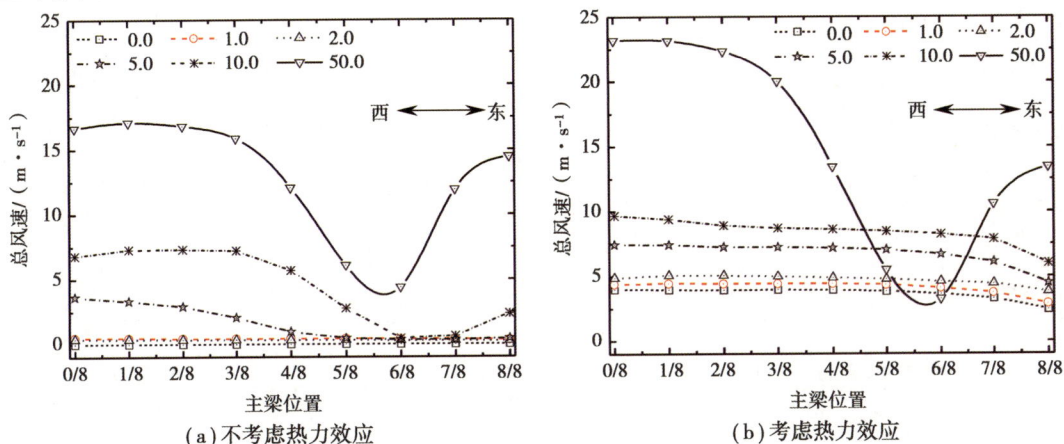

图 4.26　不同来流风速时主梁高度处风速

不同来流风速下跨中处的风剖面如图 4.27 所示。由图 4.27(a)可知,不考虑热力效应且来流风速小于 2.0 m/s 时,主梁上的风速均较小,3 个方向上的风速随着来流风速的增加而略有增加。由图 4.27(b)可知,考虑热力效应后,即使来流风速较小时,跨中处仍然有较大的风速。对比图 4.27(a)和(b)可知,是否考虑热力效应对低来流风速下的风剖面影响明显,当风速增大后高空受热力的影响明显已减弱,但离地较近区域仍然受到热力效应的影响。同时,也进一步表明,当来流风速较低时桥位处受热力影响更明显,风速较高时动力效应占据主导位置,此时桥位处的风速主要是受到地形和来流风速的共同影响。

沿河谷的风速变化如图 4.28 所示。由图 4.28(a)可知,当不考虑热力效应且来流风速小于 5.0 m/s 时,河谷内的风速也较小,此时河谷内的风速和来流风速基本呈线性相关。由图 4.28(b)可知,来流风速小于 5.0 m/s 的 4 个工况中河谷内的风速与来流风速大小相关性不大,这表明此时热力效应发挥主导作用。但当来流风速大于 5.0 m/s 时,其计算结果与是否考虑热力效应相关性不明显,这表明在大风速来流情况下局部地形的影响更明显,此时来流风速和局部地形决定了桥址区风场的分布情况。

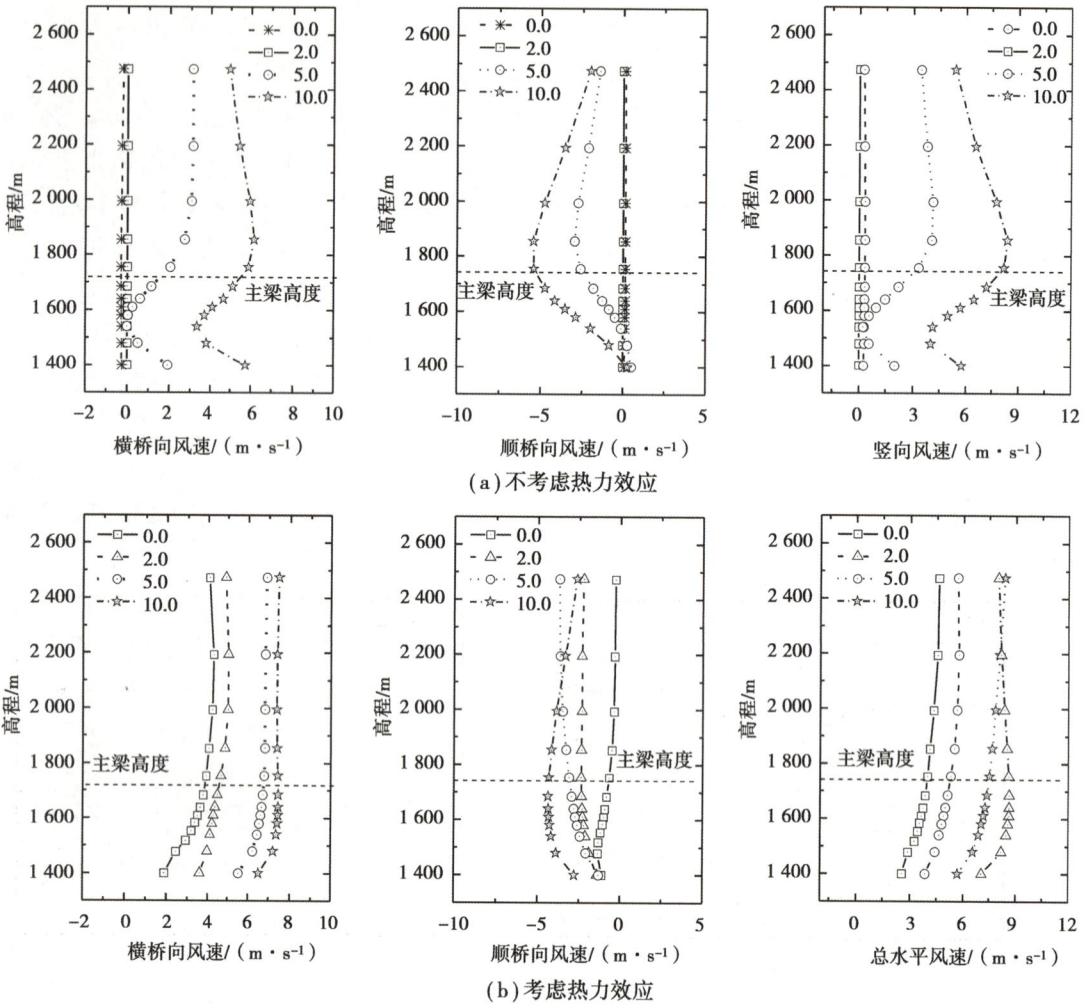

(a)不考虑热力效应

(b)考虑热力效应

图 4.27　不同来流风速时风剖面随时间变化

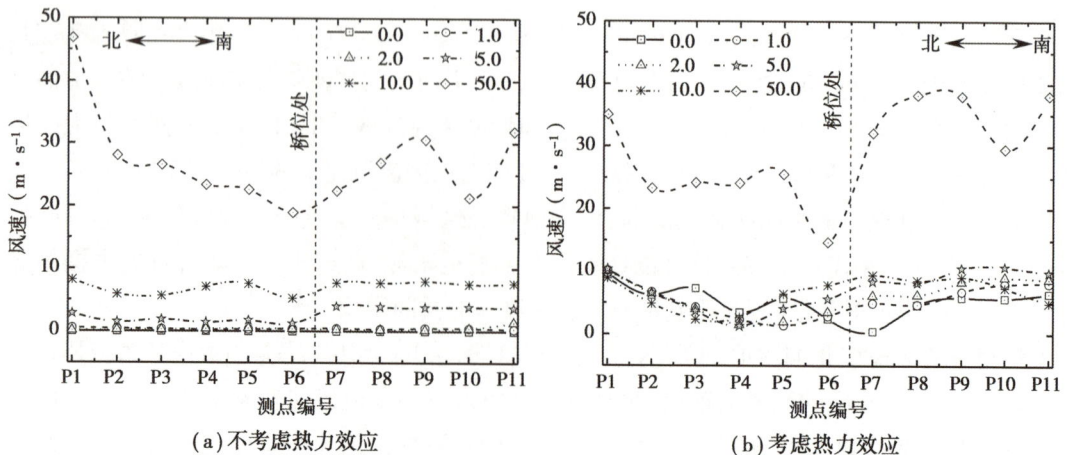

(a)不考虑热力效应　　　　　　(b)考虑热力效应

图 4.28　不同来流风速时沿河谷风速变化

4.4.4　来流风向的影响

　　为考察来流风向的影响,分别设置了南风和北风两个来流风向,来流梯度风速为 50 m/s (对应工况 11 和工况 12)。不同来流风向下风速沿主梁的分布如图 4.29 所示。由图 4.29 (a)可知,是否考虑热力效应对横桥向风速和竖向风速的影响不明显,但考虑热力效应后顺桥向的风速增加较为明显。同时,来流风向为南风时沿主梁纵向的风速分布均明显不均匀,因西侧山体的遮挡效应较少,西侧主梁的风速明显较东侧主梁的风速要大,东侧绝大部分主梁段上的风速接近 0.0 m/s,说明在该工况下桥位处局部地形的遮挡效应是影响主梁风速的主要因素。图 4.29(b)为北风工况下沿主梁的风速分布。可知,在北风工况下是否考虑热力效应横桥向和竖向的风速变化不明显,但主梁上顺桥向的风速考虑热力效应后均有一定程度的增加,这与南风工况时的变化规律是一致的。热力效应主要引起山谷风,受桥位处地形影响,山谷风的方向与主梁顺桥向基本一致。

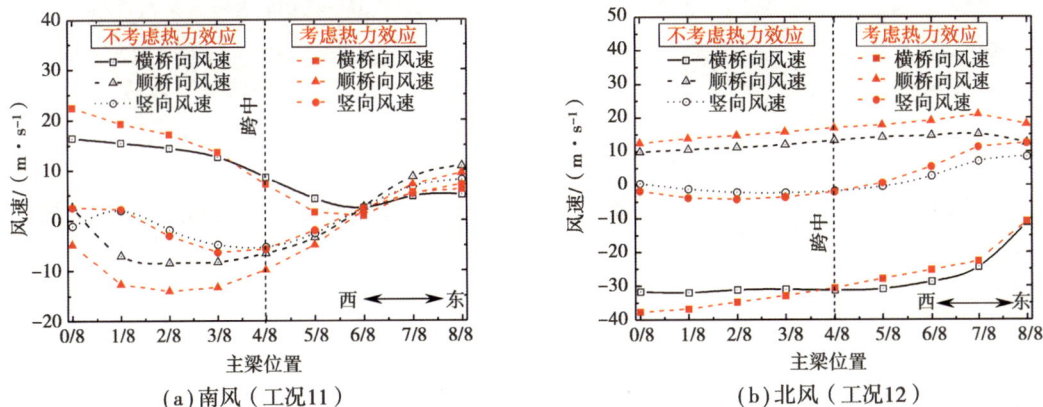

(a)南风(工况11)　　　　　　　　　　　(b)北风(工况12)

图 4.29　风速沿主梁分布

　　不同风向下沿河谷的风速变化如图 4.30 所示。由图 4.30(a)可知,考虑热力效应对桥位处附近河谷内的风速影响不明显,且在南风工况下主梁跨中位置处的风速均较河谷其他位置处的要小,分析原因主要是在南风工况下桥梁来流方向东岸的山体遮挡效应造成的。同时,桥位下游侧(南)受热力效应的影响更明显。图 4.30(b)为典型北风工况下沿河谷的风速变化情况。在北风工况时,桥位处的风速较大,因此时山体位于来流的下游侧,山体对主梁的遮

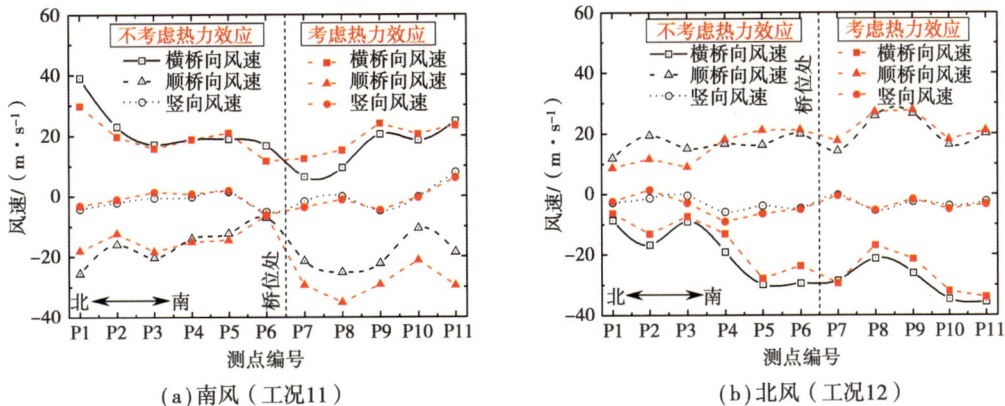

(a)南风(工况11)　　　　　　　　　　　(b)北风(工况12)

图 4.30　风速沿河谷分布

挡作用不明显。可知,在北风工况下,热力效应的影响较南风工况时要小。这也说明,河道与来流方向较一致时,河谷内的热量可较好地被气流带出河谷,因此,热力效应引起的风速变化也相应减小。

不同来流风向时,地表的温度分布如图 4.31 所示。计算中设置的太阳辐射参数是 16:00 时,无论是南风工况还是北风工况,在太阳直射侧的河谷东侧山体以及整个河谷内温度明显较其他区域要高,最高温度出现在太阳直射的山坡上,达到了 38 ℃,整个地表的温度随着海拔高度的增加而降低,在海拔较最高的山顶温度已趋于 0 ℃。由地表的温度场分布可知,桥址区附近的地表温度差异明显,最大温差已超过 30 ℃。

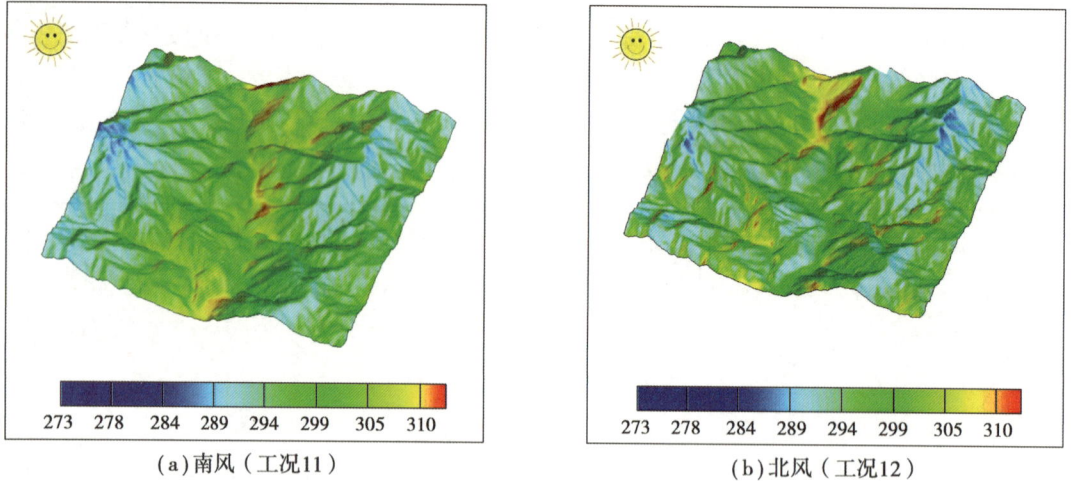

（a）南风（工况11）　　　　　　　　　（b）北风（工况12）

图 4.31　地表温度(单位:K)

4.4.5　考虑时间效应

为考察一天中不同时刻桥位处的风速和温度变化规律,在 FLUENT 中设置了相应的计算工况。计算参数的设置见表 4.1 中的工况 13。主梁跨中位置处风速和温度随时间的变化如图 4.32 所示。主梁跨中处一天中的最低温度出现在 6:10,其最低温度为 13.6 ℃。当太阳照射到桥位处地表后,桥位处的温度开始迅速升高,到 15:30 达到一天中的最高温度,此时最高温度为 25.5 ℃。随着时间的推移,太阳辐射开始减弱,桥位处的温度又开始下降,到 22:00

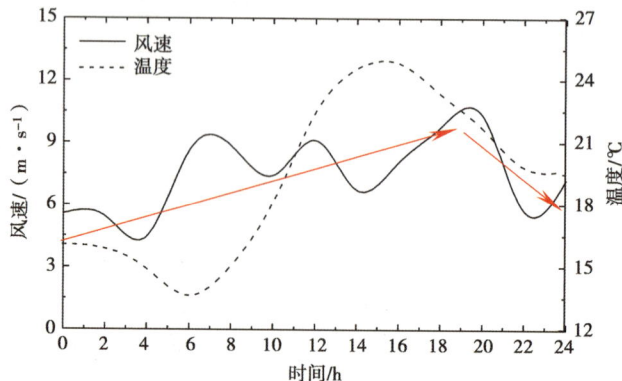

图 4.32　风速和温度随时间变化

桥位处的温度降为 19.7 ℃,比最高温度降低了 5.8 ℃。由整个温度变化曲线可知,一天中主梁跨中处温差为 11.9 ℃,因该温度差异的存在,导致桥位处的风速在一天中也有一定的变化。主梁跨中处的风速呈现出从早上开始逐渐增加然后从傍晚开始逐渐减小的变化趋势,一天中的最小风速出现在 4:00,最低风速为 3.9 m/s,最大风速出现在 19:20,最大风速为 10.6 m/s。该计算结果进一步表明,桥位处的风速波动规律与桥位处的温度变化密切相关,同时也说明桥位处的日常大风与桥位处的热力效应密切相关。

主梁高度处风速和温度变化如图 4.33 所示。由图 4.33(a)可知,所有时刻内靠近东岸山体的主梁上风速较小,靠近西侧的主梁上风速较大,这表明东侧山体对主梁上风速的影响较为显著。同时,不同时刻时主梁的风速是变化的,风速波动幅值在 5.0 m/s 左右。通过之前的分析表明,该部分风速应是由温度变化而引起的。由图 4.33(b)可知,从 14:00 开始主梁上的温度是逐渐降低的,特别是从 18:00 开始主梁上温度的降低非常明显,到 22:00 时桥面处温度在 20 ℃ 附近。14:00—16:00 主梁跨中位置处的温度明显较主梁两端的温度高,这是由于此时太阳辐射强度较强,整个河谷内的地表温度均较高,河谷中央较高温度的空气受到浮力的作用向上流动,因此造成了主梁跨中位置处的温度较高。到太阳不能直射桥位处地表时,地表温度开始趋于均匀,因此,主梁高度处的温度也逐渐趋于均匀。

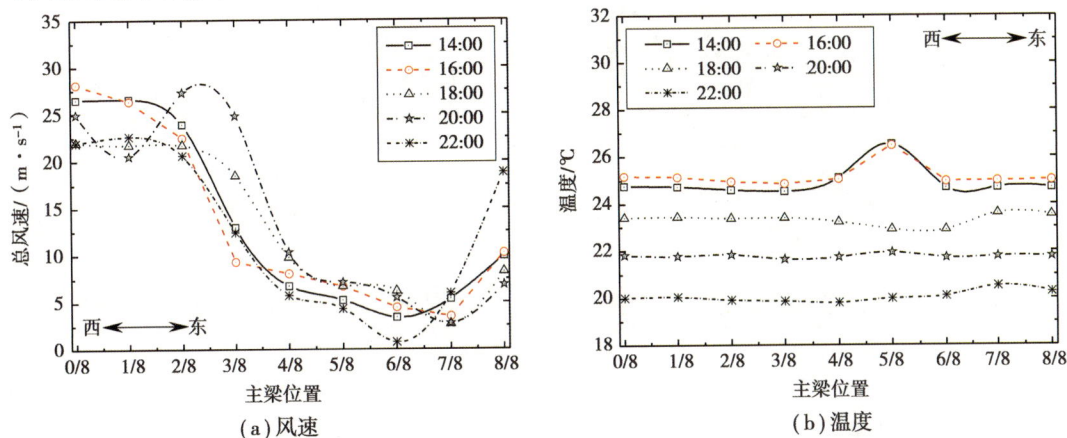

图 4.33　不同时刻主梁上风速和温度变化

风剖面随时间变化如图 4.34 所示。可知,不同时刻跨中处的风剖面有明显的差异,特别是竖向风速剖面,当温度变化较为平缓的 14:00 和 22:00 时,竖向风速均较小,此时的最大风速为 -2.5 m/s。但在 18:00 时竖向风速有明显的增加,此时剖面上的最大竖向风速达到了 -6.5 m/s,这是因在傍晚时太阳辐射明显减弱,山上的冷空气活动明显加强,冷空气顺山谷往下流动导致山风风速明显加强,最终表现为竖向风速明显增加。

不同时刻的地表温度分布如图 4.35 所示。可知,8:00 时,太阳开始照射地表,被太阳直射面山坡的温度开始升高;到 12:00 时,整个地表大部分均处于太阳直射区,整个地表的温度均较高,地表的最高温度达到了 45 ℃;16:00 时,太阳直射的地表区域已大大减少,大部分区域的温度也有了明显降低,但在直射区域上的地表温度仍高于 45 ℃;到 20:00 时,太阳已在地平线以下,地表不能再被太阳直射,故地表温度开始急剧下降,此时的地表最高温度为 27 ℃,比中午的最高地表温度降低了约 20 ℃。

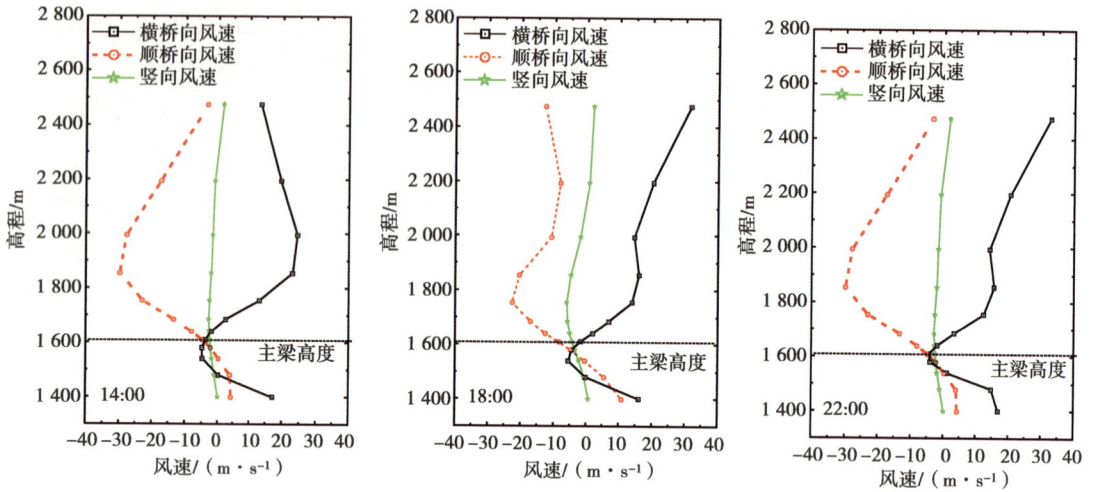

图 4.34　跨中处风剖面随时间变化

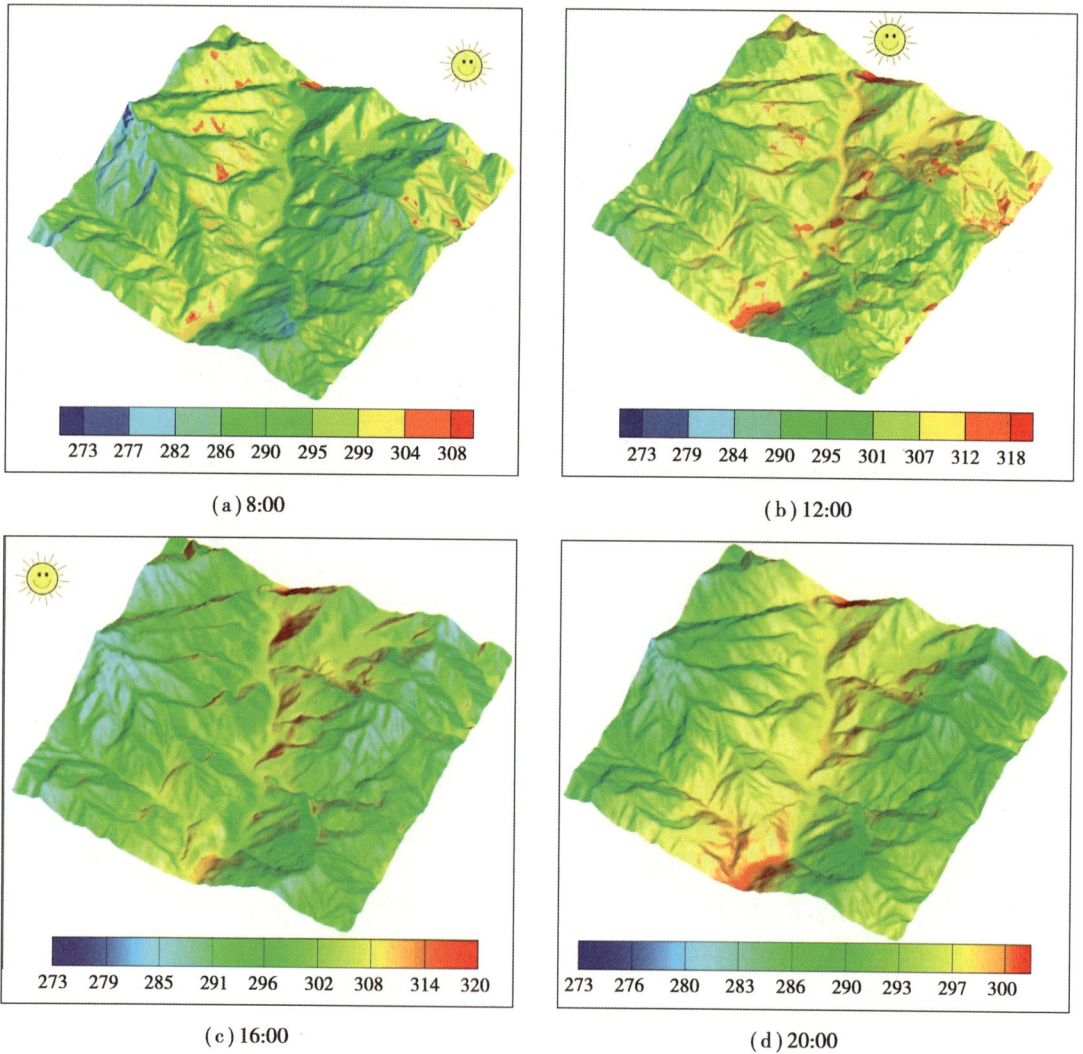

(a) 8:00

(b) 12:00

(c) 16:00

(d) 20:00

图 4.35　地表温度随时间变化

4.5　小　结

本章结合现场实测的相关气象参数,以 FLUENT 为计算平台,通过二次开发实现了山区桥梁桥址区大尺度空间中考虑热力效应的风特性数值模拟分析。采用该数值模拟方法,进行了仅考虑来流风速,仅考虑热力效应,同时考虑热力效应和来流风速,考虑不同来流风向,以及考虑时间效应等工况的分析,可得出以下结论:

①仅考虑来流风速时,因东侧山体对流场的影响使主梁风速沿纵向分布明显不均匀,且靠近山体侧主梁上出现较大的正攻角。风速、风攻角和跨中处风剖面的数值计算结果与风洞试验结果在总体规律上是一致的,数值计算结果基本能反映桥位处的风场流动整体规律。

②仅考虑热力效应时,在热力效应作用下桥位处的竖向风速最大可达 3.0 m/s,主梁上水平风速最大可达 6.4 m/s,此时热力效应对桥址区风场的影响起主导作用。

③同时考虑热力效应和来流风速时,当来流风速大于 5.0 m/s 时,桥址区的风场主要受来流风速,来流风向和局部地形的影响;当来流风速小于 5.0 m/s 时,桥位处的风场主要由热力效应和局部地形共同控制。

④来流风向对桥位处风场影响明显,来流风向为南风时沿主梁纵向的风速分布均明显不均匀,西侧主梁的风速明显较东侧主梁的风速要大,北风来流下沿主梁的风速分布较为均匀,并且风速较南风来流时要大。

⑤在热力效应作用下,桥位处的风速在一天中随温度的波动而波动,主梁跨中处的风速呈现从早上开始逐渐增加然后从傍晚开始逐渐减小的变化趋势,一天中的最小风速出现在4:00,为 3.9 m/s,最大风速出现在 19:20,为 10.6 m/s。

第5章
塔上风传感器安装位置选择

实测中,多数情况是在桥址区重新建设风观测塔,利用新建的风观测塔对桥址区的风特性进行实测[41,48-49,59],也有部分实测是利用在建的桥塔或主梁进行桥址区风特性的监测[32-37,47]。无论是新建风观测塔还是利用已有的主梁或桥塔进行桥址区风特性实测,多数研究中未能充分考虑风观测塔或桥梁构筑物对风观测数据的影响。在实测中,由于大部分风传感器离构筑物的距离在5.0 m以内,因此,不能忽略构筑物对测量结果的影响。如何合理地选择风传感器安装位置,以及后期如何修正实测数据是迫切需要解决的问题。本章采用数值模拟方法,对安装在桥塔上的风传感器位置进行优化,并分析桥塔上风传感器安装位置对测量结果的影响。

5.1 工程背景

以位于云南西部山区的龙江大桥为工程背景。龙江大桥是保腾高速公路的控制性工程,大桥为主跨1 196 m单跨悬索桥,锚跨320 m,跨径组合为320 + 1 196 + 320 m,大桥桥跨布置如图5.1所示。大桥的桥塔采用混凝土组合圆形截面,桥塔横梁采用箱形梁截面,保山岸索塔(东塔)与腾冲岸索塔(西塔)的高度分别为178 m,137 m。大桥主梁设计高程距离河谷底大约为285 m,桥位处的河谷呈V形,桥址区地形地貌复杂,风环境恶劣,加之该桥跨度大、桥

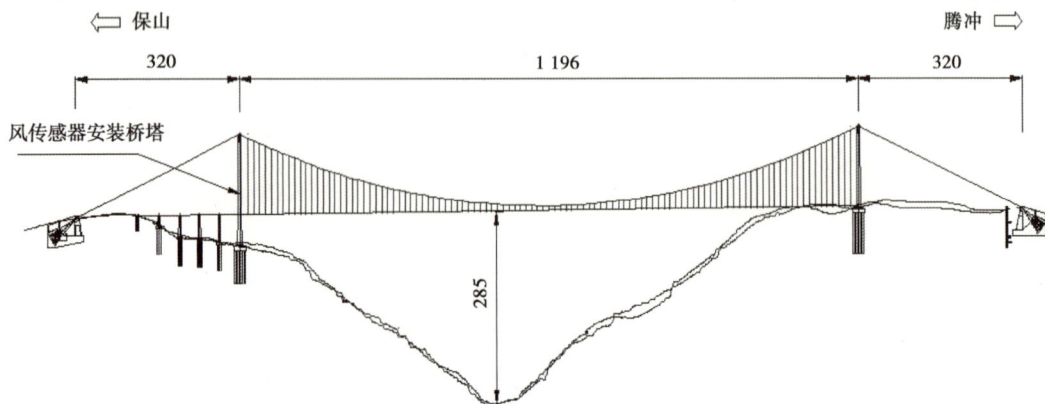

图 5.1　大桥桥跨布置

塔高,结构较为柔性,对风的作用非常敏感。因此,拟对龙江大桥的风特性进行长期的现场监测。实测风传感器安装位置选定在风速较大的保山侧桥塔上,保山岸桥塔构造如图 5.2 和图 5.3 所示。后续将讨论风传感器在该桥塔上的较优安装位置,尽量减少桥塔对风观测结果的影响,力求真实地反映桥位处的风特性。

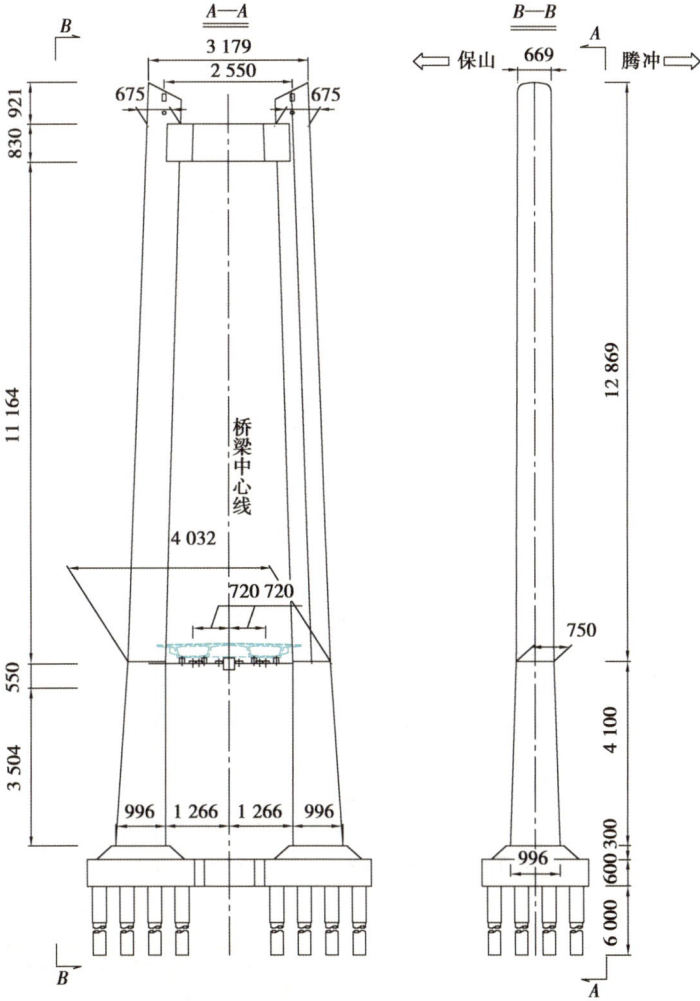

图 5.2 保山岸桥塔立面

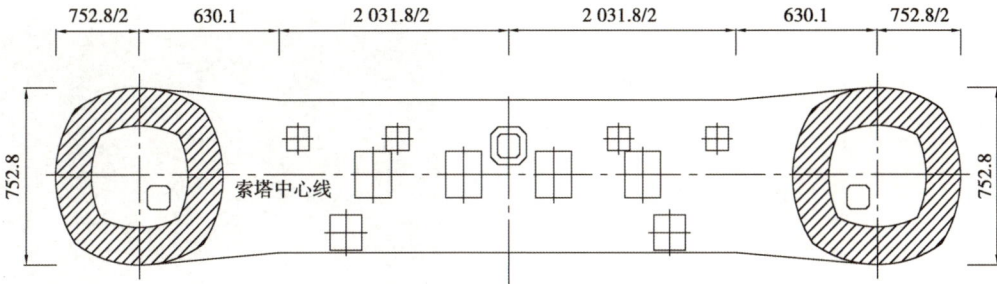

图 5.3 保山岸桥塔平面

5.2　计算概况

5.2.1　数值模型

研究采用计算流体力学商用软件 FLUENT,针对研究对象利用 ICEM 建立桥塔附近流动区域的几何形状,设定边界类型并生成网格,输出用于 FLUENT 求解器计算的格式,通过选择合适的模型及参数进行求解计算。

龙江大桥采用了双肢混凝土桥塔,选定风观测仪器安装高度处两个塔肢水平中心距离为32.92 m。为考虑塔肢的相互影响,数值计算时的计算区域应包括两个塔肢,同时为方便考察不同来流风向下桥塔附近的风场变化规律,计算区域采用 600 m × 600 m 的正方形区域,桥塔特征尺寸为 7.5 m,计算区域内阻塞率最大为 2.5%,阻塞率较小。有限元模型采用结构化网格对计算区域进行离散,为重点考察桥塔附近的风场,对桥塔区周围的网格划分进行加密,远离桥塔区的区域网格划分相对较稀,网格划分时根据 Schlichting 提出的控制准则进行第一层网格的控制,y^+ 值 Schlichting 建议在 1 ~ 100,本计算中 y^+ 值取为 50,这样可适当控制网格的总数量,同时也能有较好的网格精度。y^+ 值计算公式为[136]

$$y^+ = 0.172\left(\frac{y}{D}\right)Re^{0.9} \tag{5.1}$$

式中　y——第一层边界层厚度;

　　　D——结构特征尺寸;

　　　Re——雷诺数。

根据上述原则,计算区域内共划分网格总数为 63 万个。在计算中,根据来流风向的不同设置入口和出口边界,入口边界采用速度入口,出口边界采用压力出口,在桥塔壁面上采用无滑移边界条件。采用 k-ω 湍流模型对计算区域内的风场流动进行分析。计算区域和网格划分如图 5.4 所示。

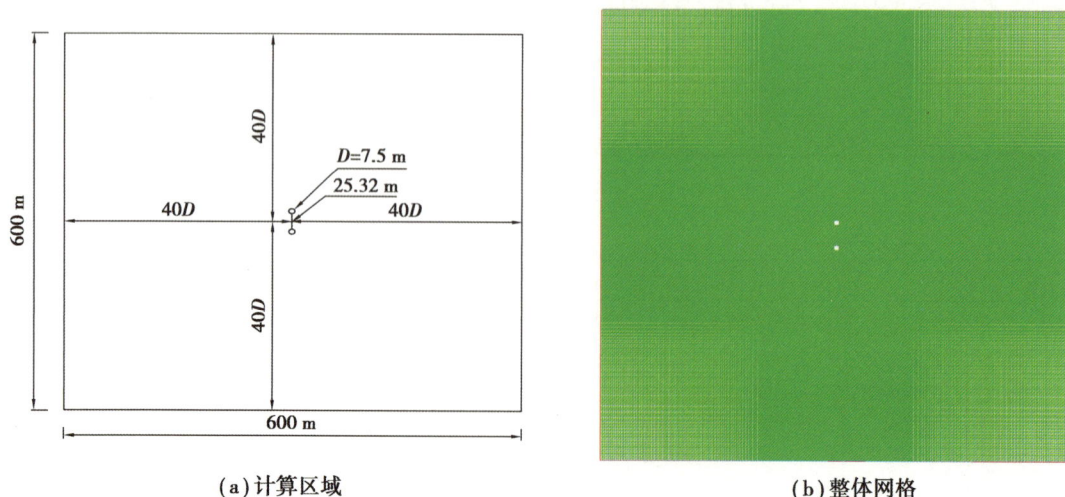

(a)计算区域

(b)整体网格

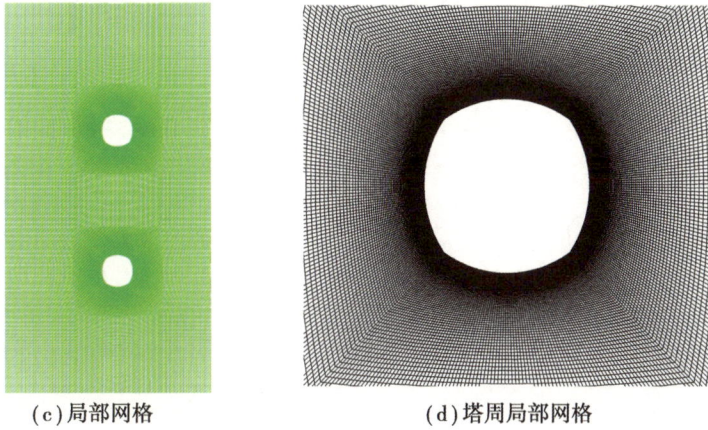

(c)局部网格   (d)塔周局部网格

图 5.4 计算区域及网格测分

5.2.2 计算工况

已有的气象观测资料表明,桥位处的风向较为固定,桥位处的主导风向为顺河道的南风,桥位处日常大风的 10 min 平均风速在 10 m/s 以内。因此,根据桥位处已有的风向和风速资料,设置了 5 个不同来流风向的计算工况,5 个计算工况的风向包含了桥位处 90% 的来流风向,同时针对核心工况 3 设置了来流风速分别为 4.0,6.0,8.0,10.0,12.0 m/s 共 5 种不同的来流风速,计算工况风向如图 5.5(a)所示,参数设置见表 5.1。

为减少两个塔肢的干扰,风传感器的安装选定在主风向迎风侧的下游塔肢上。因此,重点针对下游塔肢附近的风场进行分析。为全面了解桥塔周围的绕流情况,在有限元模型中的上游侧塔肢周围布置虚拟风监测点,虚拟风监测点布置在以桥塔中心为圆心的一系列圆周上,每个圆周上均布置 32 个虚拟风监测点,两个监测点的间隔角度为 11.25°,圆半径为 5.5 ~ 12.5 m,虚拟风观测点离桥塔表面的距离为 1.75 ~ 8.75 m。假定桥塔的特征尺寸为 D,相当于设定的虚拟风监测点离桥塔的距离为(0.2 ~ 1.2)D。数值模拟中虚拟风监测点布置如图 5.5(b)所示。

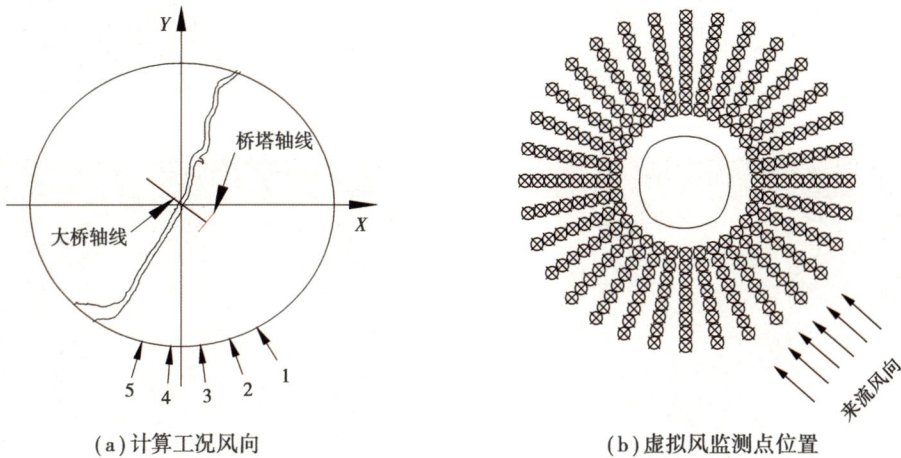

(a)计算工况风向   (b)虚拟风监测点位置

图 5.5 计算工况及虚拟风观测点布置

表5.1　计算工况参数设置

工况	风向角 /(°)	计算来流风速 /(m·s⁻¹)	来流风速分量 v_x /(m·s⁻¹)	来流风速分量 v_y /(m·s⁻¹)
1	150.20	10.0	−9.24	3.83
2	161.45	10.0	−8.31	5.56
3	172.70	4.0/6.0/8.0/10.0/12.0	−2.83/−4.24/−5.66/−7.07/−8.48	2.83/4.24/5.66/7.07/8.48
4	183.95	10.0	−5.56	8.31
5	195.20	10.0	−3.83	9.24

注:风向角正北方向为0°,正东方向为90°,正南方向为180°,正西方向为270°。

5.3　塔周流场分析

来流风速为10.0 m/s时,不同来流风向下塔柱周围的风速分布如图5.6所示。可知,所有来流工况中,塔柱对塔周边风场的影响明显。在正对来流方向的塔柱周边风速有明显的减小,在与来流风速成90°的塔柱两侧风速有明显的增加,在塔柱的尾流侧风速减小最为明显,同时在尾流侧出现了明显的漩涡区域。由图5.6(e)可知,虽然两个塔柱中心间距达到4.4D,但当来流风向与两个塔柱轴线较为一致时,位于下游侧塔柱受上游塔柱的影响仍然较为明显。

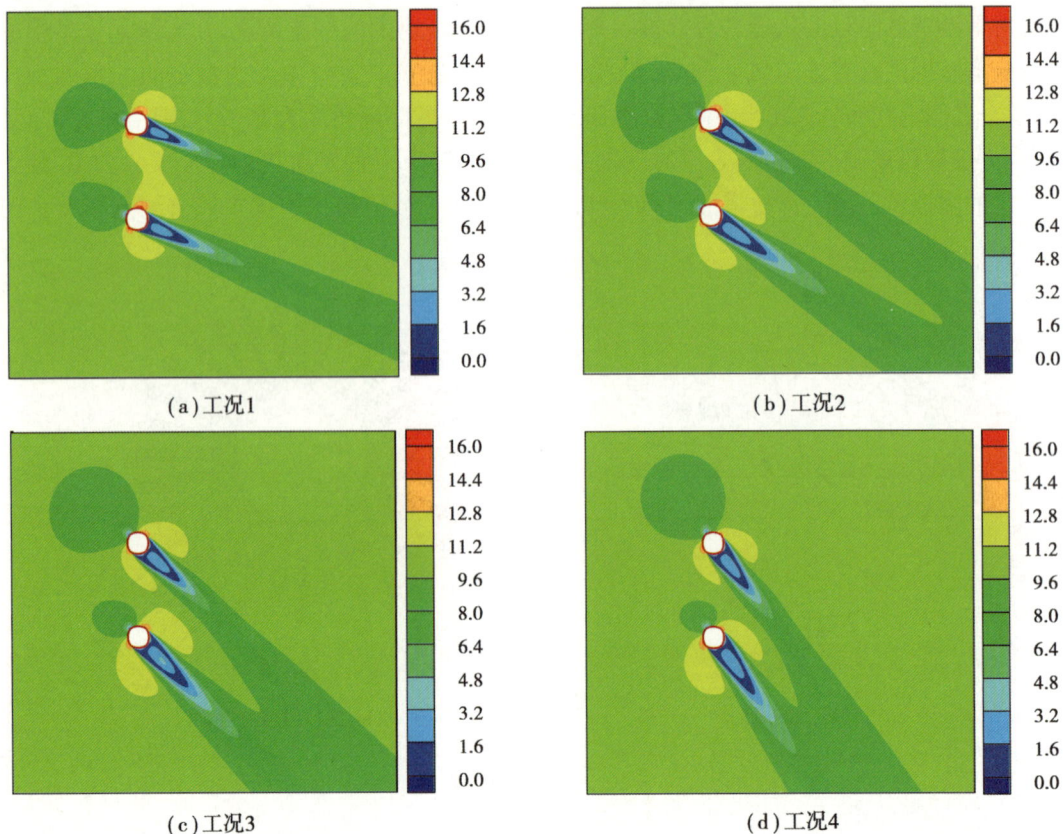

(a)工况1

(b)工况2

(c)工况3

(d)工况4

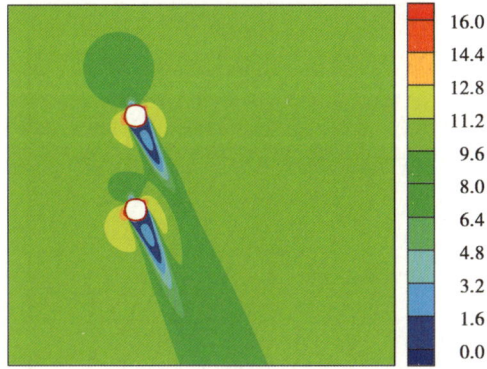

（e）工况5

图 5.6 不同工况风速云图

不同来流风向下,塔柱周围的流线分布如图 5.7 所示。可知,在所有来流工况中,塔柱周围的流线均有不同程度的改变,在塔柱的尾流侧出现了明显的漩涡。当来流风向与两个塔柱轴线较接近时,处于下游侧塔柱受上游塔柱的影响明显,特别是工况 3—工况 5 几个来流风向下影响最为明显。

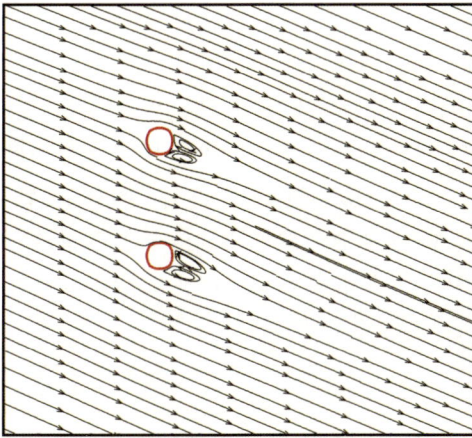

（a）工况1

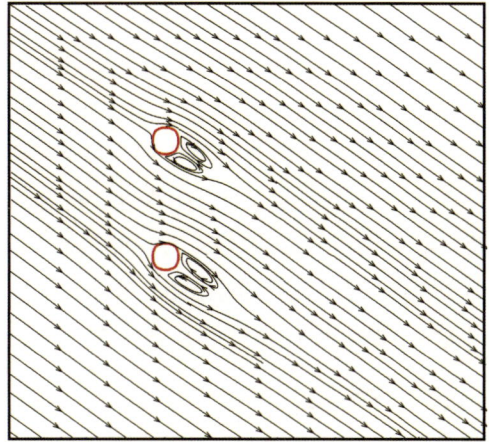

（b）工况2

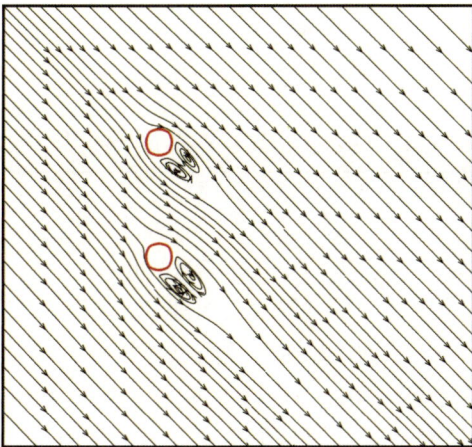

（c）工况3

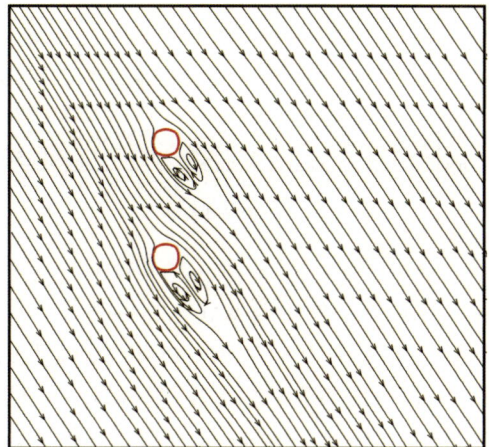

（d）工况4

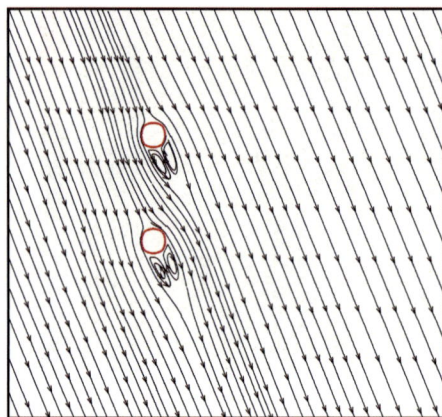

(e) 工况 5

图 5.7　不同来流风向下流线

工况 3 的来流风向处于桥位处主风向的中心，根据桥位处前期现场实测的数据，该工况能代表桥位处 40.0% 的来流风向，故采用该来流风向的计算结果重点对桥塔周围的流场进行分析。根据工况 3 所对应的来流风向，将桥塔周围的虚拟观测点分为两类：直接面对来流方向的观测点定义为迎风侧观测点；背向来流方向的观测点定义为背风侧观测点。

为考察与来流成不同夹角处桥塔周围的流场变化情况，图 5.8 给出了与来流成不同夹角处观测点的风速比值系数。可知，观测点与来流夹角在 45.0° ~ 56.25° 的风速比值系数最先趋于 1.0，表明在这个夹角范围内风速随着离塔距离的增加减小最快。如图 5.9 所示为不同夹角处桥塔对风向角的影响程度。可知，在 90.0° 和 11.25° 时影响最小，表明正对面和正侧面处桥塔对风向的影响较小。还可知，桥塔对风向角的影响程度随着离塔距离的增加在迅速减小，其减小的速度较风速要快，当测点离桥塔达到 1.0D 后，桥塔对来流风向角的影响均小于 10.0°。因此，风传感器的安装位置将主要受桥塔对风速的影响程度决定。

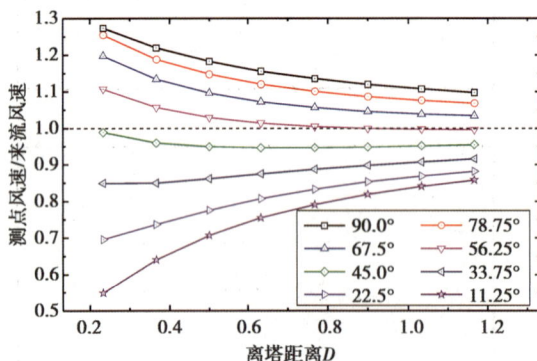

图 5.8　风速比值系数

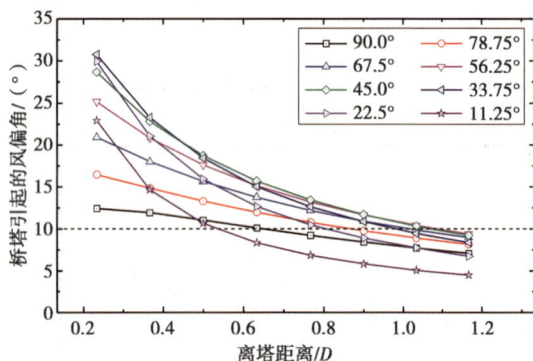

图 5.9　桥塔引起的风偏角

离塔柱不同距离处迎风侧观测点的风速比值（风速比值为风观测点处风速与来流风速的比值）如图 5.10(a) 所示。可知，其风速比值在 1.30 ~ 0.45 波动，随着观测点离塔柱距离的增加，风速比值波动幅度在迅速减小，同时其数值逐渐趋于 1.0。与来流方向夹角为 45.0° ~ 56.5° 和 −56.5° ~ −45.0° 的风速比值随着离塔距离的增加减小得更加迅速。当离塔距离为 0.6D 时，风速比值已趋于 0.9，表明此时风观测点处的风速和来流风速已较接近。

背风侧不同观测点的风速比值如图 5.10(b) 所示。可知，由于背风侧观测点大部分处于桥塔的尾流区,故风速波动较大,正尾流区的风速比值均小于 0.3,表明该区域范围内安装风传感器所测得风速仅为实际风速的 0.3 倍。因此,不考虑在主风向的背风侧安装风传感器。

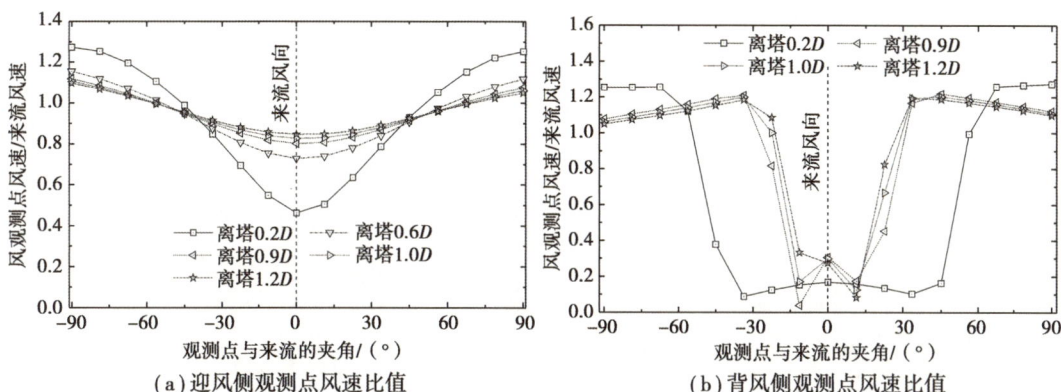

(a) 迎风侧观测点风速比值　　　　　(b) 背风侧观测点风速比值

图 5.10　观测点风速比值

迎风侧不同风观测点的风向角误差如图 5.11(a)所示。风向角误差是指风传感器安装位置处的计算风向与实际来流风向的夹角。可知,正对来流方向的风向角误差最小,其次为与来流风向成 90°处。桥塔周围的风向角误差整体上随观测点离桥塔距离的增加而迅速减小。在与来流风向夹角为 45.0°~56.5°和 −56.5°~−45.0°,当离开桥塔距离达到 1.0D 时,风向角误差小于 10°。背风侧不同测点风向角误差如图 5.11(b)所示。可知,背风侧处于桥塔尾流区,风向比较紊乱,规律性不明显。

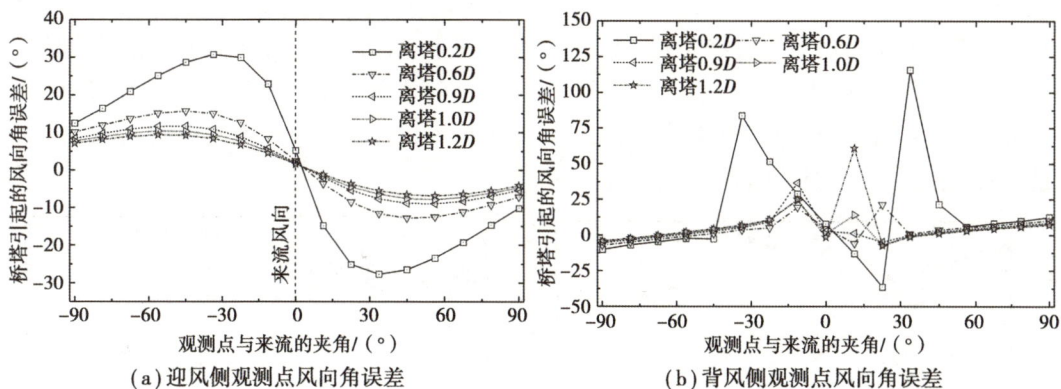

(a) 迎风侧观测点风向角误差　　　　　(b) 背风侧观测点风向角误差

图 5.11　观测点风向角误差

根据上述分析,以风速比值为 0.9~1.1、风向角误差为 ±10°为原则,同时考虑对称性可知,风传感器的较优安装区域为离塔距离大于 1.0D 且与来流风向夹角为 45.0°~56.5°和 −56.5°~−45.0°的区域以内。

5.4　风速的影响

考察风速的影响仍采用核心工况 3 的来流风向。根据前面分析,风传感器的安装位置需要距离桥塔 1.0D 以上。因此,采用离桥塔 1.0D 处迎风侧的风观测点来考察风速的影响。基于选定的工况 3,设定 6.0,8.0,10.0,12.0,14.0 m/s 共 5 种不同来流风速进行分析。迎风侧不同虚拟风观测点的风速比值随风速变化如图5.12(a)所示。图5.12(b)为迎风侧不同测点风向角误差随风速变化。可知,不同风速下的风速比值和风向角误差基本不变,表明塔上风传感器的安装位置对风速不敏感,这是因为桥塔上有较固定的分离点。

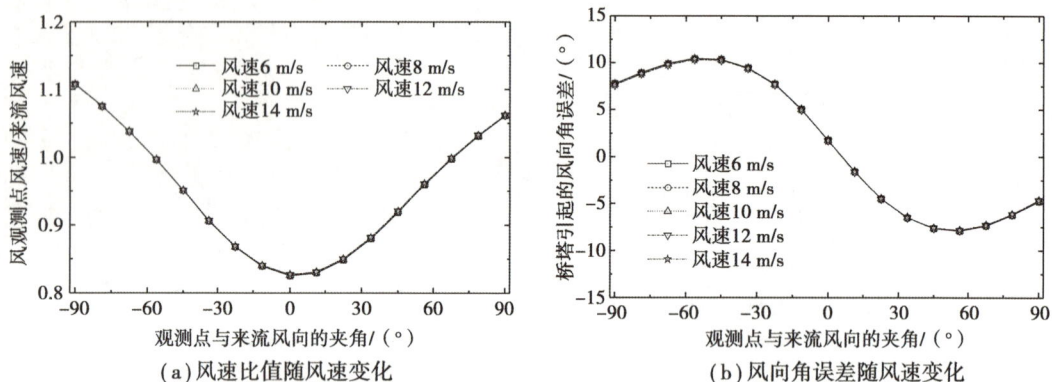

图5.12 风速的影响

5.5 风向的影响

根据前面选定的风传感器安装位置需要距离桥塔1.0D,采用离桥塔1.0D远处的迎风侧观测点来分析来流风向的影响。迎风侧不同风观测点的风速比值随风向变化如图5.13(a)所示。可知,不同来流风向下风速比值变化明显,表明来流风向的改变是引起风速比值改变的主要因素。在拟订的风传感器安装区域内,5种不同来流风向下风传感器安装区域内均能满足风速比值为0.9~1.1。迎风侧不同风观测点的风向角误差随风速变化如图5.13(b)所示。可知,风向角的误差也与来流风向紧密相关,选定安装区域在5种不同来流风向下均能满足风向角误差小于±10°的要求。

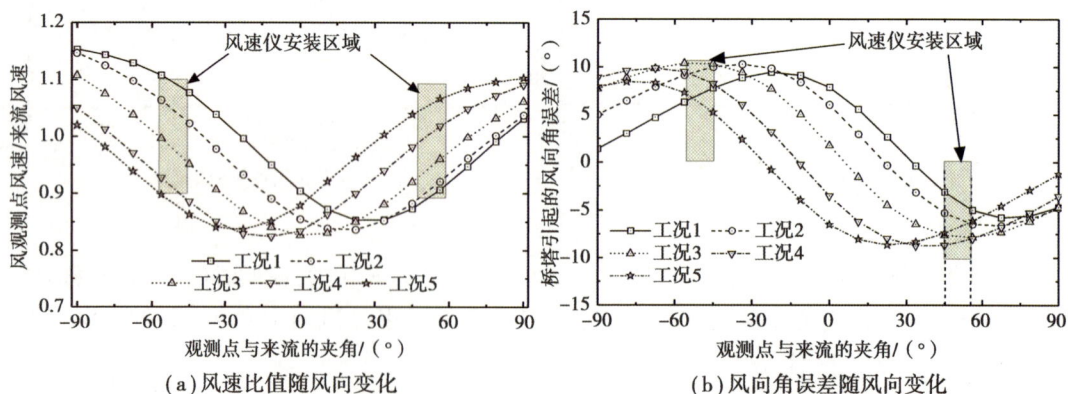

图5.13 风向的影响

5.6 观测结果修正

上述分析表明,风传感器的安装在离桥塔1.0D以外,且与来流方向夹角为45.0°~56.5°和-56.5°~-45.0°,可同时使风速比值在0.9~1.1,风向角误差小于10°,同时该位置处也具有较强的风速适应性。

此外,即使风传感器安装在优化后的区域,其风速比值仍在 1.0 附近波动,同时风向角误差也有 10°以内的变化范围,故需要对实测的风速和风向进行修正。因此,可基于上述数值分析结果,确定风速修正系数和风向角误差修正角度。

以风传感器位于 −56.5°~−45.0°为例,风速修正系数和来流风向的关系如图 5.14(a)所示。可知,风速修正系数随来流风向近似为线性变化。因此,对其进行线性拟合,其拟合函数见图示。经过修正后的风速可表示为

$$U_x = U_c r \tag{5.2}$$

式中　U_x——修正后的风速;

　　　U_c——测量风速;

　　　r——风速修正系数,其值可根据图 5.14(a)中的拟合函数得出。

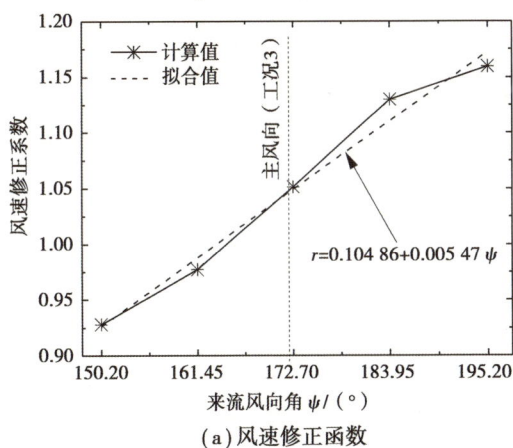

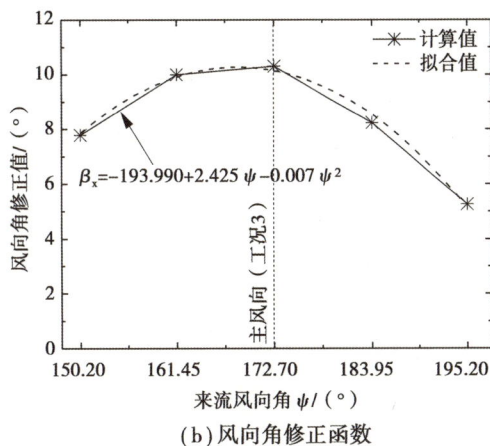

图 5.14　修正函数

风传感器位于 −56.5°~−45.0°,不同风向下的风向角误差变化如图 5.14(b)所示。可知,风向角误差和来流风向的变化关系近似抛物线。因此,对其进行抛物线拟合,拟合后的函数如图 5.14(b)所示。因此,经过修正后的风向可表示为

$$\beta = \beta_c + \beta_x \tag{5.3}$$

式中　β——修正后的风向角;

　　　β_c——实测得到的风向角;

　　　β_x——风向角修正值,其值可根据图 5.14(b)中的拟合函数得出。

5.7　小　结

本章采用数值模拟方法对安装在桥塔上的风传感器位置进行优化,分析了桥塔上风传感器安装位置对测量结果的影响,讨论了不同风速、不同来流风向下塔周流场的分布规律,可得出以下结论:

①桥塔对风观测结果的影响较大,即使风传感器安装在来流的迎风侧,风速比值仍然在 1.30~0.45 波动。实际风观测中,需要考虑桥塔对空气流动的影响。

②对近似圆柱形的桥塔,塔上风传感器的安装位置应距离塔柱外表面 1.0 倍特征尺寸以

上,与来流风向夹角宜在 $\pm(45.0° \sim 56.5°)$ 的区间内。

③优化后的风传感器安装位置对风速不敏感但对风向较敏感。因此,塔上风传感器的安装位置应根据桥位处的主导风向确定。

④现场观测数据宜进行修正。通过修正,可减小桥塔对观测结果的影响。

第6章
桥址区脉动风特性实测与分析

山区风是我国西部桥梁工程设计论证中必须考虑的重要因素。山区的风特性参数在很大程度上决定了桥梁工程的造价,又严重影响着工程结构的安全性。现代超大跨度桥梁和柔性结构的抗风研究除了关注平均风速外,通常脉动风引起的结构抖振和涡振等效应更引起工程领域的高度重视,而获取山区地形下的三维脉动风数据的难度较大,并且观测数据的不确定性很高。因此,山区脉动风观测数据是进行山区桥梁工程抗风研究的基础工作。本章以第5章中选取的龙江大桥为工程背景,以优化的风观测仪安装位置为基础,对龙江大桥 V 形峡谷桥址区脉动风特性进行现场实测与分析。

6.1 观测概况

6.1.1 仪器和设备

脉动风观测仪器采用美国 Yong 公司的 81000 型三维超声风速仪和 05103 型螺旋桨机械风速仪。Young 公司的 81000 超声风速仪如图 6.1(a)所示。Young-81000 型三维超声风速仪具有较高的测量精度和良好的动态跟踪性能,可在环境温度 $-50 \sim 50$ ℃工作,其风速量程为 ± 40 m/s,分辨率 0.01 m/s,测量精度 $\pm 1\%$($0 \sim 30$ m/s),其最大动态响应频率达 100 Hz,实测中采样频率为 10 Hz。Young 公司的 05103 螺旋桨机械式风速仪如图 6.1(b)所示。该机械式风速仪最大量程为 100 m/s,风速测量精度为 ± 0.3 m/s,风向测量精度为 $\pm 3°$,工作环境温度为 $-50 \sim 50$ ℃,实测中采样频率为 1 Hz。数据采集器如图 6.1(c)所示。采集器采用美国 Compbell 公司的 CR1000 型采集系统。该采集器有 16 个通道,可满足现场实测的需要。为保证系统的稳定运行,现场采用 2 块 80 W 的太阳能电板进行供电。太阳能供电板如图 6.1(d)所示。终端计算机设置在成都,通过终端计算机对现场采集数据进行监测和分析。

数据采集系统框图如图 6.2 所示。该数据采集系统首先通过传感器对来流风速进行采集,采集到的风速数据通过采集器进行存储,同时采集器可有选择地将部分数据通过无线网络传输回远程控制终端。可通过远程终端控制系统实时地监测现场采集的情况,通过远程终端控制系统可进行采集仪器参数的修改和定期对采集数据进行回传等操作。整套数据系统拥有两套数据备份,保证了数据不轻易丢失,同时该系统方案可不用长时间现场驻守,仅需远程实时监控和数据收集即可,可最大限度地节省人力物力,适合用于偏于山区的风场原始数据收集。

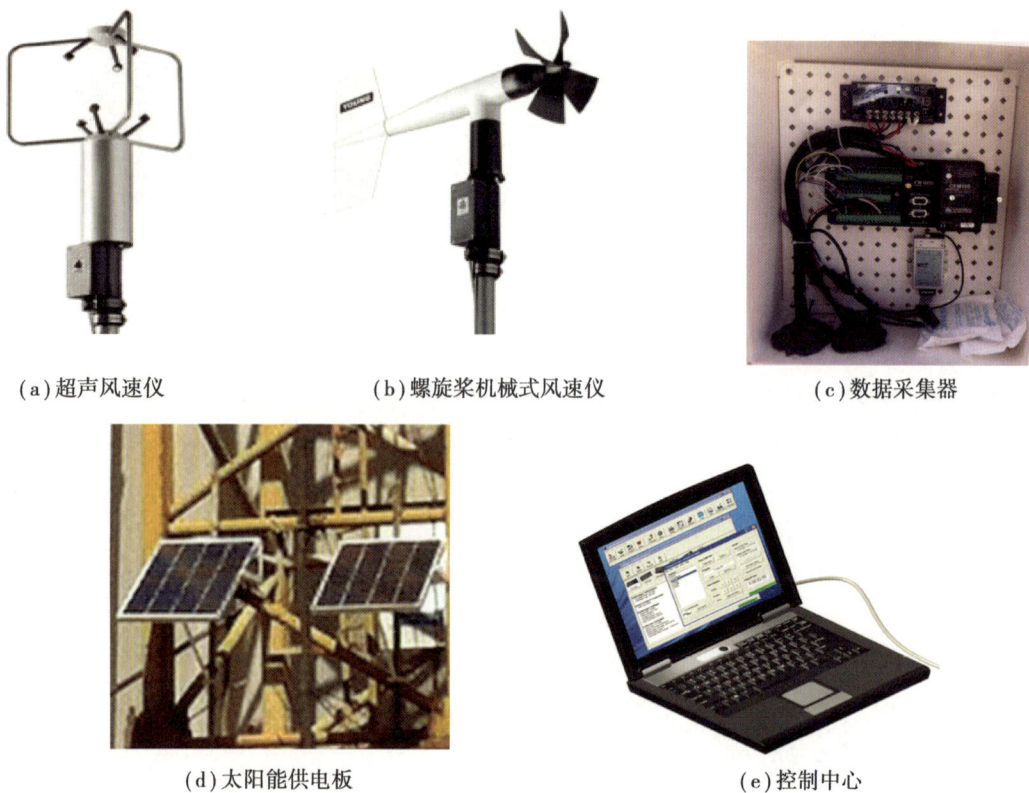

(a)超声风速仪   (b)螺旋桨机械式风速仪   (c)数据采集器

(d)太阳能供电板   (e)控制中心

图 6.1   观测仪器示意

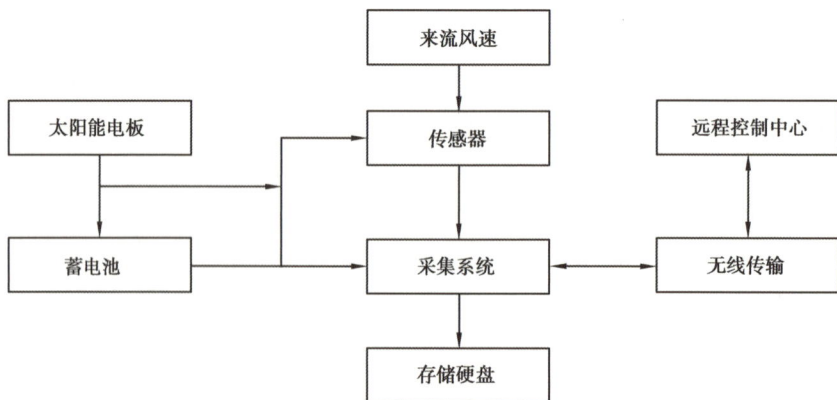

图 6.2   数据采集系统框图

6.1.2   观测站点布置

第 5 章中的数值分析表明,塔上风传感器的安装位置应距离塔柱外表面 1.0 倍特征尺寸以上,与来流方向风向夹角宜为 ±(45.0°~56.5°)。因此,为了收集龙江大桥桥塔处的风参数数据,将超声风速仪安装在保山岸桥塔上与主风向夹角为 45°,离桥塔距离 8.5 m 处,超声风速仪离地 54.0 m。其安装位置如图 6.3 所示,现场实测照片如图 6.4(a)所示。同时,为了考察高空处脉动风参数,在保山岸猫道上接近跨中处安装了超声风速仪,该风速仪离地面高 295 m。其安装位置如图 6.3 所示,现场实测照片如图 6.4(b)所示。

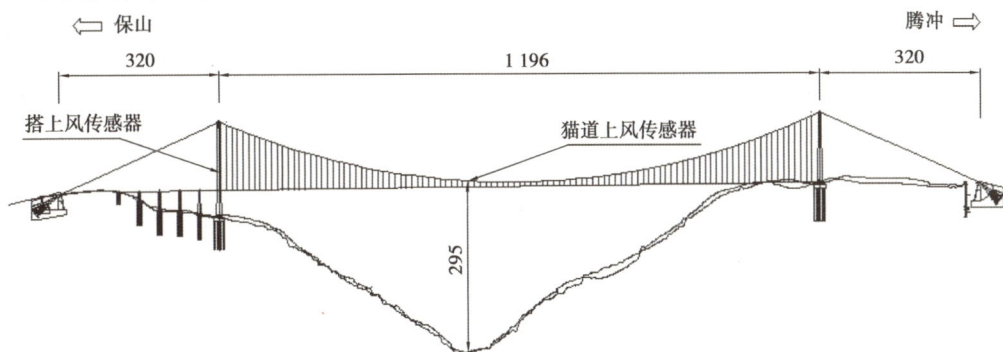

图 6.3　桥跨布置示意

(a)塔上风传感器　　　　　　　(b)猫道上风传感器

图 6.4　现场实测照片

6.2　脉动风参数

6.2.1　紊流强度

　　紊流强度是反映脉动强度的一组参数。它是确定结构脉动风荷载的重要参数之一。定义紊流强度为平均时距的脉动风速标准方差与平均风速的比值,即

$$
\begin{cases}
I_u = \dfrac{\sigma_u}{U} \\[2mm]
I_v = \dfrac{\sigma_v}{U} \\[2mm]
I_w = \dfrac{\sigma_w}{U}
\end{cases}
\tag{6.1}
$$

式中　I_u,I_v,I_w——脉动风的纵向、横向和竖向紊流强度;

　　　σ_u,σ_v,σ_w——脉动风的纵向、横向和竖向标准方差;

U——主风向的平均风速。

6.2.2 紊流积分尺度

紊流积分尺度是脉动风中湍流旋涡平均尺寸的度量,对应于纵向、横向和垂直方向脉动速度分量 u,v,和 w 有关的 3 个方向,一共有 9 个紊流积分尺度,如 L_u^x,L_u^y 和 L_u^z 分别度量与顺风向脉动风速有关的旋涡在纵向、横向和垂直方向的平均尺寸。在数学上可定义 L_u^x 为

$$L_u^x = \frac{1}{\sigma_u^2}\int_0^\infty R_{12}(x)\,\mathrm{d}x \tag{6.2}$$

式中 $R_{12}(x)$——两个不同空间位置上纵向脉动速度 $u_1 = u(x_1,y_1,z_1,t)$ 和 $u_2 = u(x_2,y_2,z_2,t)$ 的协方差函数,t 为时间;

σ_u^2——脉动速度的方差。

同样的定义也可适用于其他方向的紊流积分尺度计算。

如果紊流旋涡以平均风速 U 进行迁移,则脉动速度 $u(x_1,t+\tau)$ 可定义为 $x = U_t$,这就是Taylor 的"Frozen"假设。根据 Taylor 假设,式(6.2)可改为

$$L_u^x = \frac{U}{\sigma_u^2}\int_0^\infty R_u(\tau)\,\mathrm{d}\tau \tag{6.3}$$

式中 $R_u(\tau)$——脉动风速 $u(x_1,t+\tau)$ 的自相关函数,$R_u(0) = \sigma_u^2$。

同理,可求得其他方向的紊流积分尺度。

直接应用式(6.2)计算积分尺度实际上是十分困难的。由于紊流积分尺度是与湍流空间相关性关联的参数,最理想的分析方法是在空间上实现多点同时测量,然后根据式(6.2)得到紊流积分尺度,然而遗憾的是空间多点同时测量往往较难实现。因此,实际风观测总是根据Taylor 假设,将多点测量简化为单点测量。具体计算时,常用的计算方法有以下 5 种:

①根据式(6.2)直接用空间相关函数求积分尺度。

②用自相关函数代替空间相关函数,根据式(6.3)计算,当自相关系数很小时,Taylor 假设引起的误差会增大,Flay 等认为式(6.3)的积分上限取到 $R_u(\tau) = 0.05\sigma_u^2$ 为最佳[137]。

③Davenport[138]建议空间相关函数应服从指数衰减律,那么根据 Taylor 假设,自相关函数也应服从指数衰减率。因此,式(6.3)又可改写为

$$L_u^x = U\int_0^\infty \mathrm{e}^{-a\tau}\mathrm{d}\tau = \frac{U}{a} \tag{6.4}$$

式中 a——拟合的指数衰减系数。

④Reed 和 Scanlan 采用自拟合模型(AR 模型),将大气湍流作为理想的随机平稳过程处理,如此脉动速度可由一系列白噪声信号通过线性滤波系统产生,从而建立自拟合模型[139]。经比较确定合适的延迟时间和线性阶次,当平均风速大于 10 m/s 时,建议采用二阶线性滤波模型;当平均风速小于 10.0 m/s 时,一阶线性滤波模型较合适。

⑤若脉动风谱符合 Karman 谱,紊流积分尺度可从功率谱密度函数直接求出[140],即

$$L_u^x = \frac{US_u(0)}{4\sigma_u^2} = \frac{0.146U}{n_p} \tag{6.5}$$

式中 $S_u(0)$——对应脉动速度的功率谱在 $f=0$ 的值;

σ_u^2——对应脉动速度的均方根;

n_p——对应脉动速度分量的功律谱密度函数峰值频率。

实际中,与纵向脉动速度有关的 3 个积分尺度 L_u^x, L_v^x, L_w^x 基于 Taylor 假设得到相应的积分时间尺度进行计算[141]。庞加斌等的试验研究证实了泰勒假设的合理性[142]。在具体计算时,由于 Taylor 假设在自相关函数很小时,会引起较大的误差[142]。根据文献[137],本书将积分上限取到 $R_u(\tau) = 0.05\sigma_u^2$,即自相关系数取为 $0.05 \sim 1.0$。

6.2.3　紊流功率谱

顺风向脉动风 u 的频率分布可用无量纲的功率谱密度函数 $R_N(z,f)$ 表示为

$$R_N(z,f) = \frac{fS_u(z,f)}{\sigma_u^2(z)} \tag{6.6}$$

式中　f——频率,Hz;

$S_u(z,f)$——顺风向脉动风功率谱。

Kaimal 等[143]提出了一个常用的简化公式,该谱密度表达式具有较好的高频性能,具体表达式为

$$R_N(z,f) = \frac{2}{3} \frac{\lambda f_z}{(1 + \lambda f_z)^{\frac{5}{3}}} \tag{6.7}$$

式中　λ——无量纲参数,用来确定谱密度的最大值,一般取值为 50;

f_z——无量纲坐标,也称莫宁坐标,$f_z = fz/U(z)$。

式(6.7)后来也被 Simiu 和 Scanlan[144]所采用。

如果高度超过 50 m,谱密度表达式中的 f_z 表示为 $f_L = fL_u^x/U(z)$,同时 λ 改为 10.2。此时,谱密度的表达式为

$$R_N(z,f) = \frac{6.8f_L}{(1 + 10.2f_L)^{\frac{5}{3}}} \tag{6.8}$$

式(6.8)即欧洲规范所采用谱密度表达式。它给出了绝大多数工程结构频率范围之内的一个紊流脉动的表达式。

DavenPort[145]建议的谱表达式为

$$R_N(z,f) = \frac{2f_L^2}{3(1 + f_L^2)^{\frac{3}{4}}} \tag{6.9}$$

式(6.9)中的无量纲频率为 $f_L = fL/U(z)$。其中,$L \approx 1\ 200$ m。

Harris[146]建议的谱为

$$R_N(z,f) = \frac{2f_L^2}{3(1 + f_L^2)^{\frac{5}{6}}} \tag{6.10}$$

式(6.10)中的无量纲频率为 $f_L = fL/U(z)$。其中,$L \approx 1\ 800$ m。

Von karman 给出了顺风向、横风向和竖向的功率谱密度函数,其顺风向功率谱密度函数为

$$R_N(z,f) = \frac{4.0f_L}{(1 + 70.8f_L)^{\frac{5}{6}}} \tag{6.11}$$

横风向和竖向功率谱密度函数为

$$\frac{fS_{v,w}(z,f)}{u_{v,w}^2} = \frac{4.0\frac{L_{v,w}f}{U}\left[1 + 755\left(\frac{L_{v,w}f}{U}\right)^2\right]}{\left[1 + 283\left(\frac{L_{v,w}f}{U}\right)^2\right]^{\frac{11}{6}}} \tag{6.12}$$

式(6.11)和式(6.12)中的无量纲频率为 $f_L = fL_u^x/U(z)$。

Busch 和 Panofsky[147] 以及 Simiu[148] 给出了顺风向、横风向和竖向 3 个方向独立的风速谱密度函数。其表达式如下：

顺风向

$$\frac{fS_u(z,f)}{u_*^2} = \frac{200f_z}{(1 + 50f_z)^{\frac{5}{3}}} \tag{6.13}$$

横风向

$$\frac{fS_v(z,f)}{u_*^2} = \frac{15f_z}{(1 + 9.5f_z)^{\frac{5}{3}}} \tag{6.14}$$

竖向

$$\frac{fS_w(z,f)}{u_*^2} = \frac{3.36f_z}{(1 + 10f_z)^{\frac{5}{3}}} \tag{6.15}$$

式中，无量纲频率 $f_z = fz/U(z)$。

《公路桥梁抗风设计规范》规定，我国风谱的形式为水平向采用 Simiu 谱，竖向采用 Pandfsky 谱。其具体形式如下：

水平风速谱

$$\frac{nS_u(n)}{u_*^2} = \frac{200f}{(1 + 50f)^{\frac{5}{3}}} \tag{6.16}$$

竖向风速谱

$$\frac{nS_w(n)}{u_*^2} = \frac{6f}{(1 + 4f)^2} \tag{6.17}$$

式中　n——风的频率，Hz；

　　　f——无量纲频率，$f = nz/U(z)$；

　　　u_*——气流摩阻速度。

综合比较和分析：本研究中 3 个方向对桥址区风谱进行拟合分析如下：

顺风向

$$\frac{fS_u(z,f)}{\sigma_u^2} = \frac{A_u f_z}{(1 + B_u f_z)^{\frac{5}{3}}} \tag{6.18}$$

横风向

$$\frac{fS_v(z,f)}{\sigma_v^2} = \frac{A_v f_z}{(1 + B_v f_z)^{\frac{5}{3}}} \tag{6.19}$$

竖向

$$\frac{fS_{\mathrm{w}}(z,f)}{\sigma_{\mathrm{w}}^2} = \frac{A_{\mathrm{w}}f_{\mathrm{z}}}{(1 + B_{\mathrm{w}}f_{\mathrm{z}})^2} \tag{6.20}$$

6.3　风观测数据处理方法

超大型桥梁工程,特别是柔性悬索桥结构对脉动风的作用十分敏感。目前,能达到工程抗风研究要求的精度并可较准确地测量强风条件下脉动风况的仪器主要是超声风速仪。超声风速仪是利用超声波传播路径上的时间差来确定气流速度的。其数据采样频率越高,对环境的敏感度也越高,气流中的雨滴、尘埃、飞虫等都会干扰声波对风速的响应。同时,仪器任何部件在响应和传输过程中的短暂故障都会带来信号错误,从而产生野点数据。对山区风进行风观测的最大困扰是山区雷雨和数据的存储,并且大风往往是出现在伴随雷雨的强降雨过程中,因降雨强度较大,从而降低了得到可靠强风数据的可能性。同时,山区中数据的存储和传输也特别困难,山区的风观测站点多位于人烟稀少的山地中,如何保证数据存储和传输过程中不出差错就显得尤其重要。因此,怎样对数据的可靠性进行判别和处理就显得非常关键,其处理方式直接影响后期的数据分析。

本节以 2014 年 11 月 17 日 15:00—16:00 龙江大桥的原始三维脉动风数据为基础来研究脉动风数据的处理方式。原始脉动风速数据如图 6.5 所示。其中,风速为 0.0 m/s 的突变点即数据缺失点,整个观测时间段内数据的缺失率为 1.86%。

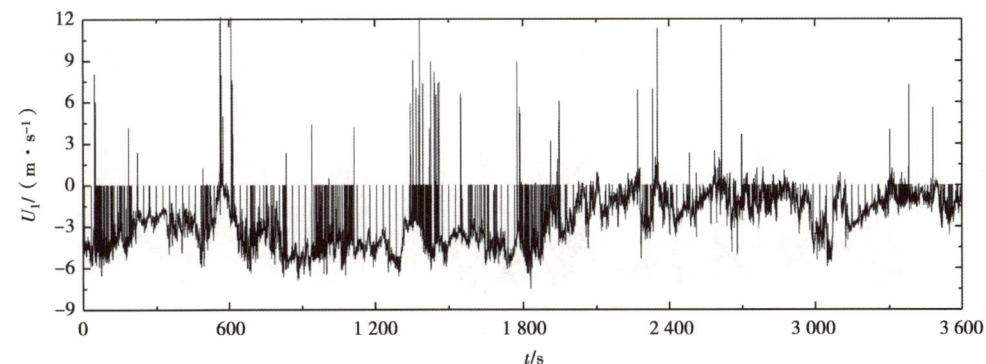

(a) U_1 方向脉动风速时程

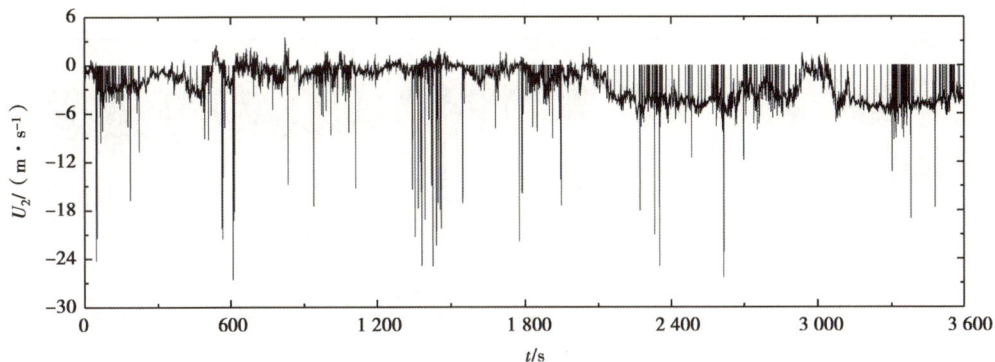

(b) U_2 方向脉动风速时程

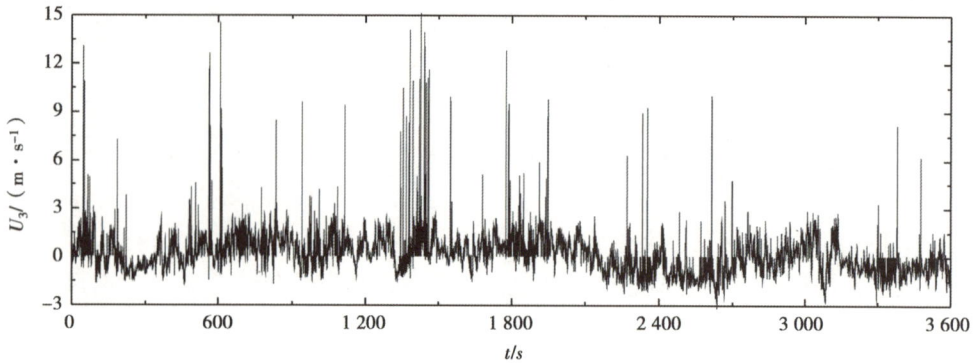

(c)U_3方向脉动风速时程

图6.5　原始脉动风速数据

6.3.1　缺失数据的补全

以 60 min 的原始 10 Hz 数据为样本,采用 Matlab 进行编程分析,对缺失的数据进行插值补充。由于数据的缺失率较小,且绝大部分是缺失一个数据,连续缺失两个以上数据的情况仅占缺失数据的 5.0% 以内。因此,插值计算采用线性插值。如图6.6 所示为采用线性插值方法对缺失的数据进行补全后的风速时程。可知,插值后的风速时程仍保持了原始数据的特性,但仍有部分数据是明显失真的,造成这种失真的原因有雨水、灰尘等。接下来,将进一步对这种失真数据进行处理。

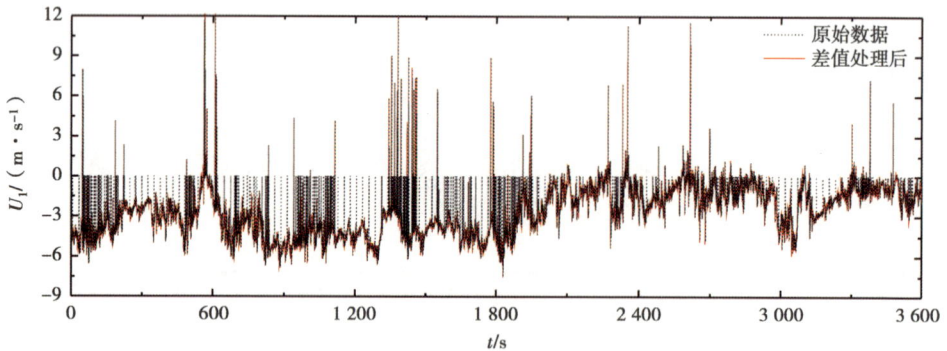

(a)U_1方向风速时程

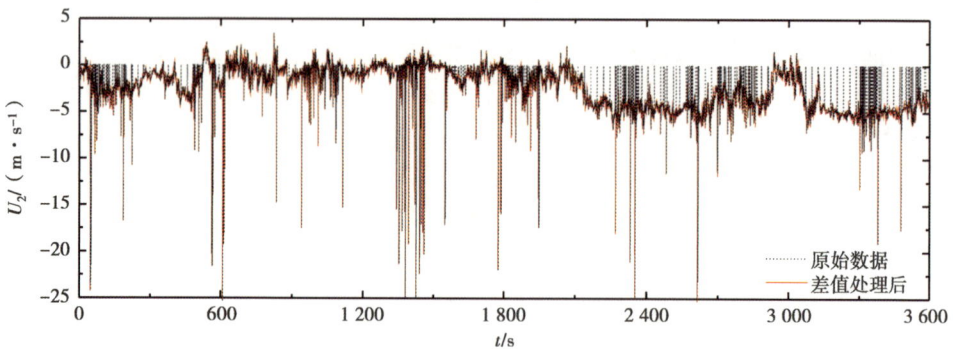

(b)U_2向风速时程

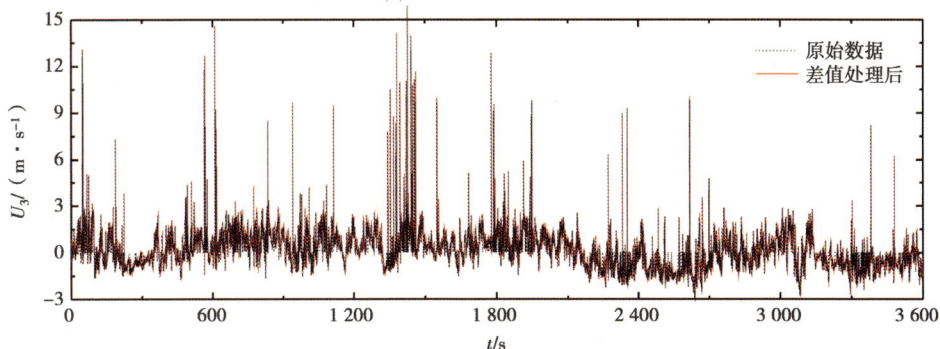

（c）U_3方向风速时程

图 6.6 插值处理后风速数据

6.3.2 失真数据判断和处理

对超声风速数据的可靠性判别需要同时采取多种方法：

①选用具备有效数据自动识别功能的仪器来协助判别因降水等影响而产生的无效数据。

②采用可靠的机械式测风仪进行平行观测，以其风速极值和风速、风向变化模态作为超声测风"野点"数据的判别依据。

③采取多倍截断方差的方法对原始风观测数据做进一步处理[45]。

处理方法如下：

对原始时间序列 $u(i)(i=1,2,\cdots,n)$，首先构建其差分时间序列 $\mathrm{d}x$，即

$$\mathrm{d}x(i) = x(i+2) - x(i) \qquad (i = 1,2,\cdots,n-2) \qquad (6.21)$$

然后计算序列 $\mathrm{d}x(i)$ 和 $\mathrm{d}x(i)^2$ 的平均值为

$$\overline{\mathrm{d}x} = \frac{1}{n-2}\sum_{i=1}^{n-2}\mathrm{d}x(i) \qquad (6.22)$$

$$\overline{\mathrm{d}x^2} = \frac{1}{n-2}\sum_{i=1}^{n-2}\mathrm{d}x(i)^2 \qquad (6.23)$$

式中 n——数据序列的样本数。

同时，计算截断方差为

$$\sigma = \sqrt{\overline{\mathrm{d}x^2} - \overline{\mathrm{d}x}^2} \qquad (6.24)$$

最后对野点进行判断，即

$$\Delta = c\sigma^{0.5} \qquad (6.25)$$

当 $|\mathrm{d}x(i)| \geqslant \Delta$ 或 $|\mathrm{d}x(i+2)| \geqslant \Delta$ 时，则将 $x(i+2)$ 视为"野点"。根据 Roland B. Stull 的研究方法对被剔除的"野点"，进行插补全[149]

$$v(i) = v(i-1)\gamma + (1-\gamma)\bar{v} \qquad (6.26)$$

式中 $v(i-1)$——"野点"前一时刻的值；

$\gamma,\bar{v}$——"野点"前 100 个数据样本计算自相关系数和平均值。

如图 6.7 所示为采用二倍标准差进行过滤处理后超声风速仪 3 个方向上的风速时程。当采用二倍标准差过滤后的风速时程未出现较明显的失真数据，同时保持了与原始数据较好的对应关系。同时，对野点的个数进行统计，3 个方向上野点分别占样本总数的 1.92%，

1.36%,1.98%,野点所占观测样本总数的比例较小。后续分析中将采用野点数和缺失数之和小于5.0%的风速时程片段进行分析。

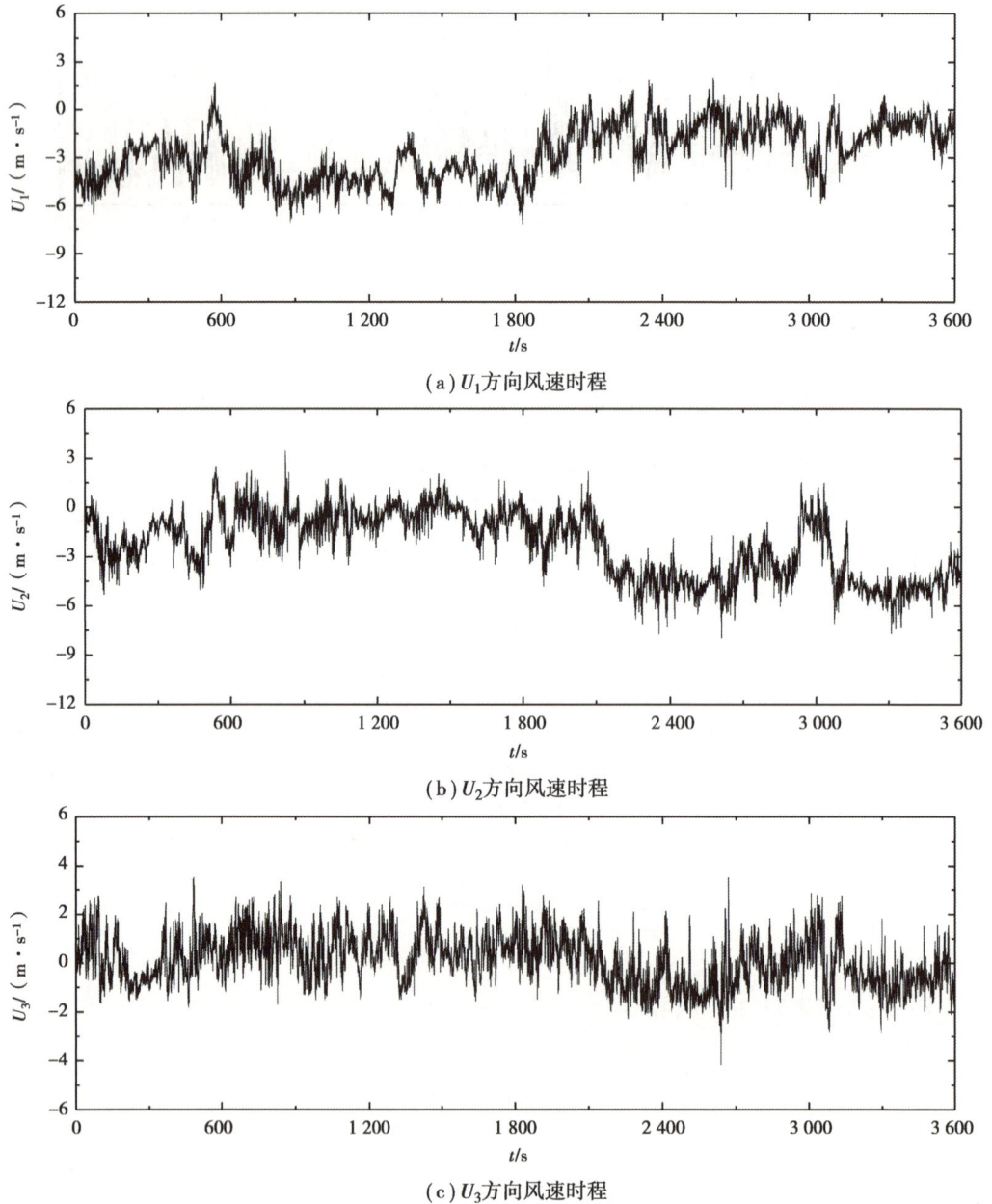

(a) U_1方向风速时程

(b) U_2方向风速时程

(c) U_3方向风速时程

图6.7 失真数据处理后风速时程

6.3.3 平稳性检验

在山区风场实测中,多数情况下实测得到的三维风速时程样本中伴随有非平稳过程。在对山区风紊流特性分析前,需要对原始数据进行平稳性检验,因非平稳数据与平稳数据的分析方法是不同的,不通过判别直接采用平稳数据的分析方法进行数据处理得到的紊流风参数误差较大。

本书将采用逆序法对实测的山区风数据进行平稳性检验[150]。在 0.05 显著水平下,对在平均时距内实测三维风速样本进行平稳性检验,剔除非平稳过程样本。

风速样本数据的平稳性检验方法如下:

①将整个风速时程按照 10 min 的窗口进行划分,将风速时程划分为多个时间序列。

②将 10 min 平均时距内的风速样本划分为 M 等份子样本区间,每个样本区间中包含了 K 个风速数据。其中,M 应大于 10。

③计算每个区间内各子样本的均值和方差,即

$$\mu = \frac{1}{K} \sum_{i=1}^{k} U_i \tag{6.27}$$

$$\sigma^2 = \frac{1}{K} \sum_{i=1}^{k} (U_i - \mu)^2 \tag{6.28}$$

④将计算的均值和方差按照先后顺序排列,然后再应用逆序检验平方和值序列是否存在趋势和变异。若在序列中后面一个数据大于前面的某一个数据,就定义为一个逆序,一个样本的逆序总数就是它的逆序总和,可记为 A,可表示为

$$A = \sum_{i=1}^{M-1} A_i \tag{6.29}$$

式中　A_i——每个子样本区间的逆序数。

⑤非参数检验

$$S = \frac{A + 0.5 - \mu(M)}{\sigma(M)} \tag{6.30}$$

式中

$$\mu(M) = E[A] = \frac{M(M-1)}{4}$$

$$\sigma^2(M) = \text{var}[A] = \frac{2M^3 + 3M^2 - 5M}{72}$$

⑥因统计量 S 是渐进服从正态分布的,选取在 0.05 显著水平下,若均值和方差均满足 $-1.96 \leqslant S \leqslant 1.96$ 的条件,则该样本是平稳的;反之,则该样本是非平稳的。

接下来,以前面实测风速 U_2 为例进行分析。如图 6.8 所示为用 10 min 为窗口得到的平均风速。可知,不同时间段内风速的平稳性是不一样的。第 3 时间段内的风速是较平稳的,第 5 时间段内的风速趋于不平稳。通过上述方法,每个时间段内的 M 取为 20,K 为 300,对 6 个时间段内的均值和方差平稳性进行检验。其检验结果见表 6.1。可知,时段 1 和 2 内的平

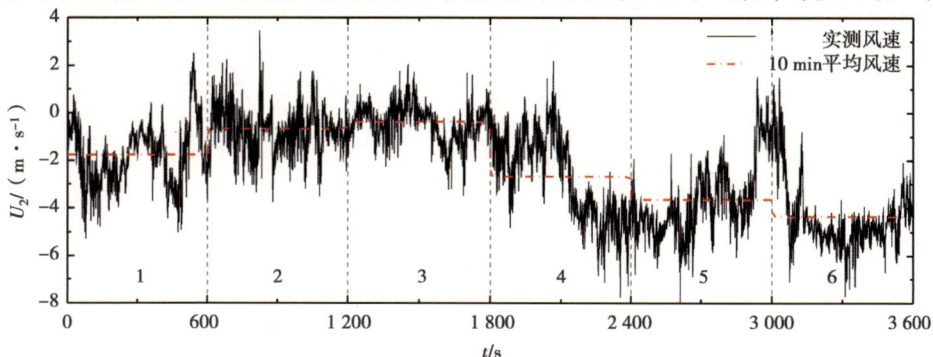

图 6.8　实测平均风速

均风速和脉动风速可认为平稳的,时段 3 的平均风速是平稳的但是脉动风是非平稳的,时段 4、时段 5 和时段 6 的平均风速非平稳,但可认为其脉动风速是平稳的。后续分析中,采用脉动风速为平稳时的数据进行风参数分析。

表 6.1　实测风速平稳性判别

时程编号	A_μ	A_σ	$\mu(M)$	$\sigma^2(M)$	S_μ	S_σ
1	106	109	95	137.5	0.942	1.266
2	87	82	95	137.5	-0.682	-1.071
3	85	116	95	137.5	-0.812	1.851
4	54	91	95	137.5	-3.474	-0.292
5	134	99	95	137.5	3.344	0.422
6	60	81	95	137.5	-2.955	-1.136

6.3.4　脉动分量的计算

在大气边界层内,风速可分解为主方向的平均风速和 3 个互相垂直的脉动分量。定义 x 轴为平均风速的方向,y 轴为水平方向,z 轴为垂直方向,并且以向上为正,则在任意 t 时刻的风速可表示如下:

顺风向

$$U(z) + u(x,y,z,t)$$

横风向

$$v(x,y,z,t)$$

竖向

$$w(x,y,z,t)$$

式中　U——平均风速,取决于离地高度 z;

　　　u,v,w——风场各个垂直方向的脉动分量。

可定义 $U_1(t)$,$U_2(t)$ 和 $U_3(t)$ 分别为超声风速仪坐标下的 3 个实数序列。本次实测中,这 3 个方向分别为正北、正东和竖向 3 个方向。以 10 min 为基本时距进行分析,则三维超声风速仪的数学转换关系的详细推导如下:

超声风速记录仪的 3 个方向的 10 min 平均风速为

$$\overline{U}_1 = \frac{1}{T}\int_0^T U_1(t)\,\mathrm{d}t = \frac{1}{M}\sum_{i=1}^M U_1(t_i) \tag{6.31}$$

$$\overline{U}_2 = \frac{1}{T}\int_0^T U_2(t)\,\mathrm{d}t = \frac{1}{M}\sum_{i=1}^M U_2(t_i) \tag{6.32}$$

$$\overline{U}_3 = \frac{1}{T}\int_0^T U_3(t)\,\mathrm{d}t = \frac{1}{M}\sum_{i=1}^M U_3(t_i) \tag{6.33}$$

通过下式可得平均风速的数值,且可定义平均风速合成矢量 $\boldsymbol{U}$ 与 u 的正向为同一方向,即

$$\overline{U} = \sqrt{\overline{U}_1^2 + \overline{U}_2^2 + \overline{U}_3^2} \tag{6.34}$$

由于顺风向(主风向)脉动风速分量 u 的正向定义为与平均风速合成矢量为同一方向,因此,$u(t)$ 的正向通过平均风速的余弦向量($\cos \alpha_u,\cos \beta_u,\cos \gamma_u$)定义如图 6.9(a)所示。横向脉动风速分量 $v(t)$ 垂直于平均风速 U,而竖向脉动风速分量 $w(t)$ 垂直于 $u(t)$ 和 $v(t)$。因此,横向脉动风速分量的方向余弦向量为向量(0,0,1)和向量($\cos \alpha_u,\cos \beta_u,\cos \gamma_u$)的叉积,如图 6.9(b)所示;竖向脉动风速分量的方向余弦($\cos \alpha_w,\cos \beta_w,\cos \gamma_w$)是向量($\cos \alpha_u,\cos \beta_u,\cos \gamma_u$)和($\cos \alpha_v,\cos \beta_v,\cos \gamma_v$)的叉积,如图 6.9(c)所示。由此可得 3 个来流风速方向对应的 9 个方向余弦,即

$$(\cos \alpha_u,\cos \beta_u,\cos \gamma_u) = \frac{(\overline{U}_1,\overline{U}_2,\overline{U}_3)}{\overline{U}} \tag{6.35}$$

$$
\begin{aligned}
(\cos \alpha_v,\cos \beta_v,\cos \gamma_v) &= \frac{(0,0,1) \times (\cos \alpha_u,\cos \beta_u,\cos \gamma_u)}{|(0,0,1) \times (\cos \alpha_u,\cos \beta_u,\cos \gamma_u)|} \\
&= \frac{(-\cos \beta_u,\cos \alpha_u,0)}{\sqrt{\cos^2\alpha_u + \cos^2\beta_u}}
\end{aligned} \tag{6.36}
$$

$$
\begin{aligned}
(\cos \alpha_w,\cos \beta_w,\cos \gamma_w) &= \frac{(\cos \alpha_u,\cos \beta_u,\cos \gamma_u) \times (\cos \alpha_v,\cos \beta_v,\cos \gamma_v)}{|(\cos \alpha_u,\cos \beta_u,\cos \gamma_u) \times (\cos \alpha_v,\cos \beta_v,\cos \gamma_v)|} \\
&= \frac{(-\cos \alpha_u \cos \gamma_u, -\cos \beta_u \cos \gamma_u,\cos^2\alpha_u + \cos^2\beta_u)}{\sqrt{\cos^2\alpha_u + \cos^2\beta_u}}
\end{aligned} \tag{6.37}
$$

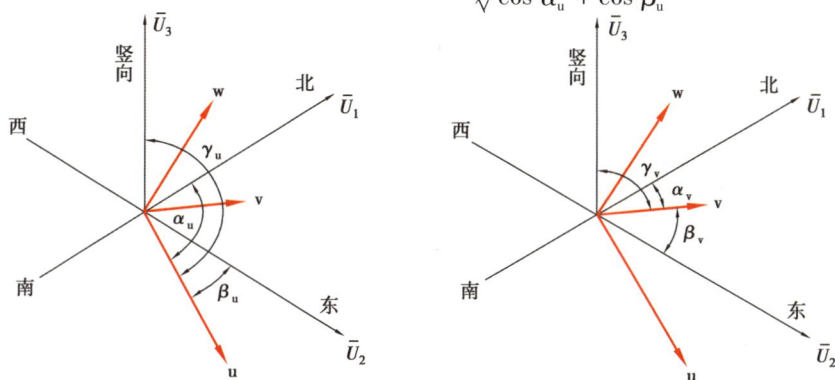

（a）顺风向分量　　　　　　　　　　（b）横风向分量

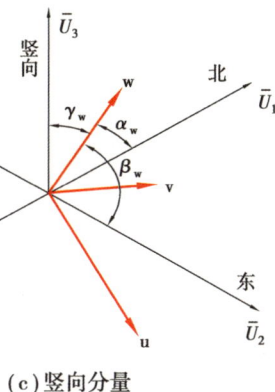

（c）竖向分量

图 6.9　脉动分量方向余弦定义

当求得三维风的 9 个方向余弦后,可得顺风向、横风向和竖向的脉动分量,即

$$\begin{cases} u(t) = U_1(t)\cos\alpha_u + U_2(t)\cos\beta_u + U_3(t)\cos\gamma_u - \overline{U} \\ v(t) = U_1(t)\cos\alpha_v + U_2(t)\cos\beta_v + U_3(t)\cos\gamma_v \\ w(t) = U_1(t)\cos\alpha_w + U_2(t)\cos\beta_w + U_3(t)\cos\gamma_w \end{cases} \tag{6.38}$$

顺风向的分量总和 $U(t)$ 可计算为

$$U(t) = U_1(t)\cos\alpha_u + U_2(t)\cos\beta_u + U_3(t)\cos\gamma_u \tag{6.39}$$

根据式(6.35)—式(6.39),以 2013 年 11 月 17 日 15:00 ~ 16:00 的 60 min 原始 10 Hz 数据为样本,采用 Matlab 进行脉动分量的分析,得到了桥位处实测风速时程的顺风向、横风向和竖向的脉动分量。如图 6.10 所示为 3 个方向的脉动风速时程。

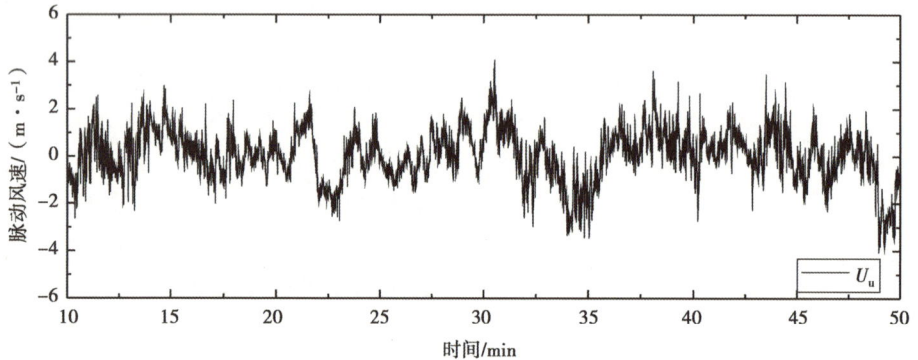

(a)顺风向(主风向)

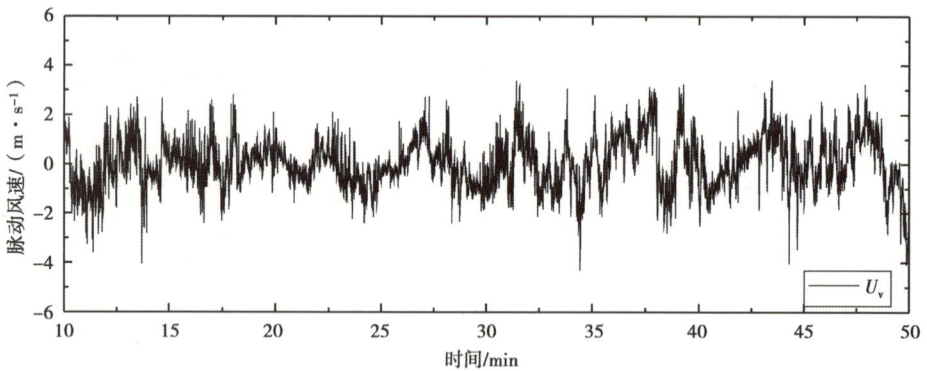

(b)横风向

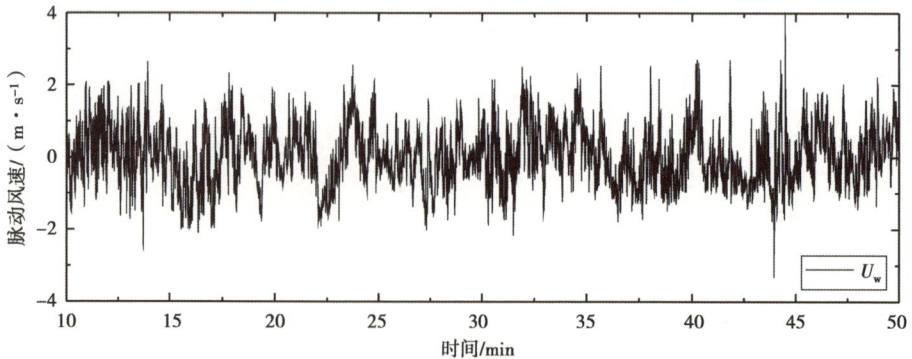

(c)竖向

图 6.10　脉动风速时程

6.4　脉动风特性分析

大桥桥址区布置了两个风观测点:一个布置在保山岸桥塔上,该观测点离地 54 m 高(低空风观测点);另一个布置在大桥跨中处猫道上,该观测点离地高为 295 m(高空风观测点)。桥塔上观测点目前得到的有效数据为 240 d,观测数据的时间跨度包括一个气象年。猫道上观测点从 2015 年 7 月开始采集数据,至目前为止进行了 126 d 的观测。以 10 min 平均风速大于 3.4 m/s(阵风风速达到 4 级大风的标准)为基本条件对原始数据筛选,位于低空桥塔上的风观测点处共筛选出 53 098 条有效的风速时程数据,位于高空猫道上风观测点处共筛选出 7 899 条有效的风速时程数据。本节均采用该方法筛选出来的数据进行分析。

6.4.1　低空脉动风特性

1)平均风速、风向及攻角

桥塔处典型大风天 3 个方向上(U_1 为南北方向,U_2 为东西方向,U_3 为竖向)的风速时程和温度时程如图 6.11 所示。可知,桥位处从凌晨一直到 12:00 风速均较小,12:00 以后风速

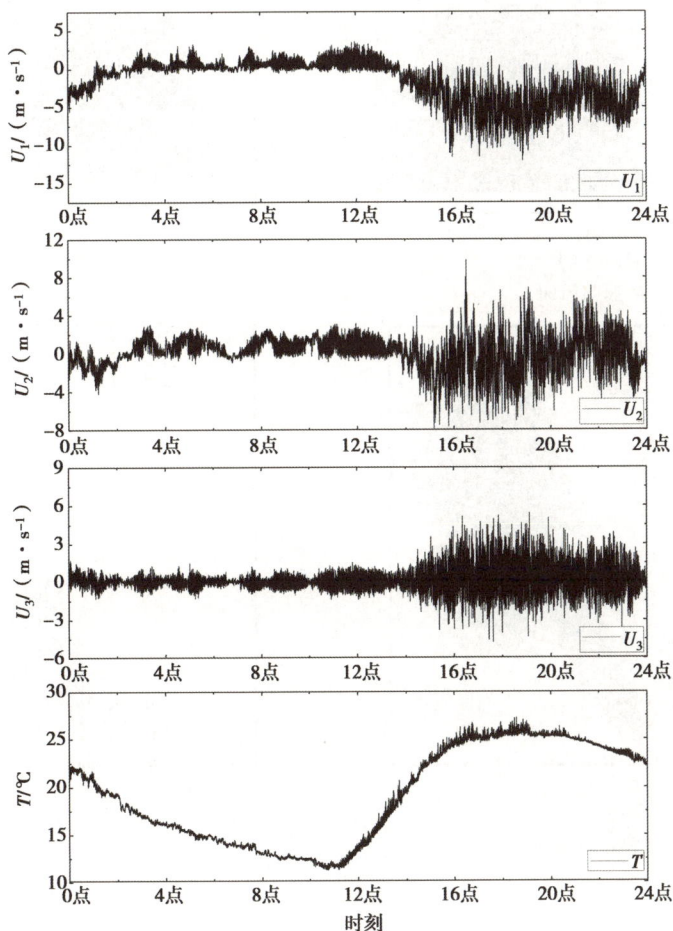

图 6.11　桥塔上脉动风原始数据(2015-03-29)

开始逐渐增大,大风一直持续到 24:00 左右,持续的时间较长。桥位处的空气温度在一天中波动明显,一天中的温差超过了 10 ℃。

桥塔上的平均风速、风向及风攻角的分布规律如图 6.12 所示。由图 6.12(a)可知,桥位处塔上的风向以西南风为主,其他方向上出现大风的概率较小。图 6.12(b)为风速与风攻角的联合分布。可知,所有的实测风攻角均分布在 −15° ~ 15°。随着风速的增加风攻角的分布范围明显减小,即风速越低时风攻角散布范围越大,风速越高速散布范围越小,并且风速较高时没有出现较大的风攻角。图 6.12(c)为风攻角和风向的联合分布。可知,南风来流时风攻角以负攻角居多,北风来流时以正攻角为主,表明风攻角与风向有明显的相关性,这是因该观测点距离山体较近,来流受到山体的影响明显。图 6.12(d)为风攻角的概率分布。可知,风攻角的概率统计均值为 2.9°,标准差为 3.3。

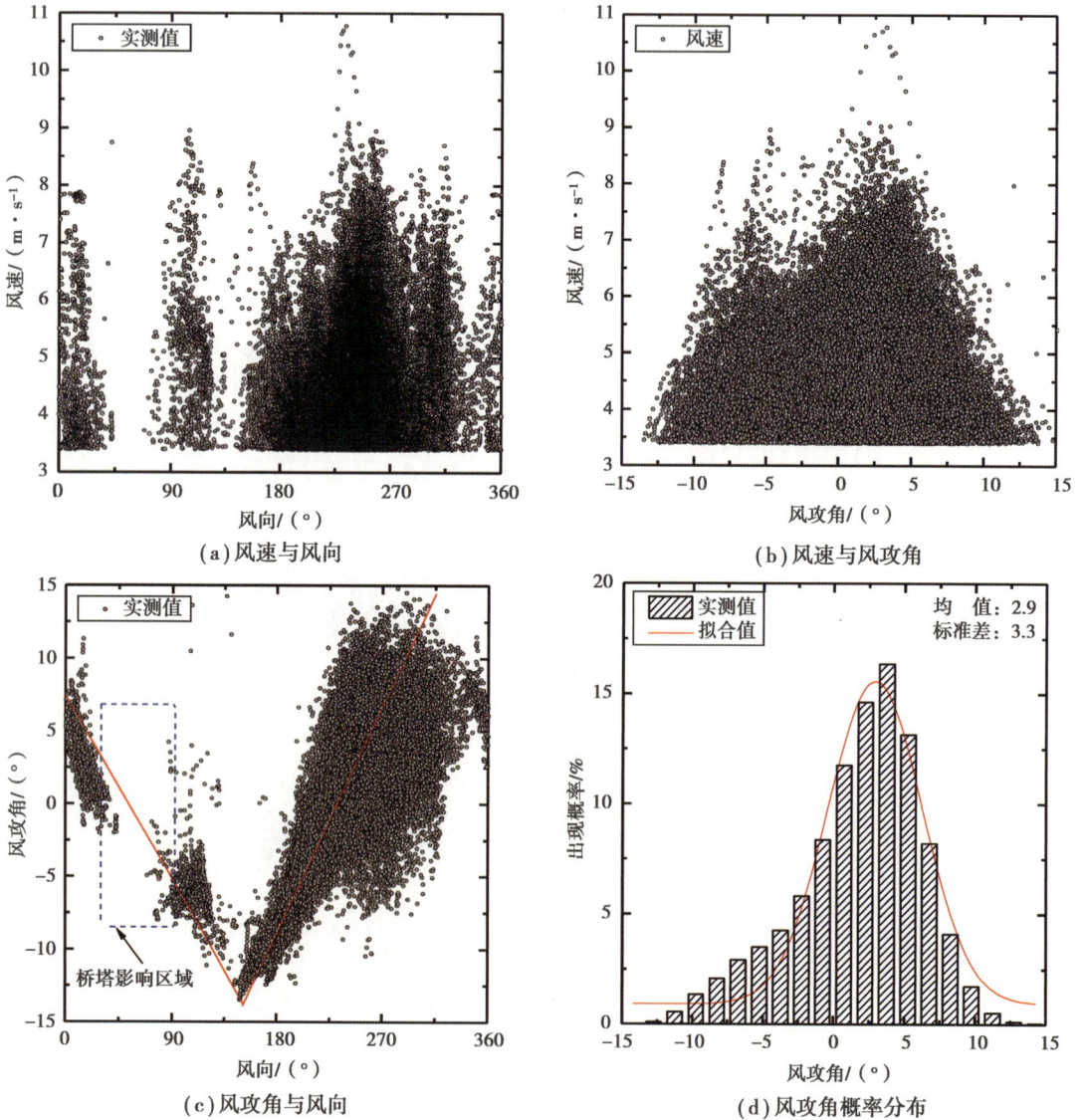

(a)风速与风向

(b)风速与风攻角

(c)风攻角与风向

(d)风攻角概率分布

图 6.12　风速、风向及风攻角

2) 紊流强度

如图 6.13 所示为顺风向紊流度、横风向紊流度和竖向紊流度随风速的变化情况。当风速较低时,3 个方向上的紊流度均较大;当风速为 3.3 m/s 时,主风向上的紊流度为 25.4% ,横风向上的紊流度为 26.3% ,竖向的紊流度为 18.9% ,它们的比值为 1.00∶1.05∶0.74;当风速大于 4.6 m/s 后,顺风向紊流度开始大于横风向紊流度;当风速为 10.0 m/s 时,3 个方向上的紊流度拟合值分别为 17.4% ,15.9% ,10.9% ,它们的比值为 1.00∶0.91∶0.63。可知,三者的比值随着风速的增加更接近于规范中的推荐比值 1.00∶0.88∶0.50。这表明,低风速时桥梁抗风设计规范的推荐比值与现场实测结果有一定差异。

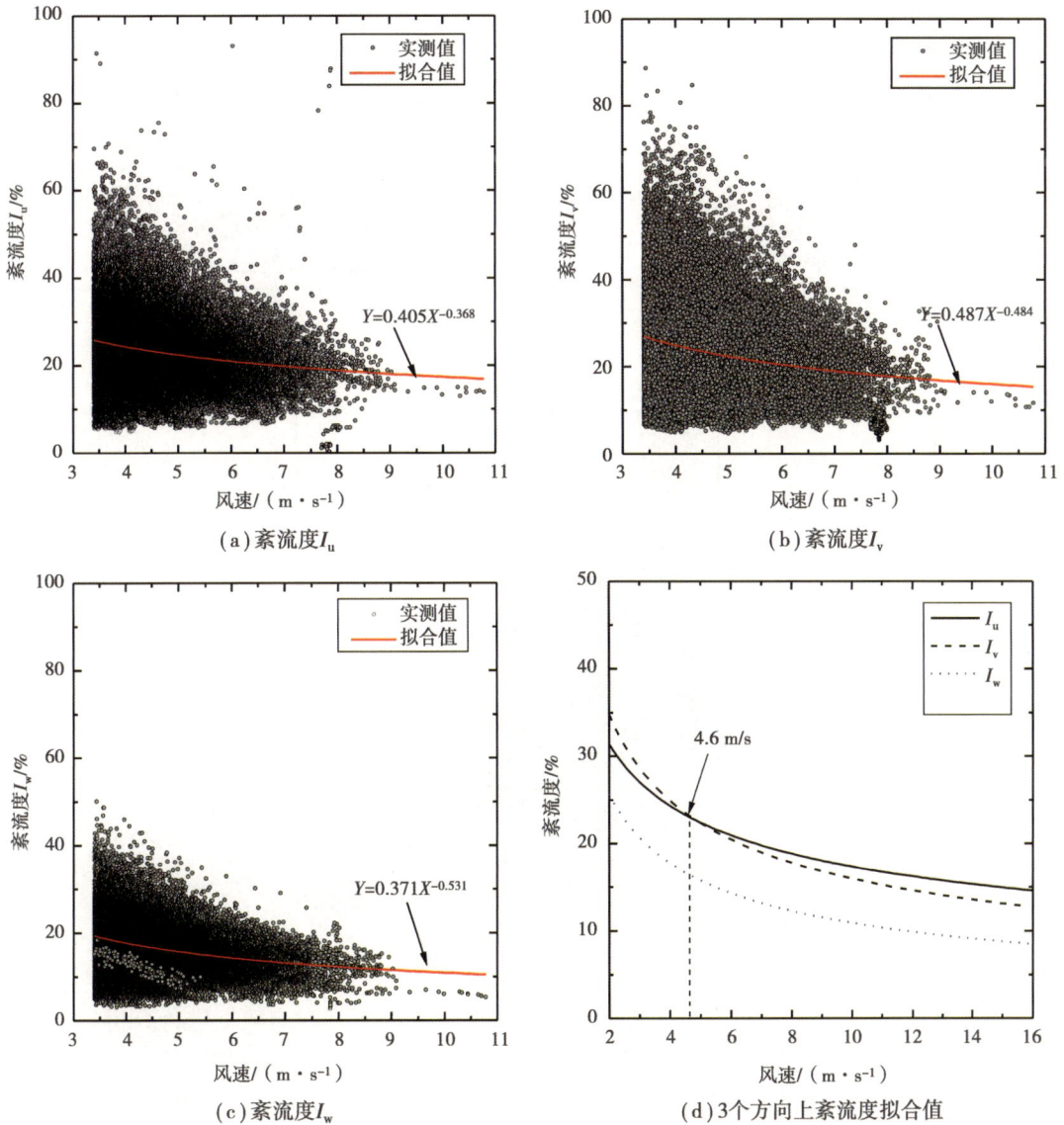

(a) 紊流度 I_u

$Y = 0.405X^{-0.368}$

(b) 紊流度 I_v

$Y = 0.487X^{-0.484}$

(c) 紊流度 I_w

$Y = 0.371X^{-0.531}$

(d) 3 个方向上紊流度拟合值

图 6.13 紊流度随风速变化

3) 紊流积分尺度

如图 6.14 所示为顺风向、横风向和竖向紊流积分尺度随风速的变化情况。当风速较低时,3 个方向上的紊流度积分尺度离散度均较大。总体上看,3 个方向上的紊流积分尺度均随着风速的增加而有所减小,且 3 个方向上的积分尺度比较接近,特别是竖向积分尺度也较大,表明桥塔处风场受地形的影响明显。

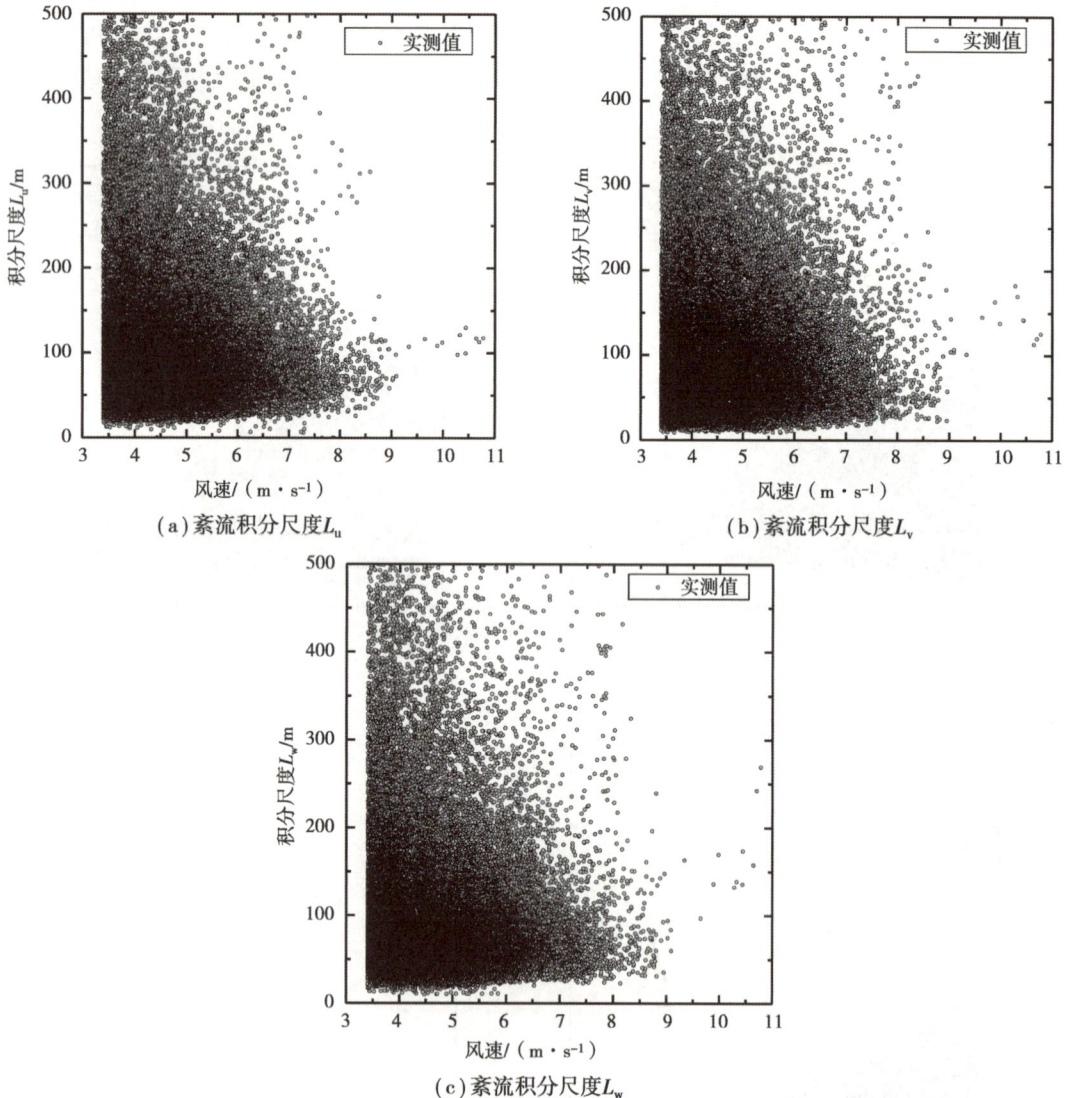

(a) 紊流积分尺度 L_u

(b) 紊流积分尺度 L_v

(c) 紊流积分尺度 L_w

图 6.14 紊流积分尺度与风速

不考虑风速的影响,对桥塔上来流风速大于 3.4 m/s 的所有观测数据进行分析。3 个方向上紊流积分尺度的概率分布如图 6.15 所示。可知,顺风向上的紊流积分尺度均值为 66.9 m,横风向紊流积分尺度均值为 60.2 m,竖向紊流积分尺度均值为 61.3 m。顺风向上的紊流积分尺度实测值比规范推荐值 110.0 m 要小,横风向上的紊流积分尺度较接近规范推荐值 50.0 m。同时,3 个方向上的积分尺度相差不大,这是因在类似深切峡谷地形中,来流风速受到河谷地形和两岸山体的影响,特别是该处河道上下游均有明显的转弯,来流风速顺风向受到山体的阻挡作用更明显,使风场变得更紊乱,也使 3 个方向上的紊流积分尺度也更接近,渐涡的形态更接近于球形。

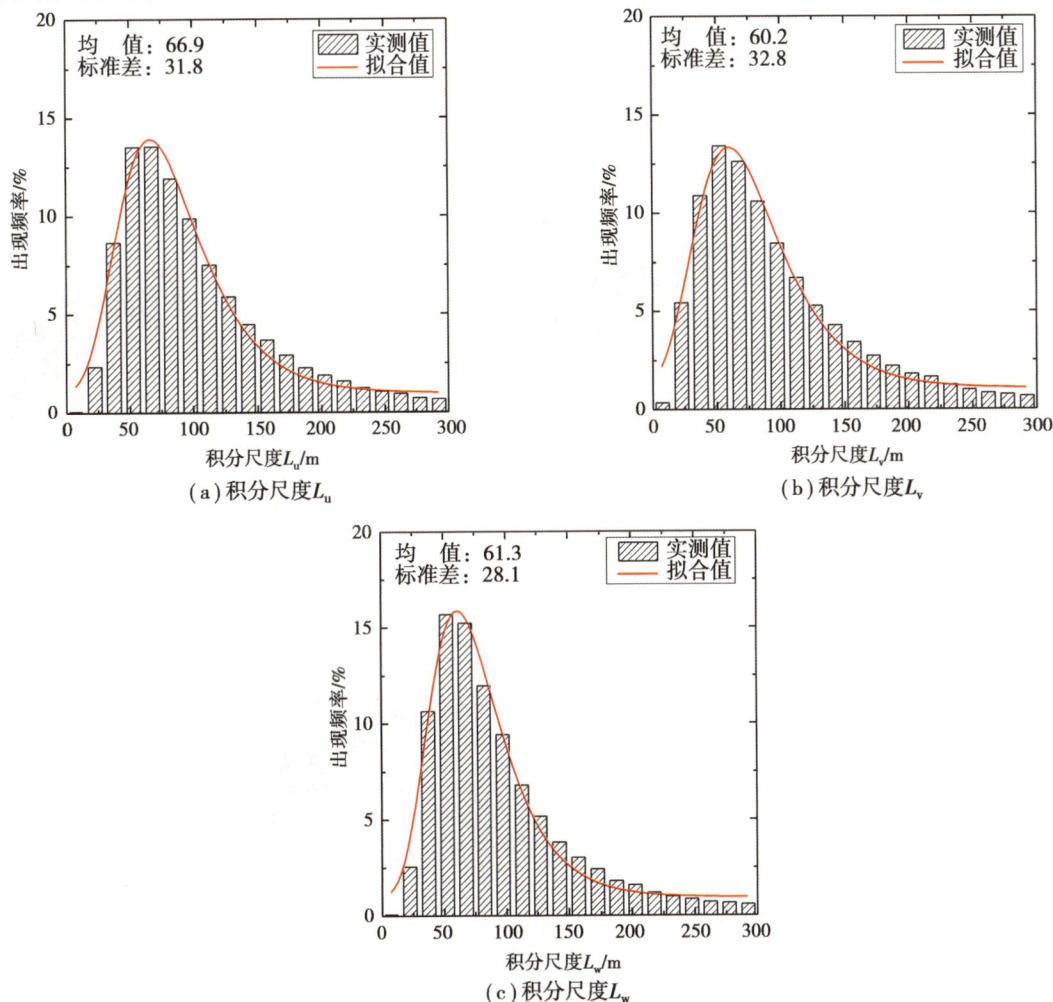

(a) 积分尺度 L_u

(b) 积分尺度 L_v

(c) 积分尺度 L_w

图 6.15　紊流积分尺度概率分布

4) 功率谱

桥塔上典型功率谱(2014 年 11 月 13 日)如图 6.16 所示。该段风速时程在水平方向上的功率谱与 Simiu 谱有所不同,特别是 v 分量拟合功率谱的低频部分要明显高于 Simiu 谱,竖向功率谱与 Panofsky 谱较为吻合。

首先对所有数据顺风向、横风向和竖向的实测功率谱分别采用式(6.18)、式(6.19)和式(6.20)进行单独拟合,然后对 A_u,B_u,A_v,B_v,A_w,B_w 这 6 个拟合参数的概率分布进行统计。其统计结果如图 6.17 所示。可知,顺风向和横风向的 A 值在 10.0 左右,B 值在 15 左右,规范中推荐的 A 值为 33.33,B 值为 50。竖向的 A 值为 2.1,B 值为 2.4,规范中推荐的 A 值为 4.0,B 值为 4.0。采用拟合均值作为取定值,可得桥塔上 3 个方向的拟合功率谱如下:

顺风向

$$\frac{fS_u(z,f)}{\sigma_u^2} = \frac{10.7f_z}{(1 + 16.1f_z)^{\frac{5}{3}}} \tag{6.40}$$

横风向

$$\frac{fS_v(z,f)}{\sigma_v^2} = \frac{9.5f_z}{(1+13.9f_z)^{\frac{5}{3}}} \qquad (6.41)$$

竖向

$$\frac{fS_w(z,f)}{\sigma_w^2} = \frac{2.1f_z}{(1+2.4f_z)^2} \qquad (6.42)$$

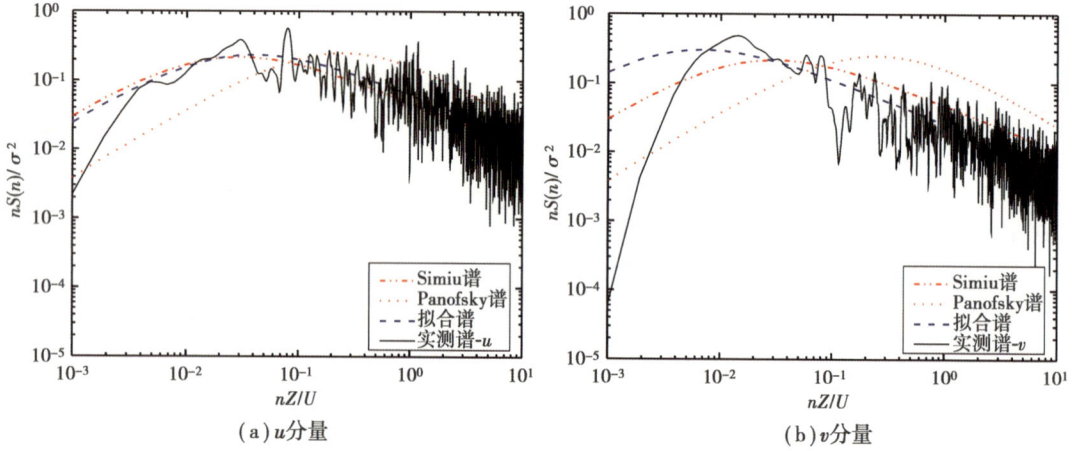

(a) u 分量

(b) v 分量

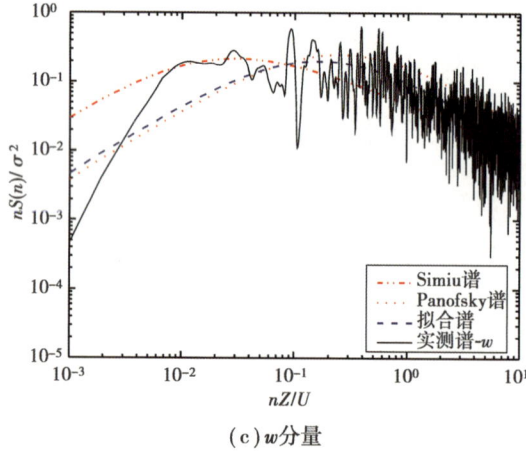

(c) w 分量

图 6.16　桥塔上典型大风天功率谱(2014-11-13)

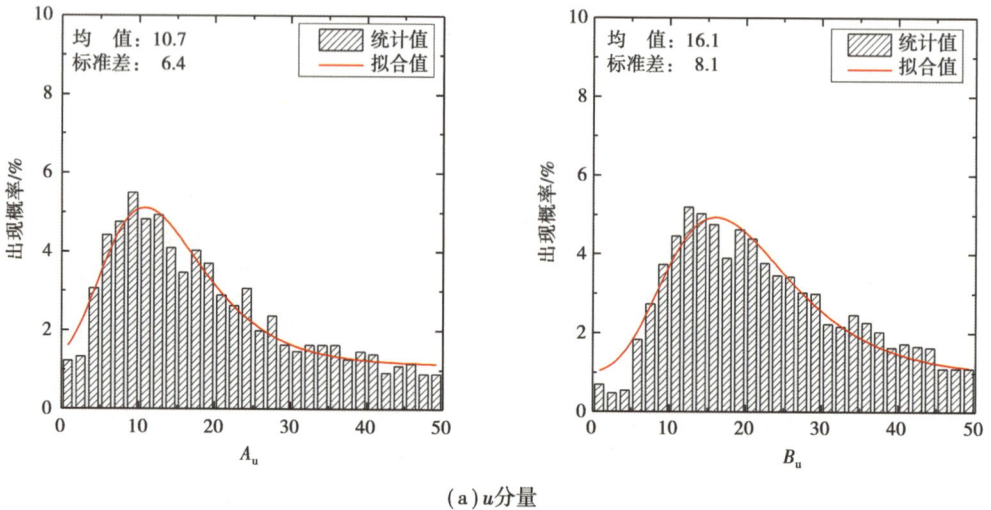

(a) u 分量

（b）v分量

（c）w分量

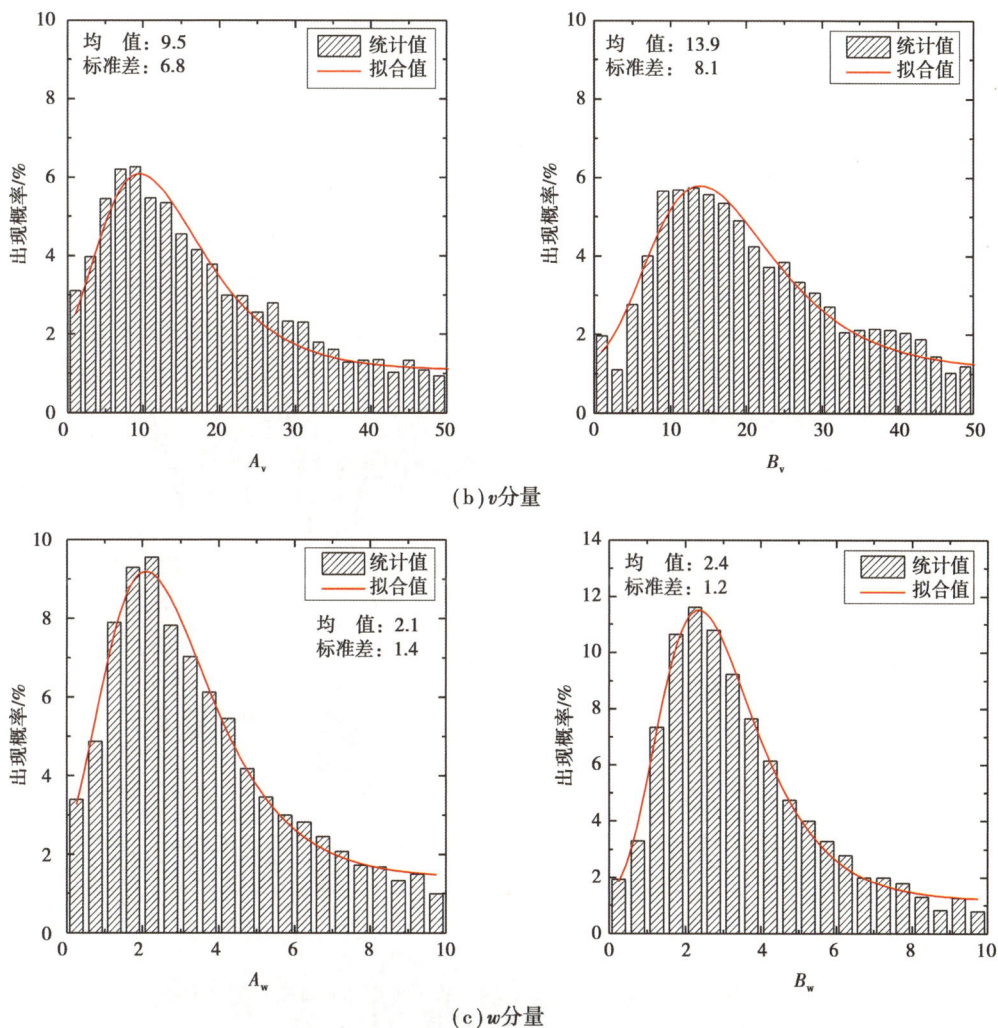

图 6.17　拟合参数概率分布

　　塔上拟合功率谱与 Simiu 谱、Panofsky 谱的对比如图 6.18 所示。可知，水平方向低频部分较 Simiu 谱低，而高频部分比 Simiu 谱大。竖向功率谱同样呈现出高频部分比 Panofsky 谱大，低频部分比 Panofsky 谱小。

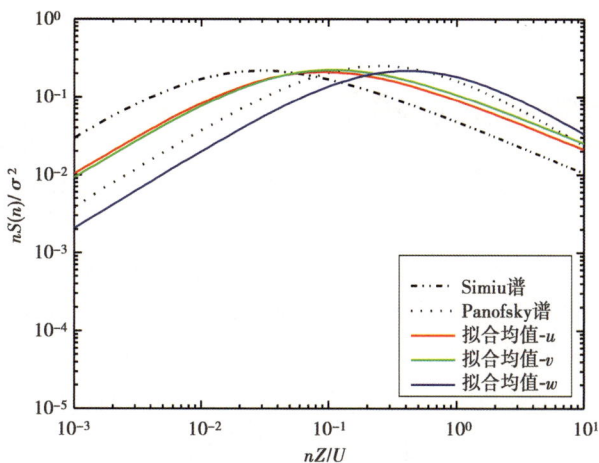

图 6.18　功率谱对比

6.4.2　高空脉动风特性

1）平均风速、风向及风攻角

猫道上跨中处典型大风天3个方向上（U_1为南北方向，U_2为东西方向，U_3为竖向）的风速时程和温度时程如图6.19所示。可知，桥位处从凌晨一直到12:00风速均较小，12:00以后风速开始逐渐增大，风速在8.0 m/s附近波动，大风一直持续到18:00左右。

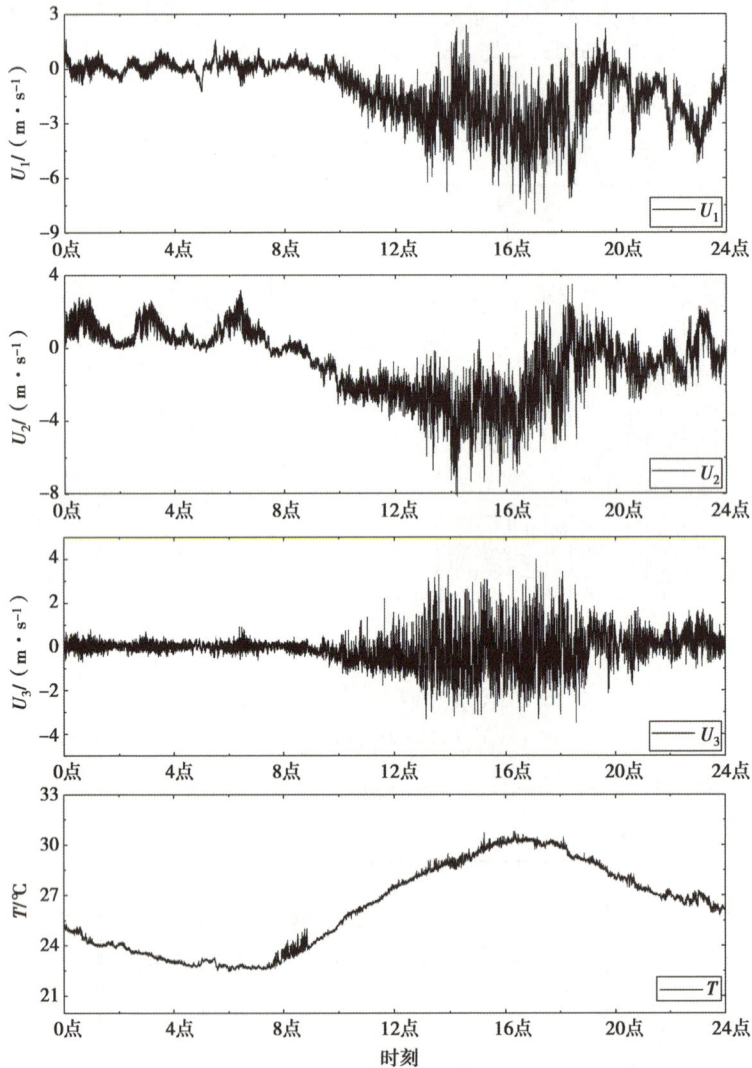

图6.19　猫道上跨中处脉动风原始数据(2015-07-14)

猫道上跨中处的平均风速、风向及风攻角的分布规律如图6.20所示。由图6.20(a)可知，桥位跨中处的风向仍以西南风为主导，其他方向上出现大风的概率相对较小。图6.20(b)为风速与风攻角的联合分布。可知，跨中处随着风速的增加风攻角的分布范围也明显减小，风速越低时风攻角的散布范围也越广，但绝大部分风攻角均在 −10° ~ 10°，其分布范围较桥塔上有所减小。图6.20(c)为风攻角与风向的联合分布。可知，无论是南风还是北风来流,跨中处的风攻角和风向没有明显的相关性,表明高空处的风攻角受到风向的影响明显减弱。图 6.20(d)为风攻角的概率分布。可知,跨中处风攻角的概率统计均值为 −1.4°,标准差为 3.9,与桥塔上相比,风攻角均值由正转负值,这是因跨中处受峡谷两侧近地表的影响明显减弱,其主要受来流风向上山体的遮挡影响。

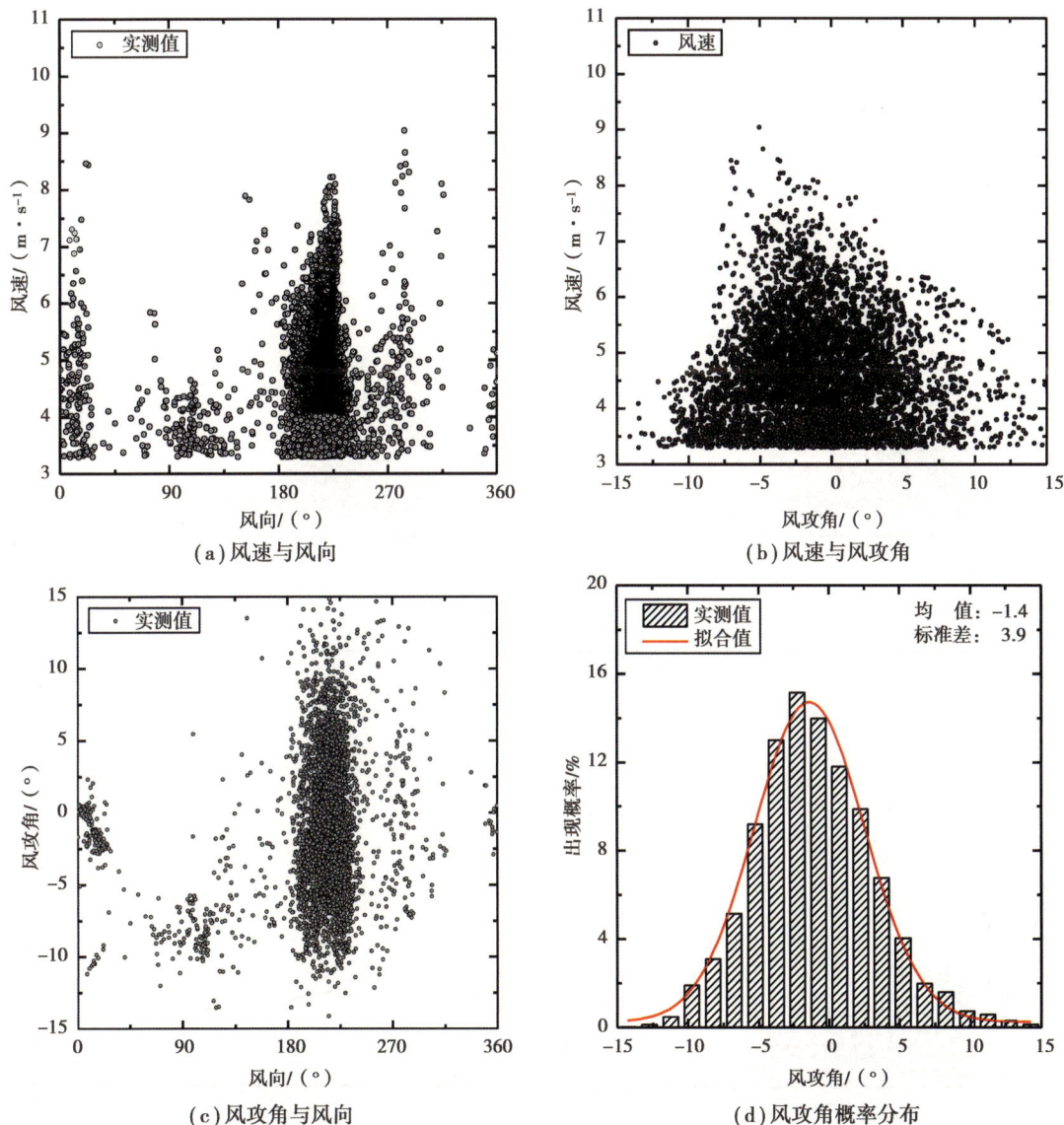

(a)风速与风向

(b)风速与风攻角

(c)风攻角与风向

(d)风攻角概率分布

图 6.20　猫道上跨中处风速、风向及风攻角

2)紊流强度

对猫道上跨中处平均风速大于 3.4 m/s 的 7 899 条有效风速时程数据进行分析。如图 6.21 所示为顺风向紊流度、横风向紊流度和竖向紊流度随风速的变化情况。当风速较低时,3 个方向上的紊流度均较大,随着风速的增加紊流度明显减小。与桥塔上的紊流度相比,跨中处的紊流度明显要小,这是因跨中处受到地面和两侧山体的影响相对较小;当风速为 3.4 m/s

时,主风向上的紊流度为13.7%,横风向上的紊流度为13.8%,竖向紊流度为11.4%,3个方向紊流度比值为1.00∶1.01∶0.83;当风速为10.0 m/s时,3个方向上的紊流度分别为9.0%,8.6%,8.5%,它们的比值为1.00∶0.96∶0.89。可知,3个方向上紊流度的比值随着风速的增加变化不明显,顺风向和横风向紊流度趋于一致,竖向紊流度略小于水平向的紊流度。横风向紊流度和竖向紊流度均较规范推荐的比值1.00∶0.88∶0.50要大,总体上表现为3个方向上的紊流度趋于一致。

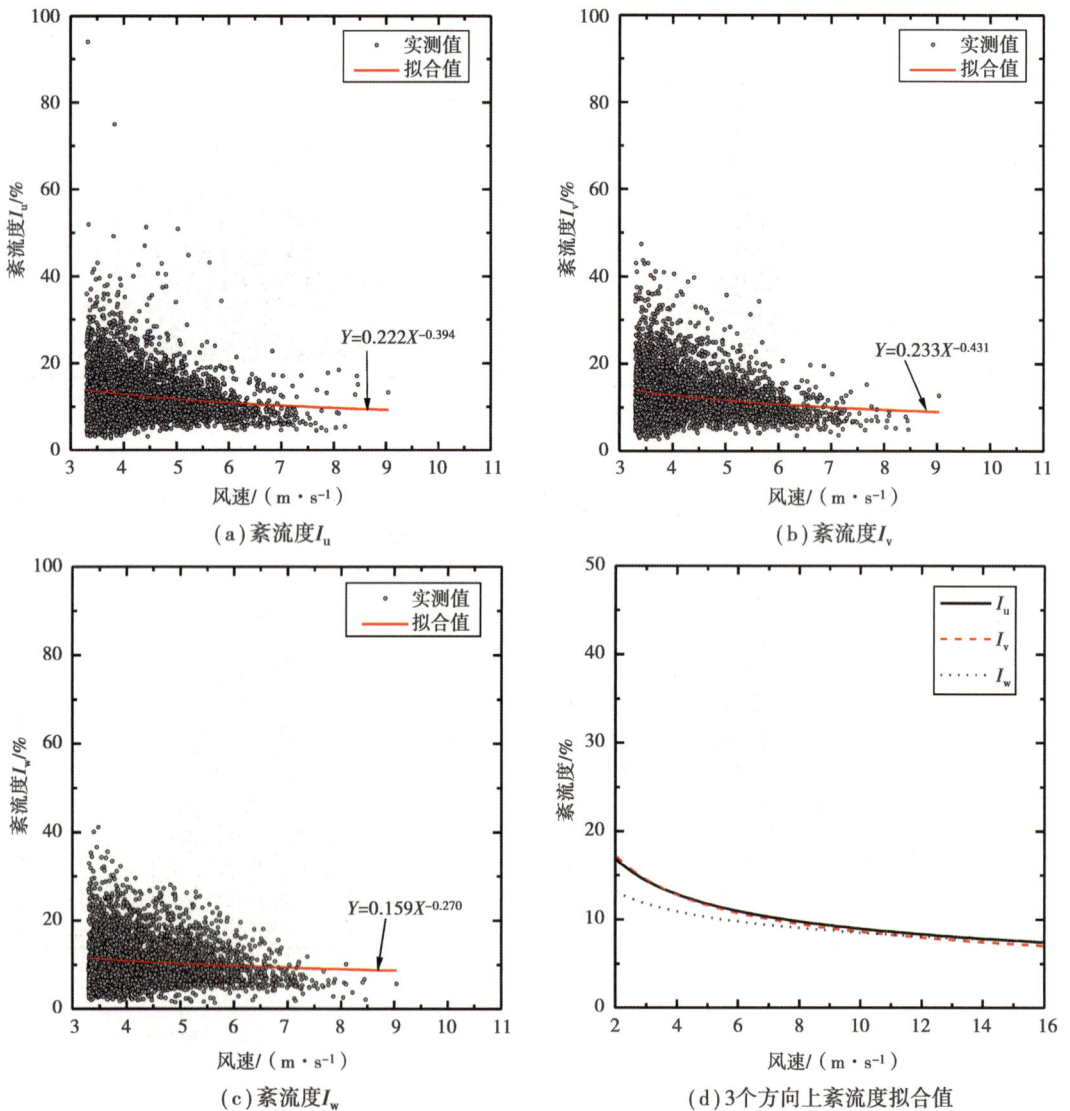

图6.21　紊流度

3)紊流积分尺度

如图6.22所示为猫道上跨中处顺风向、横风向和竖向紊流积分尺度随风速变化的分布情况。当风速较低时,3个方向上的紊流度积分尺度离散度均较大,但3个方向上的紊流积分尺度离散度随着风速的增加而减小,表明紊流积分尺度与风速存在着明显的相关性。

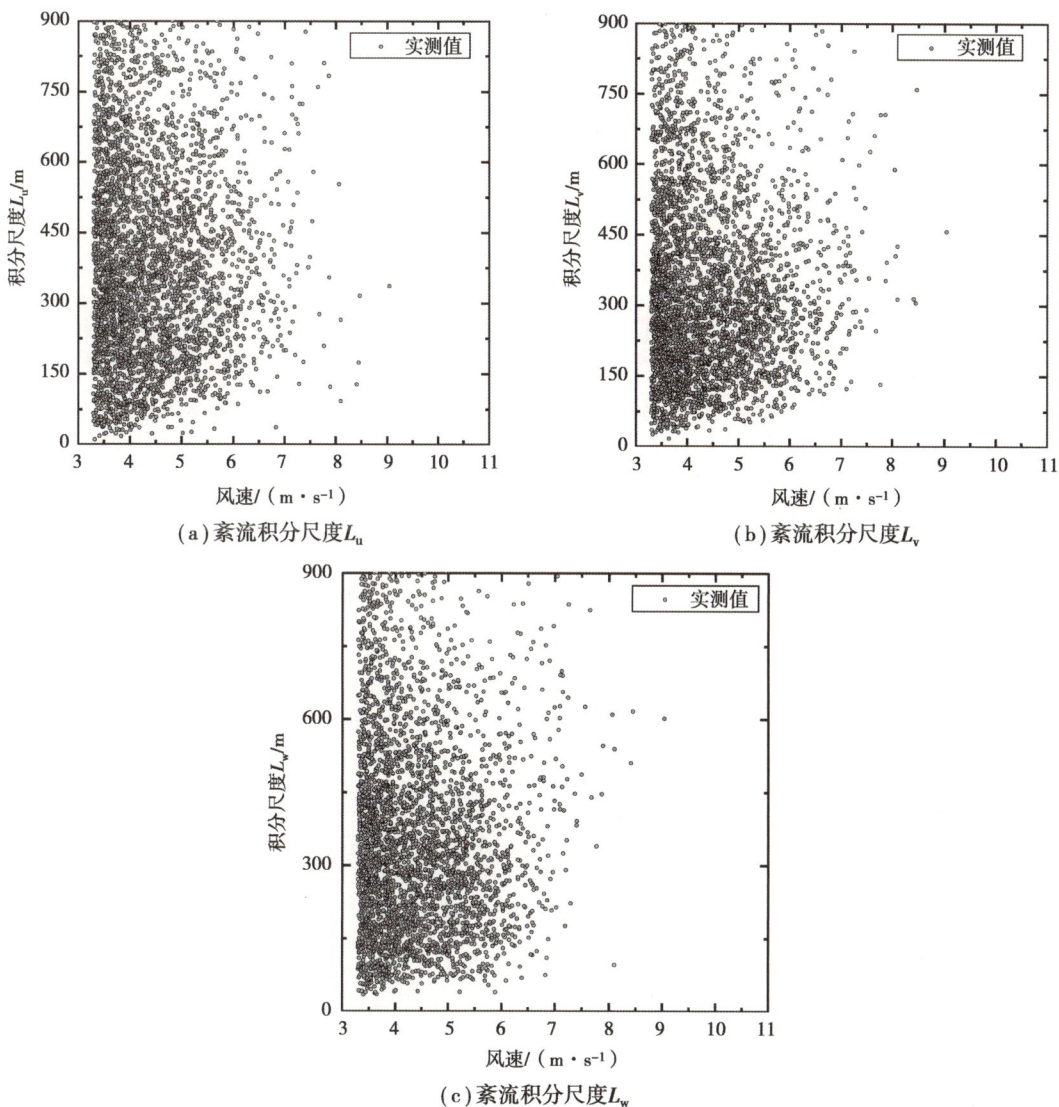

(a) 紊流积分尺度 L_u

(b) 紊流积分尺度 L_v

(c) 紊流积分尺度 L_w

图 6.22　紊流积分尺度与风速

不考虑风速的影响,对猫道上跨中处的紊流积分尺度进行统计。统计的概率分布如图 6.23 所示。可知,顺风向紊流积分尺度均值为 284.6 m,标准差为 198.1;横风向紊流积分尺度均值为 223.6 m,标准差为 130.5;竖向紊流积分尺度均值为 240.3 m,标准差为 150.6。紊流积分尺度均值均比规范推荐值要大,同时其标准差也相对较大。3 个方向上的比值为 1:0.79:0.84,表明在观测点处 3 个方向上漩涡的尺度是基本相当的,这一变化规律与桥塔上的观测结果基本一致。与桥塔上(低空)的观测结果对比可知,由于跨中处的观测点离地高达到了 295.0 m,离两岸山体的距离也均大于 600 m,观测点处受到地表山体的影响有所减弱。因此,紊流积分尺度也有所变大。

111

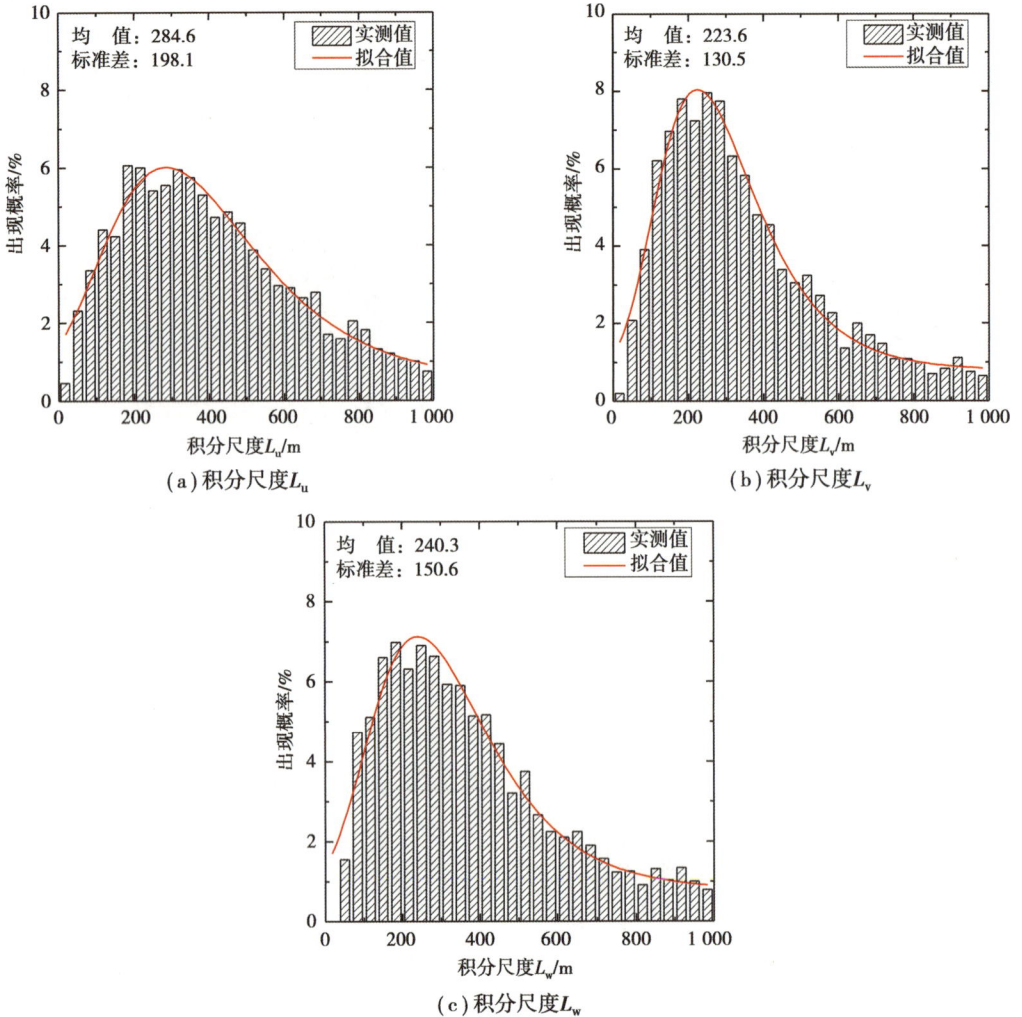

（a）积分尺度L_u

（b）积分尺度L_v

（c）积分尺度L_w

图6.23　猫道上跨中处紊流积分尺度概率分布

4）功率谱

猫道上跨中处典型大风天功率谱（2015年7月6日）如图6.24所示。该段风速时程在水平方向上的功率谱与Simiu谱有所不同，特别是u分量功率谱的低频部分要明显高于Simiu谱，竖向功率谱高频部分明显低于Panofsky谱。

首先对所有顺风向、横风向和竖向的实测功率谱分别采用式（6.18），式（6.19）和式（6.20）进行独立拟合，然后对A_u，B_u，A_v，B_v，A_w，B_w 6个拟合参数的概率分布进行统计。其统计结果如图6.25所示。可知，顺风向和横风向的A值在12.0左右，B值在20左右，规范中推荐的A值为33.33，B值为50。竖向的A均值为3.1，B均值为4.1，规范中推荐的A值为4.0，B值为4.0。采用拟合均值作为取定值，可得桥址区高空处3个方向的拟合功率谱如下：

顺风向

$$\frac{fS_u(z,f)}{\sigma_u^2} = \frac{12.0f_z}{(1+21.4f_z)^{\frac{5}{3}}} \qquad (6.43)$$

横风向

$$\frac{fS_{v}(z,f)}{\sigma_{v}^{2}} = \frac{12.4f_{z}}{(1 + 17.7f_{z})^{\frac{5}{3}}} \tag{6.44}$$

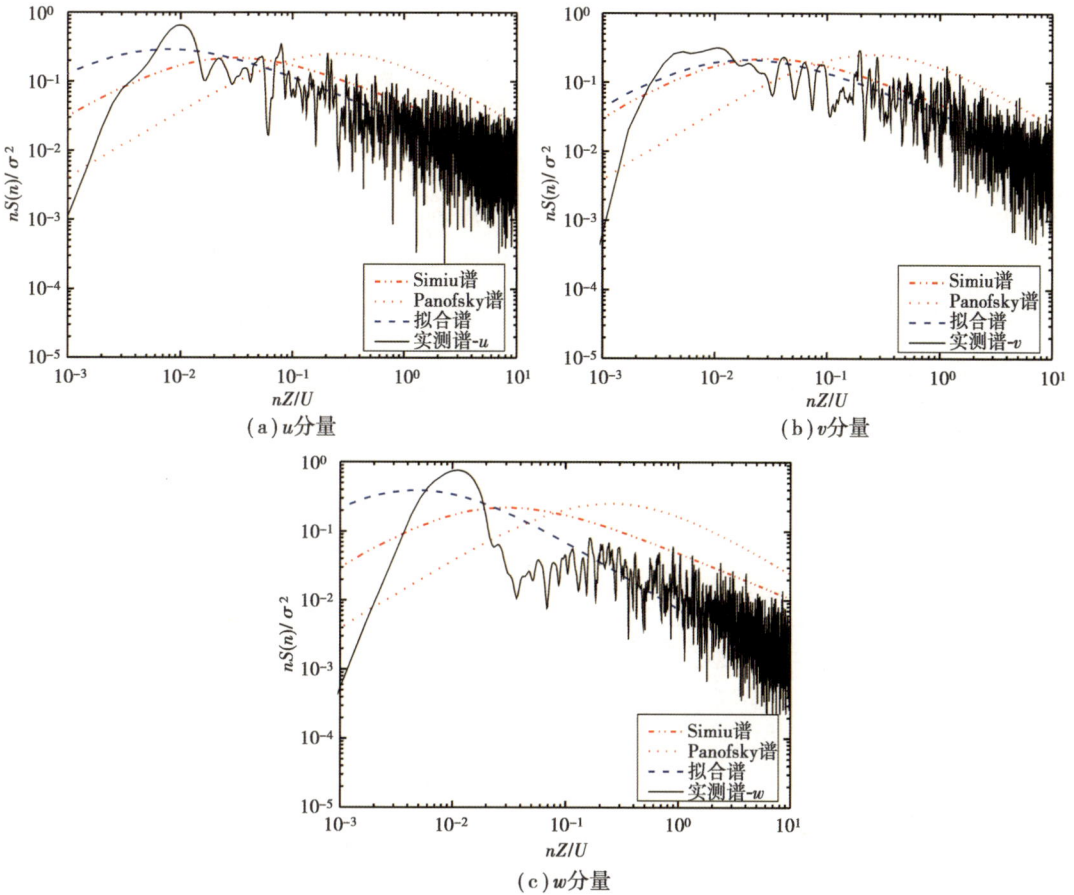

（a）u 分量　（b）v 分量

（c）w 分量

图 6.24　典型大风天功率谱（2015-07-06）

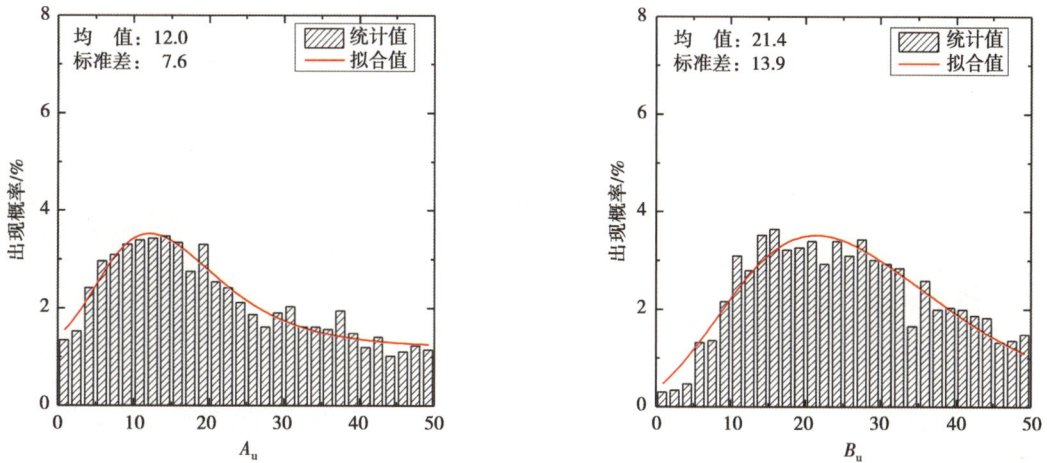

（a）u 分量

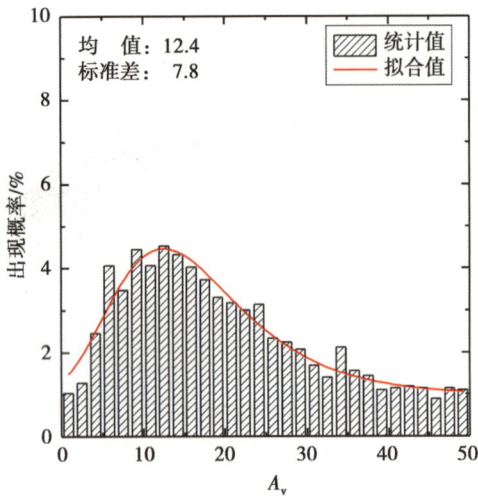

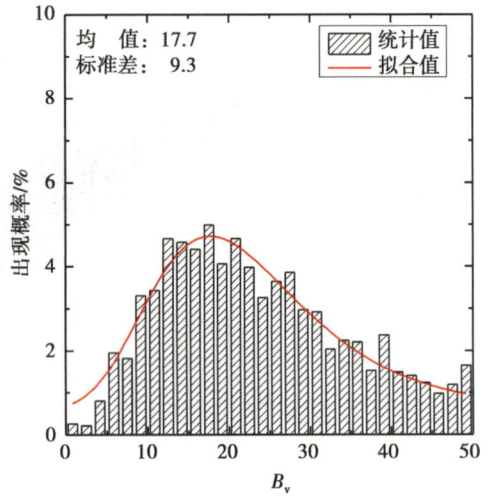

(b)v分量

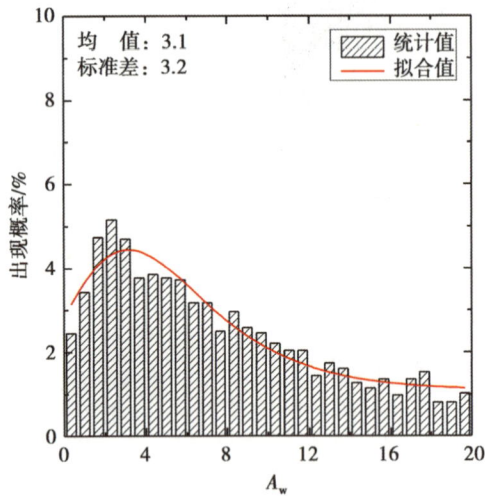

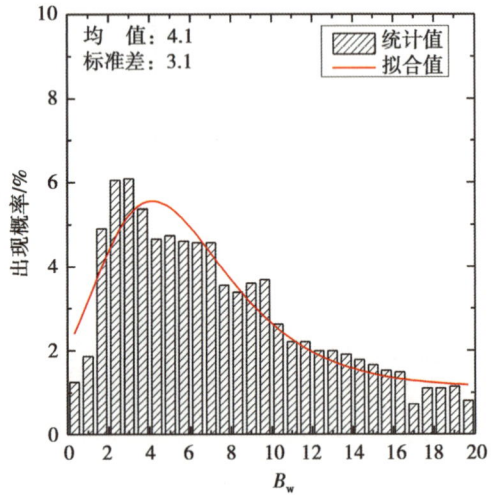

(c)w分量

图6.25　拟合参数概率分布

竖向

$$\frac{fS_w(z,f)}{\sigma_w^2} = \frac{3.1f_z}{(1+4.4f_z)^2} \qquad (6.45)$$

猫道上高空处拟合功率谱与 Simiu 谱、Panofsky 谱的对比如图6.26 所示。可知,水平方向低频部分较 Simiu 谱低,而高频部分比 Simiu 谱大。竖向功率谱所有频率上均比 Panofsky 谱小。

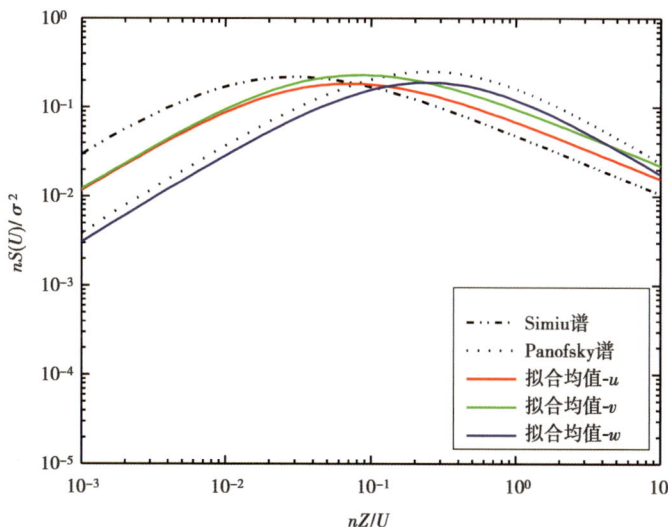

图 6.26　功率谱对比

6.5　小　结

本章以龙江大桥为工程背景,在保山岸桥塔上离地 54.0 m 处安装了一套超声风速仪,同时在跨中猫道上也安装了超声风速仪,该超声风速仪离谷底 295.0 m。通过两个观测点分别对桥址区低空和高空的风参数进行了现场实测。通过对现场实测数据的分析可得出以下结论:

1)低空脉动风特性(塔上)

①桥位处塔上的风向以西南风为主导,其他方向上出现大风的概率较小。

②实测风攻角均分布在 -15° ~ 15°。随着风速的增加,风攻角的分布范围明显减小,即风速越低时风攻角散布范围越大,风速越高速散布范围越小,并且风速较高时没有出现较大的风攻角。南风时风攻角以负攻角居多,北风时以正攻角为主,表明风攻角和风向有明显的相关性。风攻角的概率统计均值为 2.9°,标准差为 3.3。

③当风速为 3.4 m/s 时,3 个方向上的紊流度分别为 25.4%,26.3%,8.9%,比值为 1.00:1.05:0.74;当风速为 10.0 m/s 时,3 个方向上的紊流度分别为 17.4%,15.9%,10.9%,比值为 1.00:0.91:0.63。

④来流风速受到河谷地形和两岸山体的影响,3 个方向的紊流积分尺度分别为 66.9,60.2,61.3 m,与规范中推荐值有明显差异。总体上看,3 个方向上的积分尺度较接近。

⑤采用拟合均值作为取定值,得到桥址区低空的拟合功率谱如下:
顺风向

$$\frac{fS_\mathrm{u}(z,f)}{\sigma_\mathrm{u}^2} = \frac{10.7f_\mathrm{z}}{(1 + 16.1f_\mathrm{z})^{\frac{5}{3}}}$$

横风向

$$\frac{fS_v(z,f)}{\sigma_v^2} = \frac{9.5f_z}{(1+13.9f_z)^{\frac{5}{3}}}$$

竖向

$$\frac{fS_w(z,f)}{\sigma_w^2} = \frac{2.1f_z}{(1+2.4f_z)^2}$$

通过对比发现,顺风向和横风向两个方向上的功率谱较接近,并且低频部分较 Simiu 谱低,而高频部分比 Simiu 谱大。竖向功率谱同样呈现出低频部分比 Panofsky 谱小、高频部分比 Panofsky 谱大的变化规律。

2)高空脉动风特性(猫道上)

①风速越低风攻角的散布范围也越广,大部分风攻角在 −10°~10°,其分布范围较桥塔上有所减小。风攻角的概率统计均值为 −1.4°,标准差为 3.9。

②当风速为 3.4 m/s 时,3 个方向上的紊流度为 13.7%,13.8%,11.4%,其紊流度比值为 1.00∶1.01∶0.83;当风速为 10.0 m/s 时,3 个方向上的紊流度分别为 9.0%,8.6%,8.5%,它们的比值为 1.00∶0.96∶0.89。高风速下紊流度的比值随着风速的增加变化不明显,顺风向和横风向紊流度趋于一致,竖向紊流度略小于水平向的紊流度。

③顺风向紊流积分尺度均值为 284.6 m,横风向紊流积分尺度均值为 223.6 m,竖向紊流积分尺度均值为 240.3 m。3 个方向上紊流积分尺度的比值为 1∶0.79∶0.84。与桥塔上(低空)的观测结果对比可知,由于跨中处的观测点离地高达到了 295.0 m,观测点处受到地表山体的影响有所减弱,因此,紊流积分尺度也有所变大。

④采用拟合均值作为取定值,可得桥址区高空的拟合功率谱如下:

顺风向

$$\frac{fS_u(z,f)}{\sigma_u^2} = \frac{12.0f_z}{(1+21.4f_z)^{\frac{5}{3}}}$$

横风向

$$\frac{fS_v(z,f)}{\sigma_v^2} = \frac{12.4f_z}{(1+17.7f_z)^{\frac{5}{3}}}$$

竖向

$$\frac{fS_w(z,f)}{\sigma_w^2} = \frac{3.1f_z}{(1+4.4f_z)^2}$$

通过对比发现,顺风向和横风向两个方向上的功率谱较接近,低频部分较 Simiu 谱低,而高频部分比 Simiu 谱大。竖向功率谱所有频率上均比 Panofsky 谱小。

第7章
结论与展望

本书围绕桥梁风工程领域关心的复杂地形地貌区风特性展开研究,应用现场实测和数值模拟相结合的方法,对位于复杂地形地貌桥址区的平均风特性和脉动风特性进行了现场实测和数值模拟分析,讨论了桥址区日常大风的成因,并应用数值模拟的手段进行了考虑热力效应的桥址区风特性分析。

7.1 结 论

本书的主要结论如下:

1) 桥址区平均风特性实测与分析

①桥位处实测 10 min 平均风速最大为 29.6 m/s,已达到 11 级大风标准。瞬时极大风速达 44.5 m/s。桥面设计高度处出现负风攻角的概率远大于出现正攻角的概率,表明山区桥梁中风攻角的均值不一定为 0.0°。

②强风时,考虑 95% 保证率的阵风系数为 1.97,略大于规范推荐值。桥位处低空风剖面受地面影响较大,当超过一定高度后这种影响减弱较明显,桥位处低空的地表粗糙度系数为 0.33。

③桥址区的大风过程可分为两类:一类是受大尺度气候环境影响的大风降温过程,定义为第 I 类大风;另一类是受小尺度范围内热力驱动而产生的日常大风过程,定义为第 II 类大风,该类大风出现的概率高,10 min 平均风速为 10.0 m/s 以上,该类大风将严重影响桥梁的耐久性和桥面行车安全。

2) 日常大风成因分析

①与常规的季风或强对流天气出现的风不同,桥位处每天下午出现的风是由局部温差和地形双重作用形成的局部小尺度风,不平衡热力作用对风的产生及风的强弱起控制作用。

②桥位处受到雅安侧山峰和水电站处山峰双重阻挡,桥位处与水坝之间区域气流可能表现为半环形流动,不同点位处的风速和风向差异明显。此外,河道狭窄处存在一定的风速加速效应。

③桥址区日常大风成因和常规平原地区有显著区别,再加上局部地形的影响,桥址区的风特性与抗风规范及常规研究的风特性存在显著差异。

3) 考虑热力效应的桥址区风特性数值模拟

①仅在热力效应作用下,主梁上水平风速最大可达 6.4 m/s,桥位处的竖向风速最大可达 3.0 m/s。

②同时考虑热力效应和来流风速,当来流风速大于 5.0 m/s 时,桥址区的风场主要受来流风速的影响;当来流风速小于 5.0 m/s 时,桥位处的风场主要是受太阳辐射,地表温度等热力效应的影响。

③在热力效应作用下,桥位处的风速在 1 d 内随温度的波动而波动,主梁跨中处的风速呈现出从早上开始逐渐增加,然后从傍晚开始逐渐减小的变化趋势。

4) 塔上风传感器安装位置选择

①桥塔对风观测结果的影响较大,即使风传感器位于来流的迎风侧,风速比值仍在 $1.30 \sim 0.45$ 波动。实际风观测中,需要考虑桥塔对空气流动的影响。

②对近似圆柱形的桥塔,塔上风传感器的安装位置应距离塔柱外表面 1.0 倍特征尺寸以上,与来流风向夹角宜为 $\pm(45.0° \sim 56.5°)$。

5) 桥址区脉动风特性实测与分析

①桥址区 3 个方向上的紊流度比规范推荐值小,当风速大于 10.0 m/s 后,主梁跨中处顺风向上的紊流度为 9.0%。同时,高空的积分尺度明显大于低空的积分尺度,顺风向上低空积分尺度为 66.9 m,高空积分尺度为 284.6 m。

②通过参数拟合,得到了桥址区低空和高空的功率谱表达式。水平方向上的功率谱在低频部分较 Simiu 谱小,高频部分较 Simiu 谱大。竖向功率谱在低空呈现出低频部分比 Panofsky 谱小,高频部分比 Panofsky 谱大,但高空所有频率部分均比 Panofsky 谱要小。

7.2 展望

进一步研究工作展望如下:

①通过现场实测表明,山区桥梁的风环境恶劣,并且山区风的攻角较大,风速沿主梁的分布不均匀,这种特殊风环境中桥梁结构的颤振、抖振和涡振值得进一步研究。

②在考虑热力效应的桥址区风特性模拟方面,模拟中需要相关的热力边界条件,可进行进一步的现场实测,根据现场实测数据对数值模型的热力边界条件进行修正。

③在类似强风区,如何保证车辆运营的安全性和桥梁结构的耐久性有待进一步研究。

参 考 文 献

［1］ BS 540022：Steel Concrete and Composite Bridges-Part 2：Specification for Loads［S］. United Kingdom：BSI Standards，1978.

［2］ 中华人民共和国住房和城乡建设部.建筑结构荷载规范：GB 50009—2012［S］.北京：中国建筑工业出版社，2012.

［3］ 中华人民共和国交通运输部.公路桥梁抗风设计规范：JTG/T 3360-01—2018［S］.北京：人民交通出版社，2018.

［4］ 庞加斌，宋锦忠，林志兴.山区峡谷桥梁抗风设计风速的确定方法［J］.中国公路学报，2008，21（5）：39-44.

［5］ 李永乐，蔡宪棠，唐康，等.深切峡谷桥址区风场空间分布特性数值模拟研究［J］.土木工程学报，2011，44（2）：116-122.

［6］ 李永乐，唐康，蔡宪棠，等.深切峡谷区大跨度桥梁的复合风速标准［J］.西南交通大学学报，2010，45（2）：167-173.

［7］ 项海帆，等,公路桥梁抗风设计指南［M］.北京：人民交通出版社，1996.

［8］ 项海帆，等,现代桥梁抗风设计理论与实践［M］.北京：人民交通出版社，2005.

［9］ 葛盛昌，蒋富强.兰新铁路强风地区风沙成因及挡风墙防风效果分析［J］.铁道工程学报，2009（5）：1-4.

［10］ 王厚雄，高注，王蜀东，等.挡风墙高度的研究［J］.中国铁道科学，1990（1）：14-23.

［11］ 葛盛昌，尹永顺.新疆铁路风区列车安全运行标准现场试验研究［J］.铁道技术监督，2006（4）：9-11.

［12］ 金学松，郭俊，肖新标，等.高速列车安全运行研究的关键科学问题［J］.工程力学，2009，38（2）：8-22.

［13］ Suzuki M, Tanemoto K, Maeda A T. Aerodynamic characteristics of train/vehicles under cross winds［J］. Journal of Wind Engineering and Industrial Aerodynamics，2003，91（91）：209-218.

［14］ Fujii T, Maeda T, Ishida H. Wind-induced Accidents of Train /Vehicles and Their counter-measures［C］. Proceedings of the 7th Specialty Conference on Probabilistic Mechanics and Structural Reliability. Massachusetts 1996（1）：70-73.

［15］ A G Davenport. The Spectrum of Horizontal Gustiness Near the Ground in High Winds［J］.

Quarterly of the Royal Met Society. 1984: 194-211.

[16] A G Davenport. The Relationship of Wind Structure to Wind Loading[J]. Paper No. 2 Proc. Conf. on Wind Effects on Buildings and Structures. N. P. L. 1963.

[17] Duchene-Marullaz P. Full-Scale Measurement of the Structure and Strong Winds[R]. CIRIA Report No. 76, 1978.

[18] Will J A B, Grant A, Boyack C F, Offshore mean wind profile[R]. Department of Energy, Offshore Technical Report, OTH 86 226, 1986.

[19] Andersen O J, Lovseth J. Gale force maritime wind. The Froya data base, Part 1: site and instrumentation. Review of the data base[J]. Wind Eng. & Ind. Aerodynamics, 1995, V57:97-109.

[20] Sparks P R, Reid W D, Welsh S. Wind conditions in hurricane Hugo by measurement, inference and experience[J]. Wind Eng. & Ind. Aerodynamics, 1992, V41:55-66.

[21] Kato N, Ohkuma T, Kim J R. Full scale measurement of wind velocity in two urban areas using an ultrasonic anemometer[J]. Wind Eng. & Ind. Aerodynamics, 1996, V41: 67-78.

[22] Kossmann M, Vögtlin R, Corsmeier U. Aspects of the convective boundary layerstructure over complex terrain[J]. Atmospheric Environment, 1998, V32(7): 1323-1348.

[23] M R Raupach, J J Finnigan. The influence of topography on meteorological variables and surface-atmosphere interaction [J]. Journal of Hydrology, 1997, V190:182-213.

[24] C A Miller, A G Davenport. Guidelines for the calculation of wind speed-ups in complex terrain [J]. Wind Eng. & Ind. Aerodynamics, 1998, V74-76: 189-197.

[25] Carpenter Paul, Locke Nicholas. Investigation of wind speeds over multiple two-dimensional hills [J]. Wind Eng. & Ind. Aerodynamics, 1999, V83(1-3): 109-120.

[26] M H Dickerson, Mascon. A mass consistent atmospheric flux model for regions of complex terrain[J]. Journal of Applied Meteorology, 1978(17): 241-253.

[27] C S Sherman. A mass consistent model for wind fields over complex terrain[J]. Journal of Applied Meteorology, 1978, 17: 312-319.

[28] F L Ludwig, J M Livingston, R. M. Endlich. Use of mass conservation and critical dividing streamline concepts for efficient objective analysis of winds in complex terrain[J]. Journal of Applied Meteorology, 1991, 30:1490-1499.

[29] Edmond D H Cheng, Jie Shang. Complex terrain surface wind field modeling Edmond[J]. Journal of Wind Engineering and Industrial Aerodynamics, 1997, 67 & 68: 941.

[30] S Finardi,G Tinarelli,P Faggian,et al. Evaluation of different wind field modeling techniques for wind energy applications over complex topography[J]. Journal of Wind Engineering and Industrial Aerodynamics, 1998, 74 & 76: 283-294.

[31] 陈伏彬. 大跨结构风效应的现场实测和风洞试验及理论分析研究[D].长沙:湖南大学,2011.

[32] Fubin Chen, Q S Li,J R Wu, et al. Wind effects on a long-span beam string roof structure: wind tunnel test, field measurement and numerical analysis[J]. Consturctional Steel Re-

search. 2011(67)：1591-1604.

[33] 陈伏彬,李秋胜,胡尚瑜,等. 开阔地貌台风风场现场实测与风洞试验应用研究[J]. 建筑结构, 2015,45(2):89-94.

[34] Li Q S,Hu S Y, Dai Y M, et al. Extreme-value analysis for field measured peak pressure co-erricients on a low-rise building[A]. Extreme-value of the Seventh Asia-Pacific Conference on Wind Engineering[C]. Taipei,Taiwan 2009：269-276.

[35] 胡尚瑜. 台风作用下低矮房屋风荷载现场实测和风洞试验及理论分析研究[D].长沙：湖南大学,2012.

[36] Li Q S,Hu S Y, Dai Y M, et al. Field measurements of extreme pressures on a flat roof a low-rise building during typhoons[J]. Journal of Wind Engineering and Industrial Aerodynamics, 2012(111)：14-29.

[37] Y L Xu,L D Zhu. Buffeting response of long-sapn cable-supported bridges under skew winds. Part 2：case study[J]. Journal of sound and Vibration,2005(281)：675-697.

[38] 史文海. 低矮房屋与高层建筑的风场和风荷载特性实测研究[D]. 长沙：湖南大学,2013.

[39] 王桂玲, 蒋维楣. 复杂地形上的低层风场特征[J]. 解放军理工大学学报, 2006(5)：491-495.

[40] 余琦,刘原中. 复杂地形上的风场内插方法[J]. 辐射防护, 2001(21)：213-218.

[41] 宋丽莉,秦鹏,黄浩辉,等. 复杂山地近地层大风特性分析[A]. 中国第十三届全国结构风工程学术会议论文集[C]. 大连：2007：36-41.

[42] 宋丽莉, 吴战平, 秦鹏, 等. 复杂山地近地层强风特性分析[J].气象学报,2009,67(3)：452-460.

[43] 宋丽莉,毛慧琴,汤海燕,等.广东沿海近地层大风特性的观测分析[J]. 热带气象学报,2004,20(6)：731-736.

[44] Huang Linhong, Song Lili, Li Gang, et al. Variation Characteristics of Regional Synchronous Wind in Hami,Xinjiang of Northwest China [J]. Journal of Meteorological Research,2015,29(2)：344-356.

[45] 宋丽莉,庞加斌,蒋承霖,等. 澳门友谊大桥"鹦鹉"台风的湍流特性实测和分析[J]. 中国科学:技术科学, 2010(12)：21-28.

[46] 庞加斌. 沿海和山区强风特性的观测分析与风洞模拟研究[D].上海：同济大学, 2006.

[47] 李杏平,李爱群,王浩,等. 基于长期监测数据的苏通大桥桥址区风特性研究[J].振动与冲击,2010,29(10)：82-85.

[48] 朱乐东,任鹏杰,陈伟,等. 坝陵河大桥桥位深切峡谷风剖面实测研究[J]. 实验流体力学,2011,25(4)：15-21.

[49] 朱乐东,周成,陈伟,等. 坝陵河峡谷脉动风特性实测研究[J].山东建筑大学学报,2011,26(1)：27-34.

[50] 朱乐东,王继全,陈伟,等. 坝陵河大桥桥位风速观测及设计基准风速的计算[J]. 石家庄铁道大学学报,2010,23(4)：5-9.

[51] 武占科,赵林,朱乐东. 上海环球金融中心工程场地良态风环境特性观测分析[J]. 结构工程师,2009,25(2):98-103.

[52] 胡峰强,陈艾荣,王达磊. 山区桥梁桥址风环境试验研究[J]. 同济大学学报, 2006(34):721-725.

[53] 张玥,胡兆同. 山西禹门口黄河大桥实测风特性分析[J]. 公路. 2008(11):77-82.

[54] 张玥,胡兆同,刘健新. 西部山区地形的斜拉桥风场特性研究[J]. 武汉理工大学学报,2008,30(12):154-159.

[55] 张玥. 西部山区谷口处桥位风特性观测与风环境数值模拟研究[D],西安:长安大学,2009.

[56] 高亮. 内陆强风特性的现场实测与模拟[D]. 西安:长安大学,2012.

[57] 张玥,周敉,胡兆同. 内陆区复杂地形桥位的风参数量测及识别[J]. 广西大学学报:自然科学版. 2014,39(4):879-885.

[58] 白桦,李加武,刘健新. 西部河谷地区三水河桥址风场特性试验研究[J]. 振动与冲击,2012,31(14):74-78.

[59] 陈政清,张志田,廖建宏. 矮寨大桥悬索桥抗风设计研究[A]. 第十八届全国桥梁学术会议论文集:下册[C]. 北京:人民交通出版社,2008:734-742.

[60] 张志田,李春光,陈政清. 山区峡谷地带大跨度桥梁风场特性试验研究[A]. 中国第十三届全国结构风工程学术会议论文集[C]. 大连:2007:36-41.

[61] 金磊,王修勇,廖建宏,等. 矮寨悬索桥桥址风环境观测系统及数据分析[J]. 湖南工学院学报,2011,21(3):65-67.

[62] 陈政清,柳成荫,倪一清. 洞庭湖大桥拉索风雨振中的风场参数[J]. 提到科学与工程学报,2004,1(1):52-57.

[63] 刘峰,许德德,陈正洪. 北盘江大桥设计风速及脉动风频率的确定[J]. 中国港湾建设,2002(1):23-27.

[64] 胡俊. 大跨度悬索桥现场实测数据、风雨激励响应及风振疲劳研究[D]. 大连:大连理工大学, 2012.

[65] Hu Jun, Guo Jia, Ou Jinping. Measurement of wind field characteristics at a long-span suspension bridge[J]. Journal of Southeast University,2011, 27(3):251-260.

[66] 刘明,廖海黎,李明水,等. 西堠门大桥桥址处风场特性研究[J]. 铁道建筑,2010,49(5):18-21.

[67] 李永乐,廖海黎,强士中. 京沪高速铁路南京长江大桥桥址区风特性研究[J]. 桥梁建设, 2002, 114(4):5-7.

[68] Huang G Q, Peng L L, Su Y W, et al. A wireless high-frequency anemometer instrumentation system for field measurements[J]. Wind and Structures, 2015,20(6):739-749.

[69] 黄国庆,苏延文,彭留留,等. 山区风作用下大跨悬索桥响应分析[J]. 西南交通大学学报,2015,50(4):610-616.

[70] 刘聪, 黄世成, 严迎春. 长江南通段江面风的观测分析[J]. 自然灾害学报, 2005, 14(4):1-7.

[71] 陈正洪,杨宏青,向玉春,等. 武汉阳逻长江公路大桥设计风速值的研究[J]. 自然灾害学报, 2003,12(4):160-169.

[72] J C K Cheung, M Eaddy, W H Melbourne. Wind Tunnel Modeling of Neutral Boundary Layer Flow over Mountains[A]. The Eleventh International Conference on Wind Engineering [C]. Lubbock, Texas, USA, 2003.

[73] Ashkan Rasouli, Horia Hangan, Kamran Siddiqui. PIV Measurements for a Complex Topographic Terrain[A]. The Twelfth International Conference on Wind Engineering[C]. Cairns, Australia, 2007.

[74] Atsushi Yamaguchi, Takeshi Ishihara, Yozo Fujino. Experimental study of the wind flow in a coastal region of Japan[J]. Journal of Wind Engineering and Industrial Aerodynamics, 2003 (91): 247-264.

[75] W Gong, A Ibbetson. A wind tunnel study of turbulent flow over model hills[J]. Boundary-Layer Meteorol, 1989(49): 113-148.

[76] L J Finnigan, M R Raupach, E F Bradley, et al. A wind tunnel study of turbulent flow over a two-dimensional ridge[J]. Boundary-Layer Meteorol, 1990(50): 277-317.

[77] A D Ferreira, M C G Silva, D X Viegas, et al. Wind tunnel simulation of the flow around two-dimensional hills[J]. Wind Eng. Ind. Aerodyn, 1991(38): 109-122.

[78] Hyun Goo Kim, Choung Mook Lee, H C Lim, et al. An experimental and numerical study on the flow over two-dimensional hills[J]. Journal of Wind Engineering and Industrial Aerodynamics, 1997(66): 17-33.

[79] 陈政清,李春光,张志田,等. 山区峡谷地带大跨度桥梁风场特性试验[J]. 实验流体力学,2008,22(3): 54-67.

[80] 张高良. 山区强风特性观测及风洞试验模拟研究[D]. 长安:长安大学,2011.

[81] 李鑫. 山地地形的近地风场特性研究[D]. 重庆:重庆大学,2010.

[82] 叶征伟. 山区高墩大跨连续刚构桥风环境及风荷载研究[D]. 杭州:浙江大学,2011.

[83] 徐洪涛. 山区峡谷风特性参数及大跨度桁梁桥风致振动研究[D]. 成都:西南交通大学, 2009.

[84] 徐洪涛,何勇,廖海黎,等. 山区峡谷大跨度桥梁桥址风场试验[J]. 公路交通科技, 2011,28(7):84-89.

[85] 王凯,廖海黎,李明水,等. 山区峡谷桥梁设计基准风速的确定方法[J]. 西南交通大学学报,2013,48(1): 29-35.

[86] 胡朋,李永乐,廖海黎. 山区峡谷桥址区地形模型边界过渡段形式研究[J]. 空气动力学报,2013,31(2):231-238.

[87] 胡朋,李永乐,廖海黎. 基于SST k-ω 湍流模型的平衡大气边界层模拟[J]. 空气动力学报,2012,30(6): 737-743.

[88] Hu P, Li Y L, Huang G Q, et al. The appropriate shape of the boundary transition section for a mountain-gorge terrain model in a wind tunnel test[J]. Wind and Structures, 2015,20 (1):15-35.

[89] 顺发祥,译. 日本多多罗大桥的风洞试验[J]. 铁道建筑,1994(11):40.

[90] P A Irwin. The role of wind tunnel modeling in the prediction of wind effects on bridges[J]. Bridge Aerodynamics. Balkema,1998:99-117.

[91] P A Irwin. Full aeroelastic model tests[J]. Aerodynamics of Large Bridges. Balkma, 1992: 125-135.

[92] 郑史雄,李永乐,廖海黎. 浏阳河大桥的抗风性能风洞试验研究[J]. 东北公路,2002,25(3):70-73.

[93] Takashi Nomura. Prediction of large-scale wind field over complex terrain by finite element method[J]. Journal of Wind Engineeringand Industrial Aerodynamics, 1997(67):947-948.

[94] Atsushi Yamaguchi, Takeshi Ishihara, Yozo Fujino. Experimental study of the wind flow in a coastal region of Japan[J]. Journal of Wind Engineering and Industrial Aerodynamics, 2003(91):247-264.

[95] Takanori Uchida, Yuji Ohya. Large-eddy simulation of turbulent airflow over complex terrain [J]. Journal of Wind Engineering and Industrial Aerodynamics, 2003(91):219-229.

[96] Y Q Xiao, C Li, Q S Li, et al. Numerical Simulation of Wind Speed Distributions over Complex Terrains [A]. A The Twelfth International Conference on Wind Engineering [C]. Cairns, Australia, 2007.

[97] F N Mouzakis, G C Bergeles. Numerical prediction of turbulent flow over a two-dimensional ridge[J]. International Journal for Nunerical Methods Fluids, 1991(12):287-296.

[98] P J Coelho, J C F Pereira. Finite volume computation of the turbulent flow over a hill employing 2D or 3D non-orthogonal collocated grid systems[J]. International Journal for Nunerical Methods Fluids, 1992(14):423-441.

[99] Maurizi A, Palma J M, Castro F A. Numerical simulation of the atmospheric flow in a mountainous region of the North of Portugal[J]. Journal of Wind Engineering and Industrial Aerodynamics, 1998, 76(4):219-228.

[100] Kim H G, Patel V C. Test of turbulence models for wind flow over terrain with separation and recirculation[J]. Boundary-Layer Meteorology, 2000, 94(1):5-21.

[101] 胡峰强. 山区风特性参数及钢桁架悬索桥颤振稳定性研究[D]. 上海:同济大学,2006.

[102] 华旭刚,陈政清. 基于 ANSYS 的桥梁全模态颤振频域分析方法[J]. 中国公路学报,2007,20(5):41-47.

[103] 肖仪清,李朝. 复杂山地地形的三维风场数值模拟[A].第十二届全国结构风工程会议论文集[C].西安:2005:213.-218

[104] 李朝. 近地湍流风场的CFD模拟研究[D]. 深圳:哈尔滨工业大学,2010.

[105] C Li, Q S Li, S H Huang, et al. Large Eddy Simulation of Wind Loads on a Long-Span Spatial Lattice Roof[J]. Wind and Structure, 2010, 13(1):57-82.

[106] B Zhu, F T K Au, Y K Cheung. Numerical simulation of pedestrian level wind environment around tall buildings[A]. The Fifth International Conference on tall Buildings[C]. Hong

Kong：The Hong Kong Institution of Engineers，1998.

[107] B Zhu. A computational model for pedestrian level wind environment around tall buildings ［J］. Journal of Southwest Jiaotong University，2006，7（1）：55-63.

[108] Hu P，Li Y L，Cai C S，et al. Numerical simulation of the neutral equilibrium atmospheric boundary layer using the SST k-omega turbulence model［J］. Wind and Structures，2013，17（1）:87-105.

[109] P L Betts，I H Bokhari. Experiments on turbulent natural convection in an enclosed tall cavity［J］. International Journal of Heat and Fluid Flow，2000，21（20），675-683.

[110] M E Poulad，D Naylor，P H. Oosthuizen. Measurement of Time-Averaged Turbulent Free Convection in a Tall Enclosure Using Interferometry［J］. Journal of Heat Transfer，2011，133（4），101-108.

[111] María José Suárez，Antonio José Gutiérrez，Jorge Pistono. CFD analysis of heat collection in a glazed gallery［J］. Energy and Buildings，2011，43（2011）:108-116.

[112] Dominic O'Connor，John Kaiser Calautit，Ben Richard Hughes. A study of passive ventilation integrated with heat recovery［J］. Energy and Buildings，2014，82（5）:799-811.

[113] Yuanshen Lu，Zhiqiang Guan，Hal Gurgenci. Experimental study of crosswind effects on the performance of small cylindrical natural draft dry cooling towers［J］. Energy Conversion and Management，2015，91（3）:238-248.

[114] S Suard，A Koched，H Pretrel，et al. Numerical simulations of fire-induced doorway flows in a small scale enclosure ［J］. International Journal of Heat and Mass Transfer，2015，81（10）:578-590.

[115] Kazuya Takahashi，Harunori Yoshida. Measurement of thermal environment in Kyoto city and its Prediction by CFD simulation［J］. Energy and buildings，2004（36）:771-779.

[116] Kuo H L. The thermal interaction between the atmosphere and earth and the propagation of Diurnal temperature waves［J］. Journal of the Atmospheric Sciences，1968，25（9）：682-717.

[117] Ryozo Ooka，Mohamed Fassy Yassin，Ryohei Kono. Wind tunnel tests of effects of atmospheric stability on turbulent flow over a three dimensional hill［J］. Journal of Wind Engineering and Industrial Aerodynamics，2005，93（2）:155-169.

[118] 王翠云. 基于遥感和 CFD 技术的城市热环境分析与模拟——以兰州市为例［D］. 兰州:兰州大学,2008.

[119] 李鸥. 基于遥感与 CFD 仿真的城市热环境研究——以武汉市夏季为例［D］. 武汉:华中科技大学,2008.

[120] 刘蓉娜，雷生国. 湟水河谷夏季山谷风特征分析[J].青海科技,2009,10(1):48-50.

[121] 廖晓春. 九黄机场侧风分布特征及其机理研究［D］.广汉:中国民用航空飞行学院,2012.

[122] 傅抱璞. 山谷风[J]. 气象科学，1980,1(2)：1-14.

[123] 余锦华，傅抱璞.山谷地形对盛行气流影响的数值模拟［J］. 气象学报,1995,53(1)：

50-61.

［124］傅抱璞. 山地气候文集［M］. 北京：气象出版社，1984：15-22.

［125］徐大海. 大气边界层内风的若干特性及其应用［J］. 空气动力学学报，1984，2（3）：75-87.

［126］马玉堂，徐兆生. 青藏高原大气贴地层的基本物理特点［J］. 气象学报，1987，45（2）：210-217.

［127］陈凯，余永生，贾丛贤. 傍山地区的强风场特性实测研究［J］. 流体力学实验与测量，2003，17（3）：18-22.

［128］张人文，范绍佳，李颖敏. 2008 年秋季从化山谷风观测研究［J］. 热带气象学报，2012，28（1）：134-139.

［129］傅抱璞. 傅抱璞论文选［M］. 北京：气象出版社，2011：274-308.

［130］QX/T51—2007 地面气象观测规范：［S］. 北京：气象出版社，2007.

［131］王树廷，等. 气象资料的整理和统计办法［M］. 北京：气象出版社，1984.

［132］沈维道，等. 工程热力学［M］. 北京：高等教育出版社，2007.

［133］John M Wallace，Peter V Hobbs. Atmosphere science—An introductory survey［M］. Academic Press，New York，1977.

［134］袁桦，徐寄遥，马瑞平. 利用 C 数据分析全球对流层顶温度和高度的变化特性［J］. 空间科学学报，2009，29（3），311-318.

［135］陈权亮，刘晓冉，李国平. 平流层各层温度变化的时空特征分析［J］. 中国科学技术大学学报，2008，38（1），57-63.

［136］H Schlichting，K Gersten. Boundary-Layer Theor［M］. 8th Revised，Springer Verlag，2008.

［137］Flay R G J，Stevenson D C. Integral length scales in strong winds below 20m［J］. Journal of Wind Engineering and Industrial Aerodynamics，1988，28（1）：21-30.

［138］Davenport A G. The spectrum of horizontal gustness near the ground in high wind［J］. Quarterly Journal of Royal Meteorological Society，1961（87）：194-211.

［139］Reed D A，Scanlan R H. Autoregressive representation of longitudinal，lateral，and vertical turbulence spectra［J］. Journal of Wind Engineering and Industrial Aerodynamics，1984，17（2）：199-214.

［140］Karo N，Ohkuma T，Kim J R. Full scalmeasurement of wind velocity in two urban areas using an ultrasonic anemometer［J］. Journal of Wind Engineering and Industrial Aerodynamics，1992，44（3）：67-78.

［141］T Theodorson，I E Garrick. Mechanism of flutter：a theoretical and experimental investigation of the flutter problem［R］. NACA Report，1940：685.

［142］庞加斌，葛耀君，陆烨. 大气边界层紊流积分尺度的分析方法［J］. 同济大学学报，2002，30（5）：55-61.

［143］Kaimal J C，et al. Spectral characteristics of surface-layer turbulence［J］. Royal Meteoro. soc.，1972，98：563-589.

[144] Simiu E, Scanlan R H. Wind effects on structures: fundamentals and applications to design [M]. Third edition, John Wiley and sons inc. , 1996.

[145] Davenport A G. Gust loading factors[J]. Journal of the structural division, 1977(93): 11-24.

[146] Harris R I. The nature of the wind in seminar on modern design of wind sensitive structures. Consturction industry reseaerh & information, CIRIA, London, UK, 1971:29-55.

[147] Busch N E, Panofsky H A. Recent spectra of atmospheric turbulence[J]. Royal Meteorological Society, 1968(94): 132-148.

[148] Simiu E. Wind spectra and dynamic alongwind response[J]. Journal of the structural division, 1974(9): 1897-1910.

[149] R B Stull. 边界层气象学导论[M]. 杨长新,等,译. 北京:气象出版社,1991:334-338.

[150] Bendat J S, Piersol A G. Random data:Analysis and measurement procedures[M]. New York:John Wiley & Sons, Inc. , 2000.